成人高等教育"思想政治理论课"教材

毛泽东思想和中国特色社会主义理论体系概论

MAOZEDONG SIXIANG HE
ZHONGGUO TESE SHEHUI ZHUYI LILUN TIXI GAILUN

陈申宏　主　编

中山大学出版社
SUN YAT-SEN UNIVERSITY PRESS
·广州·

版权所有　翻印必究

图书在版编目（CIP）数据

毛泽东思想和中国特色社会主义理论体系概论/陈申宏主编. —广州：中山大学出版社，2017.2
ISBN 978-7-306-06002-0

Ⅰ.①毛… Ⅱ.①陈… Ⅲ.①毛泽东思想—高等学校—教材 ②中国特色社会主义—社会主义建设模式—高等学校—教材 Ⅳ.①A84②D616

中国版本图书馆CIP数据核字（2017）第025757号

出 版 人：徐　劲
策划编辑：曾育林
责任编辑：曾育林
封面设计：曾　斌
责任校对：陈　芳
责任技编：何雅涛
出版发行：中山大学出版社
电　　话：编辑部 020-84111996，84113349，84111997，84110779
　　　　　发行部 020-84111998，84111981，84111160
地　　址：广州市新港西路135号
邮　　编：510275　传　真：020-84036565
网　　址：http://www.zsup.com.cn　E-mail：zdcbs@mail.sysu.edu.cn
印 刷 者：佛山市浩文彩色印刷有限公司
规　　格：787mm×1092mm 1/16 12.25印张 334千字
版次印次：2017年2月第1版 2019年8月第3次印刷
定　　价：32.00元

如发现本书因印装质量影响阅读，请与出版社发行部联系调换

成人高等教育"思想政治理论课"教材
编委会

主　任：罗嘉文

副主任：陈申宏　刘加洪　张文峰　施保国

委　员：李学明　彭宇坚　曾繁花　李　榄　程永锋

前　言

本教材适用于成人教育（以下简称"成教"）教学，是教师面授讲解，学生自学、课后复习以及课程考核命题的依据。

"毛泽东思想和中国特色社会主义理论体系概论"是按照高校思想政治理论课新课程方案的精神开设的一门大学思想政治理论课。该课程主要立足于对大学生进行系统的毛泽东思想和中国特色社会主义理论体系教育即开展党的基本理论、基本路线、基本纲领和基本经验教育，帮助学生掌握毛泽东思想及中国特色社会主义理论的科学体系和基本观点，指导学生运用马克思主义世界观和方法论去认识和分析问题，引导大学生正确认识国情和社会主义建设的客观规律，确立建设中国特色社会主义的理想信念，增强在中国共产党领导下全面建成小康社会、构建社会主义和谐社会、加快推进社会主义现代化的自觉性和坚定性，引导大学生正确认识肩负的历史使命，努力成为德智体美全面发展的中国特色社会主义事业的建设者和接班人。它为各专业实现其人才培养目标，达到工作岗位素质要求起支撑作用，在整个课程体系中处于不可替代的重要地位。

成教学生原有文化基础较为薄弱，年龄、身份、家庭环境以及文化基础等方面存在很大差异。新形势下，做好成教学生的思想政治教育工作，加强思想政治理论课教学的针对性和有效性，对提升成教思想教育工作的实效性，推动成教学生得到更好的发展和进步尤为重要。

为了进一步加强成人教育思想政治理论课教学的针对性和有效性，提升成教学生的思想政治教育工作的实效性，需要我们针对成教学生的特点，在该课程的教学中采用不同于全日制大学生的教育方式，整合更新教学内容，改革创新教学模式，使其内容和方式都符合成人的特点，更好地推动成教学生的思想政治理论课教学工作的顺利开展。为此，我们根据成教学生的思想现状、学习特点和心理状况，编写了适合成人教育教学的《毛泽东思想和中国特色社会主义理论体系概论》教材。该教材以马克思主义理论研究与建设工程重点教材《毛泽东思想和中国特色社会主义理论体系概论》（2015年修订版）为基础，围绕教学大纲要求和各章的教学目标，增加了"习近平系列重要讲话的重要观点""知识拓展"，补充了课后思考练习与模拟试题，从而将思想性、政治性、知识性、综合性和实践性融为一体，能有效地解决好成人教育该课程课时少、内容多，教材理论性强、学生课后学习热情不高等问题。

目 录

第一章 马克思主义中国化两大理论成果 ... 1
第一节 马克思主义中国化及其发展 ... 1
一、马克思主义中国化的提出 ... 1
二、马克思主义中国化的科学内涵 ... 3
三、马克思主义中国化两大理论成果的关系 ... 4
第二节 毛泽东思想 ... 5
一、毛泽东思想的形成和发展 ... 5
二、毛泽东思想的主要内容和活的灵魂 ... 7
三、毛泽东思想的历史地位 ... 7
第三节 中国特色社会主义理论体系 ... 10
一、中国特色社会主义理论体系的形成和发展 ... 10
二、中国特色社会主义理论体系的主要内容 ... 11
三、中国特色社会主义理论体系的最新成果 ... 12
四、中国特色社会主义理论体系的历史地位 ... 13
第四节 思想路线与理论精髓 ... 16
一、实事求是思想路线的形成和发展 ... 16
二、实事求是思想路线的科学内涵 ... 17
三、实事求是是马克思主义中国化理论成果的精髓 ... 18
【思考与练习】 ... 20
【参考文献】 ... 20

第二章 新民主主义革命理论 ... 21
第一节 新民主主义革命理论形成的依据 ... 21
一、近代中国国情和中国革命的时代特征 ... 21
二、新民主主义革命理论的实践基础 ... 22
第二节 新民主主义革命的总路线和基本纲领 ... 24
一、新民主主义革命的总路线 ... 24
二、新民主主义的基本纲领 ... 25
第三节 新民主主义革命的道路和基本经验 ... 26
一、新民主主义革命的道路 ... 26
二、新民主主义革命的三大法宝 ... 27
三、新民主主义革命理论的意义 ... 28
【思考与练习】 ... 29
【参考文献】 ... 29

第三章 社会主义改造理论 … 30
第一节 从新民主主义到社会主义的转变 … 30
一、新民主主义社会是一个过渡性的社会 … 30
二、党在过渡时期的总路线 … 31
第二节 社会主义改造道路和历史经验 … 34
一、适合中国特点的社会主义改造道路 … 34
二、社会主义改造的历史经验 … 35
第三节 社会主义制度在中国的确立 … 37
一、社会主义基本制度的确立 … 37
二、确立社会主义基本制度的重大意义 … 38
【思考与练习】… 39
【参考文献】… 39

第四章 社会主义建设道路初步探索的理论成果 … 40
第一节 社会主义建设道路初步探索的重要理论成果 … 40
一、调动一切积极因素为社会主义事业服务的思想 … 40
二、正确认识和处理社会主义社会矛盾的思想 … 41
三、走中国工业化道路的思想 … 43
四、初步探索的其他理论成果 … 43
第二节 社会主义建设道路初步探索的意义和经验教训 … 46
一、社会主义建设道路初步探索的意义 … 46
二、社会主义建设道路初步探索的经验教训 … 47
【思考与练习】… 49
【参考文献】… 49

第五章 建设中国特色社会主义总依据 … 51
第一节 社会主义初级阶段理论 … 51
一、社会主义初级阶段理论的形成和发展 … 51
二、社会主义初级阶段的科学含义和主要特征 … 52
三、科学把握我国发展的阶段性特征 … 52
第二节 社会主义初级阶段的基本路线和基本纲领 … 53
一、社会主义初级阶段的主要矛盾 … 53
二、社会主义初级阶段的基本路线 … 54
三、社会主义初级阶段的基本纲领 … 54
【思考与练习】… 56
【参考文献】… 56

第六章 社会主义本质和建设中国特色社会主义总任务 … 57
第一节 社会主义的本质 … 57
一、社会主义本质理论的提出和科学内涵 … 57
二、社会主义本质理论的重要意义 … 58
第二节 社会主义的根本任务 … 59
一、解放和发展社会生产力 … 59
二、大力发展科学技术 … 60
三、坚持科学发展 … 61
第三节 中国特色社会主义的发展战略 … 63
一、"三步走"发展战略 … 63
二、全面建成小康社会 … 64
三、实现中华民族伟大复兴的中国梦 … 64
【思考与练习】… 67
【参考文献】… 67

第七章 社会主义改革开放理论 … 69
第一节 改革开放是发展中国特色社会主义的必由之路 … 69
一、决定当代中国命运的关键抉择 … 69
二、社会主义制度的自我完善和发展 … 70
第二节 全面深化改革 … 72
一、全面深化改革的总目标 … 72
二、坚持改革的正确方向 … 73
三、正确处理全面深化改革的重大关系 … 73
第三节 扩大对外开放 … 75
一、对外开放是一项基本国策 … 75
二、实施互利共赢的开放战略 … 75
三、全面提高对外开放水平 … 76
【思考与练习】… 78
【参考文献】… 79

第八章 建设中国特色社会主义总布局 … 80
第一节 建设中国特色社会主义经济 … 80
一、社会主义市场经济理论和经济体制改革 … 80
二、社会主义初级阶段的基本经济制度 … 81
三、社会主义初级阶段的分配制度 … 81
四、把握经济发展新常态 … 81
第二节 建设中国特色社会主义政治 … 83
一、坚持走中国特色社会主义政治发展道路 … 83
二、发展社会主义民主 … 84

三、全面依法治国 …………………………………………………… 84
　　四、推进政治体制改革 ………………………………………………… 85
第三节　建设中国特色社会主义文化 ……………………………………… 86
　　一、坚持走中国特色社会主义文化发展道路 ………………………… 86
　　二、弘扬社会主义核心价值体系和核心价值观 ……………………… 87
　　三、建设社会主义文化强国 …………………………………………… 87
第四节　建设社会主义和谐社会 …………………………………………… 89
　　一、社会和谐是中国特色社会主义的本质属性 ……………………… 89
　　二、保障和改善民生 …………………………………………………… 91
　　三、创新社会治理体制 ………………………………………………… 91
第五节　建设中国特色社会主义生态文明 ………………………………… 93
　　一、树立社会主义生态文明新理念 …………………………………… 93
　　二、坚持节约资源和保护环境的基本国策 …………………………… 93
　　三、完善生态文明制度体系 …………………………………………… 94
【思考与练习】 ……………………………………………………………… 96
【参考文献】 ………………………………………………………………… 96

第九章　实现祖国完全统一的理论 ………………………………………… 97
　第一节　实现祖国完全统一是中华民族的根本利益 …………………… 97
　　一、维护国家统一是中华民族的优良传统 …………………………… 97
　　二、实现祖国完全统一是中华民族伟大复兴的历史任务 …………… 98
　　三、实现祖国完全统一是中国人民不可动摇的坚强意志 …………… 98
　第二节　"和平统一、一国两制"的科学构想及其实践 ……………… 100
　　一、"和平统一、一国两制"构想的形成和发展 …………………… 100
　　二、"和平统一、一国两制"构想的基本内容和重要意义 ………… 101
　　三、"一国两制"构想在香港、澳门的成功实践 …………………… 102
　　四、新形势下对台湾的工作方针 ……………………………………… 102
【思考与练习】 ……………………………………………………………… 104
【参考文献】 ………………………………………………………………… 104

第十章　中国特色社会主义外交和国际战略 ……………………………… 105
　第一节　外交和国际战略形成的依据 …………………………………… 105
　　一、和平与发展是当今时代的主题 …………………………………… 105
　　二、世界多极化和经济全球化趋势在曲折中发展 …………………… 106
　　三、抓住和用好重要战略机遇期 ……………………………………… 107
　第二节　坚持走和平发展道路 …………………………………………… 108
　　一、坚持走和平发展道路的根据和重要意义 ………………………… 108
　　二、坚持独立自主的和平外交政策 …………………………………… 109
　　三、推动建立以合作共赢为核心的新型国际关系 …………………… 110

第三节　坚持外交理论与实践创新 ··· 112
　　　　一、当前国际体系变革调整步伐进入关键期 ··························· 112
　　　　二、开辟中国外交的崭新境界 ·· 113
　　【思考与练习】 ··· 115
　　【参考文献】 ·· 115

第十一章　建设中国特色社会主义的根本目的和依靠力量 ·················· 116
　　第一节　建设中国特色社会主义的根本目的 ··································· 116
　　　　一、一切为了人民 ··· 116
　　　　二、实现共同富裕 ··· 117
　　　　三、坚持经济社会发展与人的全面发展的统一 ······················· 118
　　第二节　建设中国特色社会主义的依靠力量 ··································· 119
　　　　一、工人、农民和知识分子是建设中国特色社会主义事业的根本力量
　　　　　 ··· 119
　　　　二、新的社会阶层是中国特色社会主义事业的建设者 ·············· 122
　　　　三、巩固和发展全国各族人民的大团结 ································ 123
　　第三节　巩固和发展爱国统一战线 ·· 124
　　　　一、新时期爱国统一战线的内容和基本任务 ·························· 124
　　　　二、加强党对统一战线的领导 ··· 125
　　　　三、全面贯彻党的民族宗教政策 ·· 125
　　第四节　建设巩固国防和强大军队 ·· 128
　　　　一、巩固国防和强大军队是国家安全的重要保障 ···················· 128
　　　　二、建设一支听党指挥、能打胜仗、作风优良的人民军队 ······· 128
　　　　三、构建中国特色现代军事力量体系 ···································· 130
　　　　四、推动军民融合深度发展 ·· 131
　　【思考与练习】 ··· 132
　　【参考文献】 ·· 132

第十二章　建设中国特色社会主义的领导核心 ·································· 134
　　第一节　党的领导是社会主义现代化建设的根本保证 ······················· 134
　　　　一、中国共产党的性质和宗旨 ··· 134
　　　　二、中国共产党的执政地位是历史和人民的选择 ···················· 136
　　　　三、坚持党的领导必须改善党的领导 ···································· 136
　　第二节　全面提高党的建设科学化水平 ··· 138
　　　　一、以改革创新精神推进党的建设新的伟大工程 ···················· 138
　　　　二、加强党的执政能力建设 ·· 139
　　　　三、加强党的先进性和纯洁性建设 ······································· 139
　　第三节　全面从严治党 ·· 141
　　　　一、坚持党要管党、从严治党 ··· 141

二、坚持思想建党与制度治党相结合 ································ 142
　　三、加强组织、纪律和作风建设 ···································· 143
　　四、加强廉政建设和反腐败斗争 ···································· 144
　【思考与练习】 ·· 146
　【参考文献】 ·· 147

【思考与练习】参考答案 ·· 148

附录　模拟测试题（5套）·· 160

模拟测试题参考答案 ·· 175

后记 ··· 182

第一章 马克思主义中国化两大理论成果

【教学目标】

通过本章的教学，帮助学生从总体上对马克思主义中国化有一个初步的了解，认识到在近代中国，历史和人民选择了马克思主义。掌握本课程中一个重要的关键词"马克思主义中国化"，这是贯穿本课程的主线。对马克思主义中国化理论成果形成的时代背景、科学体系和历史地位的认识，了解中国共产党思想路线的形成、发展及其基本内涵，进而深刻认识马克思主义中国化理论成果的精髓。

坚持不忘初心、继续前进，就要坚持马克思主义的指导地位，坚持把马克思主义基本原理同当代中国实际和时代特点紧密结合起来，推进理论创新、实践创新，不断把马克思主义中国化推向前进。

——习近平：在庆祝中国共产党成立95周年大会上的讲话

实事求是作为党的思想路线，它始终是马克思主义中国化理论成果的精髓和灵魂，……它始终是中国共产党人认识世界和改造世界的根本要求，是我们党的基本思想方法、工作方法和领导方法，是党带领人民推动中国革命、建设、改革事业不断取得胜利的重要法宝。

——习近平：2012年5月16日在中央党校春季学期第二批入学学员开学典礼上的讲话

第一节 马克思主义中国化及其发展

一、马克思主义中国化的提出

1848年2月《共产党宣言》的发表，标志着马克思主义科学体系的形成，马克思主义为人们观察、分析和解决实际问题提供了重要的立场、观点和方法。马克思列宁主义传入中国并成为中国革命指导思想的理论基础与近代以来中国国情和中国革命的发展密切相关，是近代以来先进的中国人寻找救国出路而做出的必然选择，是被历史证明了的正确选择。

毛泽东1938年10月在党的六届六中全会上作的题为《论新阶段》的政治报告中，第一次明确提出了"马克思主义中国化"这一命题。"马克思主义的中国化，使之在其每一表现中带着中国的特性，即是说，按照中国的特点去应用它，成为全党亟待了解并亟待解决的问题。"① 1945年，刘少奇代表党中央在党的七大上对"马克思主义中国化"从理论上做了进一步的阐述。

---

① 中央档案馆编：《中共中央文件选集》第11册，中共中央党校出版社1991年版，第658—659页。

中国共产党在马克思主义中国化进程中,先后产生了毛泽东思想、邓小平理论、"三个代表"重要思想、科学发展观和习近平系列重要讲话等重要理论成果。

马克思主义中国化是近代以来中国社会和中国革命运动发展的客观需要和必然结果。马克思主义与中国工人运动相结合,产生了中国共产党。中国共产党自诞生之日起,就把马克思列宁主义确定为自己的指导思想。但是,马克思列宁主义不是教条,而是行动的指南。它所提供的只是一般的指导原理。各国无产阶级政党不能照搬照抄或简单地套用这些原理,而必须从本国的实际出发,按照本国本民族的形式,来加以科学的运用。在中国这样一个半殖民地半封建的大国进行革命,必然会遇到许多特殊的复杂问题,中国共产党人不可能从马克思列宁主义的著作中找到解决中国革命一系列基本问题的具体答案,也不能简单地套用马克思列宁主义的基本原理和照搬外国经验来解决中国的具体问题。而只能以马克思列宁主义为指导,以中国革命实际问题为中心,把马克思列宁主义基本原理与中国革命具体实际结合起来,使马克思主义中国化。否则,中国革命仍然是不可能胜利的。

马克思主义中国化是中国革命和建设经验的概括和总结。从革命的角度看,毛泽东之所以提出要实现马克思主义的中国化,源于中国革命进程中正反两个方面的实践经验。两次国内革命战争,每次均有正反两方面的经验教训:第一次国内革命战争即北伐战争,又称"第一次大革命",是1924—1927年中国人民在中国共产党和中国国民党合作领导下进行的反帝反封建的革命斗争。第二次国内革命战争亦称"十年内战"或"土地革命战争",是1927—1937年中国人民在中国共产党领导下进行的国内革命战争。从建设的角度看,社会主义建设60多年的经验教训值得反思。

马克思主义中国化是马克思主义理论本身的内在要求。"马克思的整个世界观不是教义,而是方法。它提供的不是现成的教条,而是进一步研究的出发点和供这种研究使用的方法。"① 马克思主义只有同各国具体实际相结合,才能发挥其指导作用。正如马克思所说:"正确的理论必须结合具体情况并根据现存条件加以阐明和发挥。"② 马克思主义的强大生命力和影响力,就在于它是同各国的具体实际紧密结合的,是在各国革命和建设的具体实践中运用和发展着的。

马克思主义中国化是解决中国问题的需要。马克思主义理论与中国实际相结合,是马克思主义中国化过程中始终要坚持的原则。中国最大的实际就是中国的基本国情。它包括中国的社会性质和发展程度,以及由此决定的社会各阶级经济地位、政治态度及其相互关系,当前运动的特点及其规律性。1949年之前的中国,最大的国情是中国是一个半殖民地半封建社会。认清这一特殊国情,是解决中国一切革命问题的最基本的依据。旧民主主义革命的失败表明,没有先进阶级的科学革命理论作指导,就不会有人民革命的最后胜利。在无产阶级政党的领导下,以科学的革命理论作指导,彻底完成反帝反封建的革命任务,已经成为时代发展的客观需要。中国化马克思主义就是应中国社会和革命运动发展的客观需要而产生的。从1949年中华人民共和国成立至1956年社会主义改造基本完成,中国最大的国情是中国处在新民主主义社会,认清这一国情,是解决中国从新民主主义向社会主义过渡问题的最基本的依据。1956年社会主义改造基本完成后,中国成为一个社会主义国家。但是由于中国人口多,底子薄,生产力不发达,经济文化落后,科学技术水平低,因此,中国正处在并将长

---

① 中共中央马克思恩格斯列宁斯大林著作编译局编译:《马克思恩格斯全集》第4卷,人民出版社2012年版,第664页。

② 中共中央马克思恩格斯列宁斯大林著作编译局编译:《马克思恩格斯全集》第27卷,人民出版社1972年版,第433页。

期处在社会主义初级阶段。科学认识和准确把握这一基本国情，是社会主义现代化建设的出发点。中国社会不同发展阶段的基本国情，就是不同阶段中国的最大实际。中国共产党人以马克思主义为指导，正是为了运用马克思主义立场、观点和方法来分析中国实际，解决中国革命、建设和改革中的实际问题，并在分析和解决问题的过程中，逐步形成具有中国特色、符合中国实际的科学理论——中国化的马克思主义理论。

中国共产党领导下的中国人民所进行的革命、建设和改革的实践，以及在这种实践中总结出来的经验，也是中国实际的主要内容。实践是认识的基础和前提，也是认识发展的动力和检验认识是否正确的标准。人的正确认识既不是从天上掉下来的，也不是头脑里固有的，它只能从社会实践中产生，在实践中得到检验，并随着实践的发展而发展。中国人民在中国共产党的领导下所进行的伟大实践中，积累了正反两方面的丰富经验。运用马克思主义立场、观点和方法对这些经验加以科学总结和理论概括，就是使马克思主义中国化，就会产生中国化的马克思主义。

总之，无论是近代以来中国社会和中国革命运动发展的需要，还是马克思主义理论本身的内在要求，抑或是中国的具体实际和中国共产党的先进性质，都要求中国共产党在领导中国革命、建设和改革的实践中，坚持把马克思主义与中国具体实际相结合，使马克思主义中国化，并且不断推进马克思主义中国化的事业。而中国共产党成立90多年的实践证明，只有使马克思主义中国化，并随着时代的发展、实践的深入和科学的进步，不断推进马克思主义中国化的事业，中国的革命、建设和改革才能取得胜利。因此，马克思主义中国化是必然的。

二、马克思主义中国化的科学内涵

马克思主义中国化，就是将马克思主义的基本原理同中国的具体实际相结合。具体地说，就是要使马克思列宁主义这一革命科学更进一步地和中国革命实践、中国历史、中国文化结合起来，使马克思主义在中国实现民族化和具体化。第一，马克思主义中国化就是运用马克思主义解决中国革命、建设和改革的实际问题；第二，马克思主义中国化就是把中国革命建设和改革的实践经验和历史经验提升为理论；第三，马克思主义中国化就是把马克思主义植根于中国的优秀文化之中。

马克思主义的基本原理同中国的具体实际相结合的过程，一方面是在实践中学习和运用理论，用理论指导实践的过程；另一方面又是在总结实践经验的基础上深化对理论的认识并丰富和发展理论的过程。概括地说，马克思主义中国化就是用马克思主义来解决中国的问题，同时又使中国丰富的实践经验上升为理论，并且同中国历史、中华民族优秀文化相结合，以形成具有中国特色、中国风格和中国气派的马克思主义理论。

提出马克思主义中国化的重要意义：第一，马克思主义中国化的理论成果指引着党和人民的伟大事业不断取得胜利。没有革命的理论就没有革命的实践。实践证明，如果离开了马克思主义中国化的不懈探索，离开了马克思主义中国化理论成果的指引，我们的实践就会陷入盲目性，我们的事业就会遭受挫折和失败。第二，马克思主义中国化的理论成果提供了凝聚全党全国各族人民的强大精神支柱。马克思主义中国化的各个理论成果，代表着中国最广大人民在不同历史时期的意志和愿望，是凝聚党心民心的强大精神力量。第三，马克思主义中国化倡导和体现了对待马克思主义的科学态度和优良学风，不断开拓着马克思主义在中国发展的新境界。

三、马克思主义中国化两大理论成果的关系

党的十七大报告在提出"中国特色社会主义理论体系"这一概念的同时,对以毛泽东为代表的中国共产党人对适合中国国情的社会主义道路所进行的大胆探索,以及在理论和实践两个方面所取得的一系列伟大成就也给予了充分的肯定。实际上,这里涉及的就是毛泽东思想与中国特色社会主义理论体系的关系问题。对于毛泽东思想与中国特色社会主义理论体系的关系,我们需要从三个方面加以把握。

第一,毛泽东对中国特色社会主义建设道路的探索做出了积极的贡献。以毛泽东为核心的第一代中央领导集体带领全党全国各族人民建立新中国,为当代中国的一切发展进步奠定了根本政治前提;社会主义改造的完成和根据我国国情确立的社会主义基本制度等,为中国特色社会主义道路的开辟奠定了制度基础;马克思主义与中国实际相结合第一次历史性飞跃的完成为实现马克思主义与中国实际相结合第二次历史性飞跃积累了宝贵经验,提供了应该遵循的原则。

第二,毛泽东带领我们党在艰辛探索中形成的关于社会主义建设的重要思想成果,是中国特色社会主义理论体系的重要思想来源,为我们党探索适合中国国情的社会主义建设道路,实现马克思主义和中国具体实践相结合的第二次历史性飞跃提供了良好的开端,为我们在新的历史条件下坚持和发展马克思主义奠定了基础。

第三,我们不能把毛泽东思想和中国特色社会主义理论体系截然分开,两者是一个一脉相承而又与时俱进的科学体系。一方面,两者是一脉相承的关系。虽然两者形成于不同的历史时期,面对着不同的历史任务,有着各自产生的历史条件、各自的针对性、各自的理论侧重点以及各自具有时代特征的内容,但是,它们都贯穿着辩证唯物主义和历史唯物主义的世界观和方法论,实事求是是马克思主义中国化理论成果共同的精髓;它们都代表着最广大人民的根本利益,以全心全意为人民服务为唯一宗旨;它们都坚持着社会主义和共产主义的理想信念,始终坚信人类社会历史发展的总趋势必然是社会主义代替资本主义。因此,在学习的过程中,我们必须要把它们结合起来、联系起来进行学习、理解和运用。任何把它们割裂开来或者对立起来的想法和做法,都是错误的。另一方面,两者又是一种与时俱进的关系。毛泽东思想是马克思主义同中国实际相结合的第一次历史性飞跃;邓小平理论创造性地继承和发展了毛泽东思想,使马克思主义在中国的发展有了第二次历史性飞跃;"三个代表"重要思想又继续丰富和发展了邓小平理论;科学发展观是胡锦涛为总书记的党的第四代领导集体对马克思主义、毛泽东思想和邓小平理论的发展;习近平总书记系列重要讲话深刻回答了当代中国面临的一系列重大问题,鲜明地提出了新形势下党治国理政的一系列重要方略,特别是"四个全面"战略布局,开拓了马克思主义发展的新境界,是中国特色社会主义理论体系的最新成果。它们都是中国化的马克思主义,都是中国共产党集体智慧的结晶。因此,要完整准确地理解和把握中国特色社会主义理论体系的科学内涵,就绝不能将毛泽东思想和中国特色社会主义理论体系截然分开。

【知识拓展】

1999年秋天，英国广播公司（BBC）用几周时间在国际互联网上评选"千年伟人"活动，评选结果是马克思排在第一位，排在第二位的是世界最有影响的科学家爱因斯坦。后来路透社又邀请政界、商界和学术领域的名人评选"千年伟人"，对39名候选人的投票比较平均，爱因斯坦仅以一分的优势领先于马克思。说明马克思是当之无愧的"千年伟人"。

从1995年到1998年，千人以上的马克思主义国际学术会议开过四次。2000年世纪之交，法国"马克思园地"协会在巴黎举办规模盛大的、题为"全球化与人类解放"的马克思主义国际学术研讨会，同时，在纽约还举行了2400人参加的"世界社会主义者大会"。世界其他地区也举办了类似的活动。法国《世界报》用"回归马克思"的题目来形容并点评这种热潮。法国《人道报》在报道1998年巴黎国际大会时有这样的文字：从纽约到东京，从圣保罗到耶路撒冷，从新德里到伦敦，到处都奏响了《共产党宣言》的乐章，而这次会议将"再次让历史沸腾起来"，"《宣言》对21世纪仍将发生重要影响"。

（靳辉明：《千年伟人马克思》，《参考信息》2002年4月30日，有删改）

马克思并非高官政要，也并非亿万富翁，他一生穷困，连爱子夭折都无钱安葬。就是这样一个人，他逝世时惊动了整个欧洲，不少报刊发表评论和文章对他表示敬意，不少工人组织对他表示哀悼。在相隔一个多世纪以后的今天，在英国，马克思名列公选的千年伟人之首。在人类历史上为穷人说话表示哀怜的思想家并不少，唯有马克思不是用怜悯，不是用眼泪，不是用同情的抚慰，而是真正用科学理论揭示他们的处境和获得自身解放的途径。马克思是用真理征服世界，用真理改造世界的。这个真理就是他创立的马克思主义。

马克思主义是马克思、恩格斯在自由资本主义时代创立的。为什么至今仍然具有生命力？根本之点在于，它所研究的主题是无产阶级和人类解放问题，它所研究的对象是作为社会形态的资本主义而不是资本主义的某一阶段。因此，它的结论是关于整个资本主义社会形态和无产阶级解放的具有规律性的结论。

正因为马克思以无产阶级和人类解放为目的从事理论创造，因而科学性是马克思主义的首要要求，它不是停留在资本主义的表层，不是对资本主义社会现象的描述，而是着力把握资本主义社会发展的本质和规律。这是马克思主义至今仍然闪耀着真理光芒的一个最重要原因。

马克思主义的发展没有止境，马克思主义前途光明。

（陈先达：《马克思主义永放光芒》，《光明日报》2003年4月1日，有删改）

第二节　毛泽东思想

一、毛泽东思想的形成和发展

1. 毛泽东思想的科学含义

在中国共产党历史上，对毛泽东思想的科学含义有两次概括。

第一次是1945年的中共七大通过的党章和刘少奇《关于修改党章的报告》。毛泽东思想是马克思列宁主义的理论与中国革命的实践之统一的思想，是党的一切工作的指针；毛泽东思想是马克思主义民族化的优秀典型,是中国化的马克思主义,是中国人民完整的革命建国理论。

第二次是1981年中共十一届六中全会通过的《关于建国以来党的若干历史问题的决议》和1982年党的十二大通过的党章。《关于建国以来党的若干历史问题的决议》和党的十二大通过的新党章概括的毛泽东思想的科学含义是:毛泽东思想是马克思列宁主义在中国的运用和发展,是被实践证明了的关于中国革命和建设的正确的理论原则和经验总结,是中国共产党集体智慧的结晶。

2. 毛泽东思想产生的社会历史条件

20世纪上半叶帝国主义战争与无产阶级革命的时代主题,是毛泽东思想形成的时代背景;俄国十月革命开辟的世界无产阶级革命新时代,是毛泽东思想产生和形成的时代条件;中国共产党领导的革命和建设的实践,是毛泽东思想形成的实践基础;中国社会新的生产力的增长和中国工人运动的发展,是毛泽东思想产生的物质基础和阶级条件;马克思主义在中国的广泛传播及其与中国优秀传统文化的融合,是毛泽东思想产生的思想理论条件。毛泽东和以毛泽东为代表的共产党人的个人因素是毛泽东思想形成的必不可少的主观条件。毛泽东思想正是在中国新民主主义革命、社会主义革命和社会主义建设的实践过程中,在总结中国革命和建设正反两方面历史经验的基础上,逐步形成和发展起来的。

3. 毛泽东思想发展的历史进程

毛泽东思想的萌芽——从中国共产党建立至国民革命失败。此时期的主要论著有《中国社会各阶级的分析》和《湖南农民运动考察报告》等。其主要思想包括:反帝反封建的民主革命纲领;无产阶级在民主革命中的领导权问题和农民同盟军等问题,中国革命的对象、动力和前途等关于新民主主义革命的基本思想。

毛泽东思想的形成——土地革命战争前期至中期。标志:"农村包围城市,武装夺取政权"的有中国特色的民主革命道路理论的形成。此时期的主要论著有《井冈山的斗争》《中国的红色政权为什么能够存在》《星星之火,可以燎原》《反对本本主义》等。其主要思想包括:提出了农村包围城市武装夺取政权理论,初步阐述了作为毛泽东思想的活的灵魂的实事求是、群众路线、独立自主的基本思想。

毛泽东思想的成熟——土地革命战争后期至抗日战争时期。标志:新民主主义革命理论的形成。此时期的主要论著有《〈共产党人〉发刊词》《中国革命和中国共产党》《新民主主义论》等。其主要思想包括:提出了新民主主义革命的总路线和政治、经济、文化纲领;系统总结了中国革命的历史经验,创造性地提出统一战线、武装斗争、党的建设是中国共产党在中国革命中战胜敌人的三个法宝;新民主主义革命理论的完整论述。

毛泽东思想在党的七大上被确立为党的指导思想。这是毛泽东思想发展史上的一个里程碑。

毛泽东思想的进一步发展——解放战争时期及社会主义建设初步探索时期。此时期的主要著作有《在中国共产党第七届中央委员会第二次全体会议上报告》《论人民民主专政》《论十大关系》《关于正确处理人民内部矛盾的问题》《人的正确思想是从哪里来的?》等。其主要表现:关于同美蒋反动派进行斗争的策略方针问题;十大军事原则;新中国的建国理论和原则;由新民主主义转变为社会主义的理论、人民民主专政的理论;有中国特点的社会主义改造理论和原则;关于社会主义建设的若干理论、方针和政策。其中,社会主义社会基本矛盾理论、两类矛盾学说和正确处理人民内部矛盾的理论的提出,标志着毛泽东思想发展到一个新的高峰。

二、毛泽东思想的主要内容和活的灵魂

毛泽东思想不是在个别的方面,而是在许多方面以其独创性理论丰富和发展了马克思列宁主义,构成一个博大精深的科学思想体系。它有着坚实的中国化马克思主义哲学思想的理论基础,其核心和精髓就是实事求是。它紧紧围绕着中国革命和建设这个主题,提出了一系列相互关联的重要的理论观点。

1. 毛泽东思想的主要内容

毛泽东思想的科学体系包含着丰富的内容:

新民主主义革命理论。包括:关于中国资产阶级的分析和统一战线的政策;关于中国武装斗争的特点和作用;关于中国共产党本身的建设;关于中国革命夺取全国胜利的道路。

社会主义革命和社会主义建设理论。包括:创造性地实现了生产资料私有制的社会主义改造;提出人民民主专政理论,丰富了无产阶级专政的学说;提出社会主义建设的十大关系;创造性地提出两类矛盾学说和正确处理人民内部矛盾的理论。

革命军队建设和军事战略的理论。包括:系统地解决了建设新型人民军队的问题;系统地提出了建设人民军队的思想;提出了人民战争的思想;制定了人民战争的战略、战术的原则;提出了建设和发展现代化国防技术的重要思想。

政策和策略的理论。包括:精辟地论证了革命斗争中政策和策略问题的极端重要性;在统一战线中提出了许多重要的政策和策略思想。

思想政治工作和文化工作的理论。包括:思想政治工作是其他一切工作的生命线;发展民族的、科学的、大众的文化;实行百花齐放、推陈出新、古为今用、洋为中用的方针;关于知识分子应当与工农相结合的思想;强调全心全意为人民服务,艰苦奋斗,不怕牺牲。

党的建设理论。包括:从思想上建党;理论和实践相结合的作风;"惩前毖后、治病救人"的正确方针;创造了通过批评和自我批评进行马克思列宁主义思想教育的整风形式;要继续保持谦虚谨慎、戒骄戒躁、艰苦奋斗的作风。

还有关于国际战略和外交工作思想方法和工作方法的理论等。

2. 毛泽东思想活的灵魂

毛泽东思想活的灵魂,是贯穿于毛泽东思想各个组成部分的立场、观点和方法,它有三个基本方面,即实事求是、群众路线、独立自主。这是以毛泽东为代表的中国共产党人把马克思主义世界观、价值观和方法论运用于中国革命和建设的全部工作之中,在长期的艰苦斗争中形成的具有中国共产党人特色的立场、观点和方法,丰富和发展了马克思主义。它们不仅表现在毛泽东的《反对本本主义》《实践论》《矛盾论》等重要著作中,而且表现在毛泽东的全部科学著作中,表现在中国共产党人的革命和建设活动中。毛泽东思想活的灵魂,集中体现了马克思主义的根本思想原则,是毛泽东思想形成和发展的基础,是中国共产党人进行社会实践所遵循的根本原则和基本方法,是中国共产党人战胜各种艰难险阻不断取得胜利的根本保证,是毛泽东思想科学性和生命力的核心。

三、毛泽东思想的历史地位

1. 马克思主义中国化第一次历史性飞跃的理论成果

毛泽东思想是马列主义和中国实际相结合的光辉典范,开创了马克思主义中国化的新方

向。以毛泽东为主要代表的中国共产党人运用马列主义的立场、观点和方法来全面考察、分析中国社会、历史和民族的特点，深入研究中国革命和建设的实际问题，阐明中国革命和建设发展的客观规律，把马列主义由欧洲形式和语言变成中国民族形式和语言，用中国人民喜闻乐见的民族形式和语言说明中国革命和建设的理论原则及方针政策，形成了中国化的马列主义——毛泽东思想，实现了马列主义理论与中国实际相结合的第一次历史性飞跃。

2. 中国革命和建设的科学指南

在毛泽东思想的指引下，我们党领导全国人民，找到了一条新民主主义革命的正确道路，建立了中华人民共和国；找到了一条从新民主主义向社会主义过渡的道路，确立了社会主义基本制度，实现了中国历史上最深刻最伟大的社会变革。此外，毛泽东又对适合中国国情的社会主义道路进行了艰苦探索，并取得了重要的理论成果，提出了许多有启发性的论断。虽然，今天的形势有了重大的变化，但是毛泽东思想中关于中国革命和建设的科学论述，为我们正在进行的事业继续提供着十分宝贵的理论指导。习近平强调指出："新形势下，我们要坚持和运用好毛泽东思想活的灵魂，把我们党建设好，把中国特色社会主义伟大事业继续推向前进。"①

3. 党和人民的宝贵精神财富

毛泽东思想是中国共产党和中华民族团结振兴的精神支柱。毛泽东思想指引中国革命走向胜利的过程，也是不断激发和形成中国革命精神的过程。中国革命精神主要包括：前仆后继和不怕流血、牺牲的献身精神，艰苦奋斗勇于开拓进取的创业精神，社会主义的共同理想与追求，以为人民服务为核心、集体主义为原则的价值观念，独立自主地探索适合中国自己情况的革命和建设道路，自强自立的精神等。中国革命精神为中国革命和建设的胜利起到了十分重要的作用，它将长期指导我们的行动。

科学评价毛泽东和毛泽东思想具有极端的重要性。它关系到怎样看待党和国家过去几十年奋斗的历史，关系到党的团结和社会的稳定，关系到党和国家未来的发展道路。毛泽东思想是全党和全国人民团结奋斗的思想基础，也是全党和全国人民团结奋斗的一面旗帜。如果对毛泽东和毛泽东思想不能正确评价，就必然在全党和全国人民中造成极大的思想混乱，全党和全国人民就没有了主心骨，就要影响全国的安定团结。科学地评价毛泽东和毛泽东思想，不仅仅是个理论问题，而且是个政治问题，是个全局性的、紧迫的、至关重要的大问题。只有科学评价毛泽东和毛泽东思想的历史地位，我们才能更好地、完整准确地掌握毛泽东思想的科学体系，才能坚定不移地高举毛泽东思想的伟大旗帜，把中国特色社会主义事业推向前进。

毛泽东是一个伟大的领导者，他是中国共产党、中国人民解放军和新中国的主要缔造者和领导人。他的一生为中国人民和世界人民做出了巨大贡献，虽然他在晚年犯了严重错误，但功大于过。他是毛泽东思想的主要创立者，对毛泽东思想的形成和发展贡献最大，他的科学著作是毛泽东思想的集中概括。毛泽东晚年的错误主要是以其个人的思想代替毛泽东思想，阶级斗争扩大化、在经济建设中急于求成"左"的思想，这些都严重背离了马列主义理论与中国实际相结合的原则，明显脱离了毛泽东思想的科学轨道，所以不属于毛泽东思想的科学体系。

---

① 习近平：《在纪念毛泽东同志诞辰一百二十周年座谈会上的讲话》，《十八大以来重要文献选编》（上），中央文献出版社2014年版，第695页。

【知识拓展】

同志们、朋友们！

在革命和建设长期实践中，以毛泽东同志为主要代表的中国共产党人，根据马克思列宁主义基本原理，形成了适合中国情况的科学指导思想，这就是毛泽东思想。毛泽东思想以独创性理论丰富和发展了马克思列宁主义。毛泽东思想教育了几代中国共产党人，它培养的大批骨干，不仅在新民主主义革命、社会主义革命、社会主义建设时期发挥了重要作用，也为新的历史时期开创和建设中国特色社会主义发挥了重要作用。邓小平同志说，毛泽东思想这个旗帜丢不得，丢掉了实际上就否定了我们党的光辉历史；任何时候都不能动摇高举毛泽东思想旗帜的原则，我们将永远高举毛泽东思想的旗帜前进。

在为中国人民不懈奋斗的光辉一生中，毛泽东同志表现出一个伟大革命领袖高瞻远瞩的政治远见、坚定不移的革命信念、勇于开拓的非凡魄力、炉火纯青的斗争艺术、杰出高超的领导才能。他思想博大深邃、胸怀坦荡宽广，文韬武略兼备、领导艺术高超，心系人民群众、终生艰苦奋斗，为中华民族和中国人民建立了不朽功勋。

毛泽东同志属于中国，也属于世界。他不仅赢得了全党全国各族人民爱戴和敬仰，而且赢得了世界上一切向往进步的人们敬佩。毛泽东同志的革命实践和光辉业绩已经载入中华民族史册。他的名字、他的思想、他的风范，将永远鼓舞我们继续前进。

同志们、朋友们！

人世间没有一帆风顺的事业。综观世界历史，任何一个国家、一个民族的发展，都会跌宕起伏甚至充满曲折。"艰难困苦，玉汝于成。""多难兴邦，殷忧启圣。""失败为成功之母。"毛泽东同志也常说，前途是光明的，道路是曲折的。这是一切正义事业发展的历史逻辑。我们的事业之所以伟大，就在于经历世所罕见的艰难而不断取得成功。

不能否认，毛泽东同志在社会主义建设道路的探索中走过弯路，他在晚年特别是在"文化大革命"中犯了严重错误。对毛泽东同志的历史功过，党的十一届六中全会做出的《关于建国以来党的若干历史问题的决议》进行了全面评价。邓小平同志说，毛泽东同志的功绩是第一位的，他的错误是第二位的，他的错误在于违反了他自己正确的东西，是一个伟大的革命家、伟大的马克思主义者所犯的错误。

在中国这样的社会历史条件下建设社会主义，没有先例，犹如攀登一座人迹未至的高山，一切攀登者都要披荆斩棘、开通道路。毛泽东同志晚年的错误有其主观因素和个人责任，还在于复杂的国内国际的社会历史原因，应该全面、历史、辩证地看待和分析。

对历史人物的评价，应该放在其所处时代和社会的历史条件下去分析，不能离开对历史条件、历史过程的全面认识和对历史规律的科学把握，不能忽略历史必然性和历史偶然性的关系。不能把历史顺境中的成功简单归功于个人，也不能把历史逆境中的挫折简单归咎于个人。不能用今天的时代条件、发展水平、认识水平去衡量和要求前人，不能苛求前人干出只有后人才能干出的业绩来。

革命领袖是人不是神。尽管他们拥有很高的理论水平、丰富的斗争经验、卓越的领导才能，但这并不意味着他们的认识和行动可以不受时代条件限制。不能因为他们伟大就将他们像神那样顶礼膜拜，不容许提出并纠正他们的失误和错误；也不能因为他们有失误和错误就全盘否定，抹杀他们的历史功绩，陷入虚无主义的泥潭。

前事不忘，后事之师。一个马克思主义政党对自己的错误所抱的态度，是衡量这个党是否真正履行对人民群众所负责任的一个最重要最可靠的尺度。我们党对自己包括领袖人物的失误和错误历来采取郑重的态度,一是敢于承认,二是正确分析,三是坚决纠正,从而使失误和错误连同党的成功经验一起成为宝贵的历史教材。

历史就是历史,历史不能任意选择,一个民族的历史是一个民族安身立命的基础。不论发生过什么波折和曲折,不论出现过什么苦难和困难,中华民族5000多年的文明史,中国人民近代以来170多年的斗争史,中国共产党90多年的奋斗史,中华人民共和国60多年的发展史,都是人民书写的历史。历史总是向前发展的,我们总结和吸取历史教训,目的是以史为鉴、更好前进。

(摘录自习近平:《在纪念毛泽东同志诞辰120周年座谈会上的讲话》,《人民日报》2013年12月27日)

第三节　中国特色社会主义理论体系

中国特色社会主义理论体系,就是包括邓小平理论、"三个代表"重要思想、科学发展观以及党的十八大以来习近平系列重要讲话等重大战略思想在内的科学理论体系。中国特色社会主义理论体系,是对毛泽东思想的继承和发展,同毛泽东思想是一脉相承又与时俱进的。改革开放以来,我们党在推进马克思主义中国化的历史进程中,开辟了中国特色社会主义道路,形成了中国特色社会主义理论体系,这是中国共产党在改革开放历史新时期的伟大实践中,不断坚持和发展马克思主义的结果。这个理论体系,坚持和发展了马克思列宁主义、毛泽东思想,凝结了几代中国共产党人带领人民不懈探索实践的智慧和心血,是马克思主义中国化的最新成果,是党最可宝贵的政治和精神财富,是全国各族人民团结奋斗的共同思想基础。

一、中国特色社会主义理论体系的形成和发展

中国特色社会主义理论体系,是伴随着改革开放和社会主义现代化建设的实践逐步形成和发展起来的。

中国特色社会主义理论体系的形成有一个过程。从1978年12月的中共十一届三中全会到党的十二大前,这是探索中国式现代化道路和不断深化对社会主义再认识,奠定中国特色社会主义理论基础的阶段。中共十一届三中全会是我国社会主义发展过程中的历史性转折,它确立了实事求是的思想路线,纠正了"以阶级斗争为纲"的错误路线,把现代化建设作为社会主义事业的中心和党的根本政治路线确定下来,做出了改革开放的战略决策。中共十一届六中全会通过的《关于建国以来党的若干历史问题的决议》,总结了我国社会主义建设的经验教训,提出了中国特色社会主义理论的最初框架。从1982年9月党的十二大至十三大前,这是提出"建设有中国特色的社会主义"的科学命题,形成全面建设社会主义的思想和社会主义改革理论的阶段。1987年10月召开的党的第十三次代表大会至1992年邓小平同志南方谈话之前,这是中国特色社会主义的理论和路线逐步形成和发展的阶段。1992年,在南方谈话中邓小平对关系中国特色社会主义发展的一系列重大问题作了总结性概括。1992年党的十四大对邓小平时期我们党的理论创新的新论断、新观点、新思想进行了概括,把它称为"邓小平同志建设有中国特色社会主义理论"。1997年,党的十五大又做了进一步

的概括和论述,将其命名为"邓小平理论",并作为指导思想载入党章。

中国特色社会主义理论体系的发展。以江泽民为核心的党的第三代中央领导集体,坚持改革开放、与时俱进,带领全党全国各族人民经受住国内外政治风波和经济风险等种种严峻考验,在深刻认识和准确把握世情、国情、党情发展变化的基础上,创立了"三个代表"重要思想。2002年党的十六大总结了改革开放以来特别是党的十三届四中全会以来党带领人民建设中国特色社会主义的基本经验,阐明了贯彻"三个代表"重要思想的根本要求,并且把"三个代表"重要思想同马克思列宁主义、毛泽东思想、邓小平理论一道确立为我们党必须长期坚持的指导思想,实现了我们党指导思想的又一次与时俱进。进入新世纪新阶段,我们党站在历史和时代的高度,立足社会主义初级阶段基本国情,深入分析我国发展的阶段性特征,认真总结我国发展实践,准确把握世界发展趋势,借鉴国外发展经验,适应新的发展要求,提出以人为本的科学发展观、构建社会主义和谐社会、建设社会主义新农村、建设创新型国家、树立社会主义荣辱观、建设社会主义核心价值体系、推动建设和谐世界等思想,用新的思想观点回答了什么是社会主义、怎样建设社会主义这些基本问题。面对21世纪党面临的机遇和挑战,我们党围绕发展这个中心问题,对什么是发展、为什么发展、怎样发展,发展为了谁、发展依靠谁、发展成果由谁享有等重大问题进行了富有创造性的探索,强调要正确认识和妥善处理中国特色社会主义事业中的重大关系,努力实现科学发展、和谐发展、和平发展。党的十八大将科学发展观确立为我们党必须长期坚持的指导思想并写入党章。

二、中国特色社会主义理论体系的主要内容

中国特色社会主义理论体系,在新的时代条件下系统回答了什么是社会主义、怎样建设社会主义,建设什么样的党、怎样建设党,实现什么样的发展、怎样发展等重大理论实际问题;科学阐明了中国特色社会主义的思想路线、发展道路、发展阶段、根本任务、发展动力、发展战略、依靠力量、国际战略、领导力量等重大问题,是贯通马克思主义哲学、政治经济学、科学社会主义等领域,覆盖经济、政治、文化、社会、国防、外交、统一战线、祖国统一、党的建设等方面的系统的科学理论体系。这个理论体系,创造性地提出了一系列新的重大理论观点、重大战略思想,在新的实践基础上丰富和发展马克思主义。

中国特色社会主义理论的思想路线。党的思想路线是一切从实际出发,理论联系实际,实事求是,在实践中检验真理和发展真理。贯彻党的思想路线,必须坚持解放思想、实事求是、与时俱进、求真务实。实事求是是党的思想路线的核心,也是中国特色社会主义理论体系的精髓。

建设中国特色社会主义总依据理论。我国正处于并将长期处于社会主义初级阶段。一切从社会主义初级阶段的实际出发,正确认识和把握新世纪新阶段我国发展的阶段性特征。始终不渝地坚持社会主义初级阶段"一个中心、两个基本点"的基本路线,丰富和发展了马克思主义关于社会主义发展阶段的思想。

中国特色社会主义本质和根本任务的理论。社会主义的本质,是解放生产力,发展生产力,消灭剥削,消除两极分化,最终达到共同富裕。解放和发展社会生产力是社会主义的根本任务。实现社会主义现代化和中华民族的伟大复兴是建设中国特色社会主义的总任务。

社会主义改革开放理论。改革开放是决定当代中国命运的关键抉择。改革开放是发展中国特色社会主义、实现中华民族伟大复兴的必由之路。这一理论丰富和发展了马克思主义关

于社会主义发展动力的思想。

建设中国特色社会主义总体布局理论。在坚持以经济建设为中心的前提下，坚持全面协调可持续发展的思路，全面落实经济建设、政治建设、文化建设、社会建设、生态文明建设"五位一体"的总布局。坚持和完善社会主义初级阶段基本经济制度，推动经济持续健康发展，建设社会主义市场经济、社会主义民主政治、社会主义先进文化、社会主义和谐社会、社会主义生态文明。

中国特色社会主义国防和军队建设理论。国防和军队建设，在中国特色社会主义事业总体布局中占有重要地位。建设强大的现代化正规化的革命军队。适应世界军事变革发展的要求，走中国特色的精兵之路。统筹经济建设与国防建设，在全面建成小康社会进程中实现富国与强军的统一，全面履行党和人民赋予的新世纪新阶段军队历史使命。

中国特色社会主义祖国统一理论。"一个国家、两种制度"是实现祖国统一的战略构想；在一个中国的前提下，国家的主体坚持社会主义制度，香港、澳门、台湾保持原有的资本主义制度长期不变，按照这个原则推进和实现祖国和平统一。香港、澳门回归祖国，表明"一国两制"具有强大的生命力；全力支持香港、澳门特别行政区政府依法施政，促进香港、澳门长期繁荣稳定。在一个中国原则的基础上，遵循"和平统一、一国两制"的方针，牢牢把握两岸关系和平发展的主题，真诚为两岸同胞谋福祉，为台海地区谋和平，维护国家主权和领土完整，维护中华民族根本利益，最终解决台湾问题，实现祖国完全统一。

中国特色社会主义外交战略理论。和平与发展是当今时代的两大主题。中国坚持独立自主的和平外交政策，维护国家主权安全和发展利益，始终不渝走和平发展道路，推动建设持久和平、共同繁荣的和谐世界。始终不渝奉行互利共赢开放战略，既通过维护世界和平发展自己，又通过自身发展维护世界和平。

建设中国特色社会主义理论的根本目的和依靠力量理论。人民群众是历史的创造者，是中国特色社会主义事业的主体力量，全心全意为人民服务是党的根本宗旨。共同富裕是中国特色社会主义的根本原则，发展成果由人民共享。工人、农民和知识分子是建设中国特色社会主义事业的根本力量，在社会变革中出现的新的社会阶层是中国特色社会主义事业的建设者。

中国特色社会主义党的建设理论。中国共产党是领导中国特色社会主义事业的坚强核心，党的建设是建设和发展中国特色社会主义的关键。适应长期执政和改革开放的新要求，不断加强和改善党的领导。切实加强党的思想建设、组织建设、作风建设、制度建设、反腐倡廉建设，不断提高党的创造力、凝聚力和战斗力，使党始终成为中国特色社会主义事业的坚强领导核心。

中国特色社会主义理论体系从整体上进一步深化和丰富了对共产党执政规律、社会主义建设规律、人类社会发展规律的认识，开拓了马克思主义中国化的新境界。

三、中国特色社会主义理论体系的最新成果

中国特色社会主义理论体系是不断发展的开放的理论体系。党的十八大以来，习近平总书记从时代和全局的高度，发表了一系列重要讲话，提出了新形势下党治国理政的一系列重要方略，开拓了马克思主义发展的新境界，是中国特色社会主义理论体系的最新成果。

围绕坚持和发展中国特色社会主义，习近平强调中国特色社会主义是党和人民长期实践取得的根本成就，是当代中国发展进步的根本方向。中国特色社会主义伟大实践，使我们国

家快速发展起来，使我国人民生活水平快速提高起来，使中华民族大踏步赶上时代前进潮流、迎来伟大复兴的光明前景。要不断增强道路自信、理论自信、制度自信、文化自信，继续把中国特色社会主义这篇大文章写下去。

围绕实现中华民族伟大复兴的"中国梦"，习近平强调实现"中国梦"就是实现国家富强、民族振兴、人民幸福；"中国梦"是国家的、民族的，也是每一个中国人的；实现"中国梦"，必须坚持中国道路、弘扬中国精神、凝聚中国力量。

围绕全面深化改革，习近平强调改革开放只有进行时、没有完成时，要敢于啃硬骨头，敢于涉险滩；党的十八届三中全会的决定，合理布局了全面深化改革的战略重点、优先顺序、主攻方向、工作机制、推进方式和时间表、路线图，形成了改革理论和政策的一系列新的重大突破，必将对推动中国特色社会主义事业发展产生重大而深远的影响。

围绕全面发展社会主义，习近平强调建设中国特色社会主义总布局。我们要牢牢抓好党执政兴国的第一要务，始终代表中国先进生产力的发展要求，坚持以经济建设为中心，在经济不断发展的基础上，协调推进政治建设、文化建设、社会建设、生态文明建设以及其他各方面建设。党的十八大以来中央按照这个总布局，统筹改革发展稳定、内政外交国防、治党治国治军各方面工作，促进现代化建设各方面相协调，促进生产关系与生产力、上层建筑与经济基础相协调。

为夺取中国特色社会主义新胜利，以习近平为核心的党中央，立足我国的发展实际，顺应人民群众的热切期盼，从破解我们面临的突出矛盾和问题出发，在深入总结实践经验的基础上，逐步形成了"四个全面"战略布局。"四个全面"战略布局是一个整体，它既包括战略目标，又包括战略举措。其中，全面建成小康社会是战略目标，全面深化改革、全面依法治国、全面从严治党是战略举措。到2020年全面建成小康社会是实现中华民族伟大复兴的"中国梦"的"关键一步"；全面深化改革是全面建成小康社会的动力源泉，是实现"中国梦"的"关键一招"；全面依法治国是全面深化改革的法治保障和全面建成小康社会的重要基石；全面深化改革、全面依法治国如鸟之两翼、车之双轮，推动着全面建成小康社会目标的实现；全面从严治党则是全面建成小康社会、全面深化改革、全面依法治国的必然要求和根本保证。"四个全面"战略布局是党中央治国理政新布局的新概括。

习近平总书记系列重要讲话，围绕坚持和发展中国特色社会主义、实现中华民族伟大复兴的"中国梦"，围绕推进经济建设、政治建设、文化建设、社会建设、生态文明建设，围绕从严管党治党、全面提高党的建设科学化水平等，提出许多富有创见的新思想新观点新论断新要求，是坚持和发展中国特色社会主义的最新理论成果，为我们在新的历史起点上实现新的奋斗目标提供了科学指南和基本遵循。

四、中国特色社会主义理论体系的历史地位

1. 马克思主义中国化第二次历史性飞跃的理论成果

中国特色社会主义理论体系是马克思主义中国化的最新成果，总体上属于马克思主义基本原理同中国具体实际相结合的第二次历史性飞跃的理论成果。中国特色社会主义理论体系，坚持运用辩证唯物主义和历史唯物主义的根本方法，创造性地分析当今世界和当代中国的实际，做出了一系列新的理论概括；坚持马克思主义关于无产阶级政党必须植根于人民的政治立场，贯彻马克思主义的群众观点，对人民群众在实践中创造的新鲜经验进行了理论上的总结和升华；坚持马克思主义与时俱进的理论品质，体现了马克思主义理论创新的巨大勇

气,既生动而具体地坚持了马克思列宁主义、毛泽东思想,又生动而具体地发展了马克思列宁主义、毛泽东思想,赋予马克思主义新的鲜活力量。在当代中国,坚持马克思主义,就必须坚持中国特色社会主义理论体系;坚持中国特色社会主义理论体系,就是真正坚持马克思主义。

2. 新时期全党全国各族人民团结奋斗的共同思想基础

共同思想基础,是一个政党、一个国家、一个民族赖以存在和发展的根本前提。没有共同思想基础,党就要瓦解、国家就要解体、民族就要分裂。社会主义既是一种崭新的社会制度和社会运动,也是一种理想和价值追求,必然要用共同的思想和意志来凝聚和统一人民的思想。面对深刻变化的国际国内环境、面对人们思想观念多元多样多变的新情况,只有坚持用马克思主义中国化的最新成果武装全党、教育人民,用中国特色社会主义共同理想凝聚力量,才能真正统一全党全国各族人民的思想,最大限度地团结和凝聚不同社会阶层、不同利益群体人们的智慧和力量,为实现既定目标而共同奋斗。事实深刻表明,中国特色社会主义理论体系是能够把全国各族人民紧密团结在一起的共同思想基础,是我们战胜一切风险和挑战的主心骨。在未来前进的道路上,无论遇到什么样的艰难险阻,我们都要坚持中国特色社会主义理论体系不动摇。

3. 实现中华民族伟大复兴"中国梦"的根本指针

中国特色社会主义是全面建成小康社会、实现中华民族伟大复兴的必由之路。实现中华民族伟大复兴,这是中华民族近代以来最伟大的梦想。这一梦想,既饱含着对近代以来中国历史的深刻洞悉,又彰显了全国各族人民的共同愿望和宏伟愿景,为党带领人民开创未来指明了前进方向。实现"中国梦"必须以科学理论为指导。在中国特色社会主义理论体系指引下,当代中国共产党人和中国人民以一往无前的进取精神和波澜壮阔的创新实践,谱写了中华民族自强不息、顽强奋进新的壮丽篇章。

【知识拓展】

同志们,朋友们:

今天,我们在这里隆重集会,纪念敬爱的邓小平同志诞辰110周年,深切缅怀他为党、为祖国、为人民建立的不朽功勋,追思和学习他为党和人民事业不懈奋斗的崇高风范,进一步激励全党全国各族人民在新的时代条件下把中国特色社会主义事业推向前进。

邓小平同志是全党全军全国各族人民公认的享有崇高威望的卓越领导人,伟大的马克思主义者,伟大的无产阶级革命家、政治家、军事家、外交家,久经考验的共产主义战士,中国社会主义改革开放和现代化建设的总设计师,中国特色社会主义道路的开创者,邓小平理论的主要创立者。

邓小平同志的一生,同中国共产党、中国人民解放军、中华人民共和国创建和发展的历史进程紧紧相连,同中国革命、建设、改革的历史进程紧紧相连,同中华民族抗争、独立、振兴的历史进程紧紧相连,是光辉的一生、战斗的一生、伟大的一生。

邓小平同志对党和人民的贡献,是历史性的,也是世界性的。正是由于有邓小平同志的卓越领导,正是由于有邓小平同志大力倡导和全力推进的改革开放,中国特色社会主义才能欣欣向荣,中国人民才能过上小康生活,中华民族和中华人民共和国才能以新的姿态屹立于世界东方。

邓小平同志的贡献，不仅改变了中国人民的历史命运，而且改变了世界的历史进程。邓小平同志赢得了中国人民衷心爱戴，也赢得了世界人民广泛尊敬。

像我们党的其他老一辈革命家一样，邓小平同志之所以能够为祖国和人民建立彪炳史册的功勋，就在于他看清了世界和中国的发展大势，深刻了解中国人民和中华民族的深沉愿望，把握住中国发展的历史规律，紧紧依靠党和人民建立了前所未有的历史性伟业。正如江泽民同志、胡锦涛同志指出的那样：如果没有邓小平同志，中国人民就不可能有今天的新生活，中国就不可能有今天改革开放的新局面和社会主义现代化的光明前景。

邓小平同志为中华民族独立、繁荣、振兴和中国人民解放、自由、幸福奋斗的辉煌人生和伟大贡献，将永远书写在祖国辽阔的大地之上。邓小平同志始终在人民中间，也始终在人民心间。在这里，我们要说：小平您好！祖国和人民永远怀念您！

邓小平同志离开我们17年来，国际形势风云变幻，国内改革发展任务艰巨繁重，在以江泽民同志为核心的党的第三代中央领导集体、以胡锦涛同志为总书记的党中央领导下，我们党团结带领全国各族人民，坚持党的十一届三中全会以来的路线方针政策不动摇，推动党和国家各项事业不断取得新的伟大成就。党的十八大以来，党中央团结带领全国各族人民，全面贯彻党的十八大和十八届三中全会精神，高举中国特色社会主义伟大旗帜，坚持以马克思列宁主义、毛泽东思想、邓小平理论、"三个代表"重要思想、科学发展观为指导，统筹国内国际两个大局，全面深化改革，推动经济持续健康发展，全面加强作风建设，努力开创中国特色社会主义事业更加广阔的前景。

邓小平同志为我们擘画的社会主义现代化蓝图正在一步步变成美好现实，我们伟大的祖国正在一天天走向繁荣富强，中华民族正在一步步走向伟大复兴。对此，我们感到无比自豪。

此时此刻，我们必须牢记邓小平同志语重心长说过的这段话："我们搞社会主义才几十年，还处在初级阶段。巩固和发展社会主义制度，还需要一个很长的历史阶段，需要我们几代人、十几代人，甚至几十代人坚持不懈地努力奋斗"；"社会主义的本质，是解放生产力，发展生产力，消灭剥削，消除两极分化，最终达到共同富裕。"实现社会主义现代化，实现祖国完全统一，实现中华民族伟大复兴，这是毛泽东同志、邓小平同志等老一辈革命家和千百万革命先辈的深切夙愿，是全体中华儿女的共同心愿。

邓小平同志曾经嘱托全党："从现在起到下世纪中叶，将是很要紧的时期，我们要埋头苦干。我们肩膀上的担子重，责任大啊！"今天，历史的接力棒传到了我们手里，责任重于泰山。全党一定要紧密团结起来，敢于担当、埋头苦干，团结带领全国各族人民，以与时俱进、时不我待的精神不断夺取新胜利，不断完善和发展中国特色社会主义，不断为人类和平与发展的崇高事业做出新的更大的贡献。

我们相信，在20世纪赢得了伟大历史性胜利的中国共产党和中国人民，必将在21世纪赢得更伟大的历史性胜利！

（摘录自习近平：《在纪念邓小平同志诞辰110周年座谈会上的讲话》，《人民日报》2014年8月21日，有删改）

第四节 思想路线与理论精髓

一、实事求是思想路线的形成和发展

思想路线，哲学上又称为认识路线，是指人们的认识所遵循的方向、途径、原则和方法。也就是人们在认识世界和改造世界的活动中坚持什么样的世界观和方法论。

在中国共产党的历史上，正确的思想路线的形成和确立，有一个过程。第二次国内革命战争时期，毛泽东在1929年6月写的一封信中分析红四军党内存在着种种错误思想的原因时第一次使用了"思想路线"这一概念。① 同年12月，毛泽东在主持起草的《古田会议决议》中明确提出了"反对主观主义"的问题。1930年5月，毛泽东在《反对本本主义》中指出：本本主义的想法，"是完全错误的，完全不是共产党人从斗争中创造新局面的思想路线"，从而初步界定了中国共产党人的思想路线的基本含义。

第二次国内革命战争时期，为了揭露主观主义，特别是教条主义错误的思想根源，1937年7—8月，毛泽东在《实践论》和《矛盾论》等著作中，深刻阐述了理论对于实践的依赖关系，以及矛盾的普遍性和特殊性的关系，对党的思想路线作了系统的哲学论证。1938年10月，他在党的六届六中全会所做的政治报告中，在提出"马克思主义中国化"任务的同时，借用我国古代成语"实事求是"来提倡马克思主义与中国实际相结合的科学态度。为了统一全党思想并为制定新民主主义革命的总路线奠定思想基础，在延安整风期间，毛泽东从思想路线的角度，系统地阐述了坚持实事求是的重要性，并对实事求是的科学含义作了马克思主义的界定。"'实事'就是客观存在着的一切事物，'是'就是客观事物的内部联系，即规律性，'求'就是我们去研究。我们要从国内外、省内外、县内外、区内外的实际情况出发，从其中引出其固有的而不是臆造的规律性，即找出周围事变的内部联系，作为我们行动的向导。"② 经过延安整风和党的七大，实事求是的思想路线在全党得到了确立。

思想路线的问题解决并非一劳永逸，在大规模的经济建设开始以后，由于毛泽东和我党对迅速到来的社会主义建设缺乏足够的思想准备，对中国进入社会主义时期后的新情况新问题缺乏深入细致的科学研究；也由于在巨大的成绩面前滋长了骄傲自满的情绪，思想和行动越来越严重地背离实事求是的思想路线，导致"大跃进""人民公社化运动""文化大革命"的错误，给党和国家造成严重的灾难，实事求是的思想路线也被破坏殆尽。在中国向何处去的重大历史关头，邓小平挺身而出，以大无畏的勇气重点抓思想路线的拨乱反正，为我们党和国家选择正确的发展方向做出了突出的贡献。他认为，在一切工作中要真正坚持实事求是，首先必须解放思想。解放思想是实事求是的前提，实事求是是解放思想的目的。

党的十一届三中全会重新确立了实事求是这一马克思主义的思想路线，为我们党制定正确的政治路线和组织路线奠定了坚实的思想基础。邓小平指出："实事求是，是无产阶级世界观的基础，是马克思主义的思想基础。过去我们搞革命所取得的一切胜利，是靠实事求是；现在我们要实现四个现代化，同样要靠实事求是。"③ 在党的十六大报告中，江泽民明确地提出：坚持党的思想路线，解放思想、实事求是、与时俱进，是我们党坚持先进性和增

---

① 中共中央文献研究室编：《毛泽东文集》第1卷，人民出版社1991年版，第115－116页。
② 毛泽东：《毛泽东选集》第3卷，人民出版社1991年版，第801页。
③ 邓小平：《邓小平文选》第2卷，人民出版社1994年版，第143页。

强创造力的决定性因素。2004年1月，胡锦涛在一次讲话中强调：必须大力弘扬求真务实精神、大兴实事求是作风，进一步深化对实事求是思想路线的认识。党的十八大以来，习近平继续坚持实事求是的思想路线，强调要坚持解放思想、实事求是，冲破思想观念的障碍、突破利益固化的藩篱，抓住机遇，努力在全面深化改革上取得新突破，带领全党全国各族人民朝着中华民族伟大复兴的目标奋勇前进。

二、实事求是思想路线的科学内涵

《中国共产党章程》指明："党的思想路线是一切从实际出发，理论联系实际，实事求是，在实践中检验真理和发展真理。"①

1. 一切从实际出发

一切从实际出发，即从不以人的主观意志为转移的客观实际出发，而不是从"本本"或"原则"出发，这是做到实事求是的基本前提。为此，既要坚持彻底的唯物主义立场，也要坚持彻底的辩证法，即一要用全面性的观点看问题，了解事实的全面情况，不能孤立地看问题，不能以个别代表整体、以片面代替全面，不能只见树木不见森林；二要用联系与发展的观点看问题，深入研究客观事物的内在矛盾、事物和现象之间的相互联系，把握事物的本质及其发展规律；三要从具体事物和现象出发，深入实际做艰苦细致的调查研究工作，还必须破除对教条主义的迷信，把一切从实际出发与解放思想有机统一起来。今天，我们讲一切从实际出发，其中最大的实际就是中国正处于并将长时期处于社会主义初级阶段。我们想问题，办事情，做决策，都必须从社会主义初级阶段的实际出发，而不能脱离这个实际。

2. 理论联系实际

理论联系实际，就是要把马克思列宁主义普遍原理与中国革命和建设的具体实践相结合。这是做到实事求是的根本途径和方法。毛泽东在《整顿党的作风》一文中强调："中国共产党人只有在他们善于应用马克思列宁主义的立场、观点和方法，善于应用列宁斯大林关于中国革命的学说，进一步地从中国的历史实际和革命实际的认真研究中，在各方面做出合符中国需要的理论性的创造，才叫作理论和实际相联系。"② 这就告诉人们，理论联系实际，一方面是要以马克思列宁为指导来正确认识中国的客观实际，并从实际出发来应用马克思列宁主义；另一方面也是更重要的一方面，是要在实践中，总结中国革命和建设实践经验，使之马克思主义化，以中国自己独创性的理论来进一步丰富和发展马克思列宁主义。

3. 实事求是

实事求是是党的思想路线的实质和核心。也正因为如此，我们通常把党的思想路线简明概括为"实事求是"，把党的思想路线称作"实事求是的思想路线"。实事求是内在地包含着一切从实际出发，理论联系实际，在实践中检验真理和发展真理的内容。一切从实际出发，是实事求是思想路线的前提和基础；理论联系实际，是实事求是思想路线的根本途径和方法；在实践中检验真理和发展真理，是实事求是思想路线的验证条件和目的。

实事求是还内在地包含着解放思想、与时俱进、求真务实等内容。要做到实事求是，必须解放思想。邓小平指出，解放思想，就是使思想和实际相结合，使主观和客观相符合，就是实事求是。做到实事求是，必然与时俱进。江泽民指出，坚持马克思主义，应该采取实事

---

① 《中国共产党章程》（中国共产党第十八次全国代表大会部分修改，2012年11月14日通过），人民出版社2012年版，第18页。

② 毛泽东：《毛泽东选集》第3卷，人民出版社1991年版，第820页。

求是、与时俱进的科学态度，坚持一切从发展变化的实际出发，把马克思主义看作不断随着实践的发展而发展的科学。同样，要做到实事求是，又必须做到求真务实。胡锦涛指出，认识规律、把握规律、遵循和运用规律，是坚持求真务实的根本要求。大兴求真务实之风，就是为了使我们在推进各项工作时能够更好地把握规律性、增加主动性、减少盲目性、克服片面性。党在不同时期根据不同实践环境和具体任务，针对在贯彻实事求是的思想路线中存在的突出问题，分别突出强调解放思想、与时俱进、求真务实等，其目的和归宿都是实事求是。它们既反映了党的思想路线的实质的一脉相承性，又体现了结合实践发展在具体表现方面的时代特征。

4. 在实践中检验真理和发展真理

要判断我们是否做到了实事求是，是否达到了真理性认识，拿什么作标准？毛泽东坚持了马克思列宁主义关于实践是检验真理标准的思想，在此基础上进一步强调了实践标准的唯一性，指出："判定认识或理论之是否真理，不是依主观上觉得如何而定，而是依客观上社会实践的结果如何而定。真理的标准只能是社会的实践。"① "只有千百万人民的革命实践，才是检验真理的尺度。"② 他还曾明确指出："社会实践是检验真理的唯一标准。"③

邓小平明确指出，实践是检验真理的唯一标准，实践是检验路线、方针、政策是否正确的唯一标准。在实践中检验真理和发展真理，需要弘扬与时俱进的精神。江泽民指出："马克思主义具有强大生命力的奥秘，就在于它具有与时俱进的理论品质。"④ 马克思主义理论的一个重要特征是实践性，这一特征赋予它根据实践不断丰富和发展自己的内在动力，使其在实践的基础上不断丰富和发展。

三、实事求是是马克思主义中国化理论成果的精髓

所谓精髓，对于某一理论而言，指的是这一理论得以形成和发展并贯穿始终，同时又体现在这一理论体系各个基本观点中的最本质的东西。

实事求是是中国化马克思主义理论的精髓。马克思主义中国化的各个理论成果，其精髓都是实事求是。贯穿马克思主义中国化理论成果的始终是实事求是。把握了这个精髓，就把握了马克思主义中国化的各个理论成果之间的历史联系及其统一的科学思想体系，把握了马克思主义中国化理论成果中的最本质的东西。由于把握了这个精髓，一代又一代马克思主义者在开创和发展社会主义事业的历史进程中，不断解决新课题，开拓新境界。

坚持实事求是的思想路线，在中国革命、建设和改革问题上，最根本的就是要坚持一切从本国的实际出发，敢于和善于走自己的路。毛泽东把马克思主义基本原理和中国具体实际相结合，在一个半殖民地半封建的大国，领导我们党成功地进行了新民主主义革命，并把中国引上了社会主义道路。在社会主义发展道路问题上，同样强调从实际出发，走自己的路，努力探索一条适合中国情况的建设社会主义的道路。邓小平认为，我国社会主义建设中的主要教训之一，是过去我们搬用了苏联社会主义建设的模式。在长期的社会主义建设过程中，这种较少有中国创造性，并不完全适合中国情况的体制的弊端逐步暴露出来。为此，邓小平在党的十二大开幕词中说："我们的现代化建设，必须从中国的实际出发。无论是革命还是

---

① 毛泽东：《毛泽东选集》第1卷，人民出版社1991年版，第284页。
② 毛泽东：《毛泽东选集》第2卷，人民出版社1991年版，第663页。
③ 中共中央文献编辑委员会：《毛泽东著作选读》下册，人民出版社1986年版，第890页注487。
④ 江泽民：《江泽民文选》第3卷，人民出版社2006年版，第87页。

建设，都要注意学习和借鉴外国经验。但是，照抄照搬别国的经验、别国的模式，从来不能得到成功。这方面我们有过不少教训。"① 他明确指出："把马克思主义的普遍真理同我国的具体实际结合起来，走自己的道路，建设有中国特色的社会主义，这就是我们总结长期历史经验得出的基本结论。"②

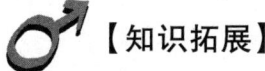
【知识拓展】

  同志们、朋友们！
  毛泽东思想活的灵魂是贯穿其中的立场、观点、方法，它们有三个基本方面，这就是实事求是、群众路线、独立自主。新形势下，我们要坚持和运用好毛泽东思想活的灵魂，把我们党建设好，把中国特色社会主义伟大事业继续推向前进。
  实事求是，是马克思主义的根本观点，是中国共产党人认识世界、改造世界的根本要求，是我们党的基本思想方法、工作方法、领导方法。不论过去、现在和将来，我们都要坚持一切从实际出发，理论联系实际，在实践中检验真理和发展真理。
  毛泽东同志说："'实事'就是客观存在着的一切事物，'是'就是客观事物的内部联系，即规律性，'求'就是我们去研究。"毛泽东同志还把实事求是形象地比喻为"有的放矢"。我们要坚持用马克思主义的"矢"去射中国革命、建设、改革的"的"。
  坚持实事求是，就要深入实际了解事物的本来面貌。要透过现象看本质，从零乱的现象中发现事物内部存在的必然联系，从客观事物存在和发展的规律出发，在实践中按照客观规律办事。坚持实事求是不是一劳永逸的，在一个时间一个地点做到了实事求是，并不等于在另外的时间另外的地点也能做到实事求是，在一个时间一个地点坚持实事求是得出的结论、取得的经验，并不等于在变化了的另外的时间另外的地点也能够适用。我们要自觉坚定实事求是的信念、增强实事求是的本领，时时处处把实事求是牢记于心、付诸于行。
  坚持实事求是，就要清醒认识和正确把握我国仍处于并将长期处于社会主义初级阶段这个基本国情。我们推进改革发展、制定方针政策，都要牢牢立足社会主义初级阶段这个最大实际，都要充分体现这个基本国情的必然要求，坚持一切从这个基本国情出发。任何超越现实、超越阶段而急于求成的倾向都要努力避免，任何落后于实际、无视深刻变化着的客观事实而因循守旧、固步自封的观念和做法都要坚决纠正。
  坚持实事求是，就要坚持为了人民利益坚持真理、修正错误。要有光明磊落、无私无畏、以事实为依据、敢于说出事实真相的勇气和正气，及时发现和纠正思想认识上的偏差、决策中的失误、工作中的缺点，及时发现和解决存在的各种矛盾和问题，使我们的思想和行动更加符合客观规律、符合时代要求、符合人民愿望。
  坚持实事求是，就要不断推进实践基础上的理论创新。马克思主义基本原理是普遍真理，具有永恒的思想价值，但马克思主义经典作家并没有穷尽真理，而是不断为寻求真理和发展真理开辟道路。今天，坚持和发展中国特色社会主义，全面深化改革，有效应对前进道路上可以预见和难以预见的各种困难与风险，都会提出新的课题，迫切需要我们从理论上做出新的科学回答。我们要及时总结党领导人民创造的新鲜经验，不断开辟马克思主义中国化

---

① 邓小平：《邓小平文选》第3卷，人民出版社1993年版，第2－3页。
② 邓小平：《邓小平文选》第3卷，人民出版社1993年版，第3页。

新境界,让当代中国马克思主义放射出更加灿烂的真理光芒。

(摘录自习近平:《在纪念毛泽东同志诞辰120周年座谈会上的讲话》,《人民日报》2013年12月27日)

【思考与练习】

1. 如何正确认识提出马克思主义中国化的重要意义?
2. 如何正确理解马克思主义中国化的科学内涵?
3. 实事求是思想路线的基本内容有哪些?如何理解党的思想路线的核心是实事求是?
4. 为什么说实事求是是马克思主义中国化各个理论成果的精髓?

【参考文献】

[1] 中共中央马克思恩格斯列宁斯大林著作编译局. 马克思恩格斯选集:第4卷[M]. 北京:人民出版社,2012.

[2] 中央档案馆. 中共中央文件选集:第11册[M]. 北京:中共中央党校出版社,1991.

[3] 邓小平. 邓小平文选:第2卷[M]. 北京:人民出版社,1994.

[4] 中共中央文献研究室. 十八大以来重要文献选编:上[M]. 北京:中央文献出版社,2014.

[5] 毛泽东. 毛泽东选集:第1卷. 北京:人民出版社,1991.

[6] 人民出版社. 中国共产党章程[M]. 北京:人民出版社,2012.

[7] 邓小平. 邓小平文选:第3卷[M]. 北京:人民出版社,1993.

[8] 习近平. 在纪念邓小平同志诞辰110周年座谈会上的讲话[N]. 人民日报,2014-08-21(2).

[9] 习近平. 在纪念毛泽东同志诞辰120周年座谈会上的讲话[N]. 人民日报,2013-12-27(2).

[10] 中共中央马克思恩格斯列宁斯大林著作编译局. 马克思恩格斯全集:第27卷[M]. 北京:人民出版社,1972.

[11] 毛泽东. 毛泽东选集:第1卷[M]. 北京:人民出版社,1991.

[12] 毛泽东. 毛泽东选集:第3卷[M]. 北京:人民出版社,1991.

[13] 江泽民. 江泽民文选:第3卷[M]. 北京:人民出版社,2006.

第二章 新民主主义革命理论

【教学目标】

通过本章的教学,使学生熟悉新民主主义革命总路线,掌握新民主主义的政治、经济和文化纲领,深刻认识武装斗争、统一战线、党的建设是中国共产党在中国革命中的三个基本问题和三大法宝,是中国新民主主义革命最主要的经验。了解农村包围城市、武装夺取政权道路的理论,是以毛泽东为代表的中国共产党人坚持把马克思列宁主义的基本原理与中国革命的实践相结合的一次重大突破,认识它的历史意义和理论启迪。

在内忧外患中诞生和成长起来的中国共产党,自成立之日起就把实现中华民族伟大复兴作为自己的历史使命,捍卫民族独立最坚定,维护民族利益最坚决,反抗外来侵略最勇敢。
——习近平:在纪念中国人民抗日战争暨世界反法西斯战争胜利69周年座谈会上的重要讲话

毛泽东同志创造性地解决了马克思列宁主义基本原理同中国实际相结合的一系列重大问题,深刻分析中国社会形态和阶级状况,经过不懈探索,弄清了中国革命的性质、对象、任务、动力,提出通过新民主主义革命走向社会主义的两步走战略,制定了新民主主义革命总路线,开辟了以农村包围城市、最后夺取全国胜利的革命道路。
——习近平:在纪念毛泽东同志诞辰120周年座谈会上的讲话

第一节 新民主主义革命理论形成的依据

一、近代中国国情和中国革命的时代特征

毛泽东指出,认清中国的国情,乃是认清和解决一切革命问题的依据。

1. 近代中国的国情

近代中国,已经沦为一个半殖民地半封建性质的社会,这是近代中国最基本的国情。鸦片战争前,中国是一个独立的封建国家,随着帝国主义的不断入侵,改变了中国社会一般发展的轨道,使社会性质发生了两个根本性的变化:一个独立的中国逐步沦为半殖民地的中国,封建的中国逐步变为半封建的中国。帝国主义侵略中国的目的,绝不是为了给中华民族带来文明和发展,把封建的中国变成资本主义的中国,而是要把中国变成它们的殖民地和半殖民地,阻碍中国的自主发展,防止出现一个摆脱它们控制以致与它们竞争的新型资本主义国家。

近代中国半殖民地半封建的社会性质,决定了中国社会的主要矛盾是帝国主义和中华民

族的矛盾、封建主义和人民大众的矛盾。而帝国主义和中华民族的矛盾，又是各种矛盾中最主要的矛盾。近代中国社会的性质和主要矛盾，决定了近代中国革命的首要任务也是根本任务，就是推翻帝国主义、封建主义和官僚资本主义的统治，从根本上推翻反动腐朽的政治上层建筑，变革阻碍生产力发展的生产关系，为建设繁荣富强的国家和实现人民的共同富裕扫清障碍，创造必要的前提。这两大历史任务是相互关联着的，只有完成反帝反封建的革命任务，才能为完成后一个任务创造条件。

近几年有一种"告别革命"论的错误思潮，推崇所谓的改良，把改良和革命对立起来，认为"革命只是一种破坏性的力量"，否定中国近现代的革命，提出要"告别革命"，"既告别来自'左'的革命，也告别来自'右'的革命"。为什么说"告别革命"论是错误的？因为革命不是对生产力的破坏，而是解放生产力，是促进生产力进一步发展的动力。当通过改良不能扫除生产力发展的障碍时，只能通过革命手段来解决。

2. 中国革命的时代特征

中国资产阶级民主革命，自从1914年爆发第一次世界大战和1917年俄国十月社会主义革命以后，发生了一个新的变化。俄国十月革命的胜利，改变了整个世界历史的方向，划分了整个世界历史的时代，开辟了世界无产阶级社会主义革命的新纪元，标志着人类历史开始了由资本主义向社会主义转变的进程。中国的资产阶级民主主义革命，从原来属于旧的世界资产阶级民主主义革命的范畴，属于旧的世界资产阶级民主主义革命的一部分，转变为属于新的资产阶级民主主义革命的范畴，属于世界无产阶级社会主义革命的一部分。五四运动中，中国无产阶级开始以独立的政治力量登上历史舞台，由自在阶级转变为自为阶级，开始成为中国革命的领导力量。五四运动以后，随着马克思主义在中国的广泛传播，中国早期的共产主义者经过分析、比较和鉴别，最终选择了马克思主义作为中国革命的指导思想。由于中国革命的时代条件、领导力量和指导思想的变化，近代中国革命以五四运动为开端，进入新民主主义革命阶段。

为了挽救空前深重的民族危机和社会危机，中国人民曾经进行过多次不屈不挠的英勇斗争，无数仁人志士苦苦探索救国救民的道路。这些斗争和探索，每一次都对推动中国社会走向进步产生了一定的影响，但每一次都摆脱不了失败的命运。事实证明，不触动封建根基的自强运动和改良主义，自发的农民运动和旧式的农民战争，资产阶级革命派领导的辛亥革命，以及照搬西方资本主义的其他种种方案，都不能完成反帝反封建的革命任务，都不能为中国找到真正的出路。近代中国社会的发展，期待新的阶级及其政党领导新的革命，呼唤新的革命理论的产生。旧民主主义革命的失败、近代中国革命形势的发展和时代条件的变化，为新民主主义革命理论的形成提供了客观条件。

二、新民主主义革命理论的实践基础

1. 革命实践是新民主主义革命理论形成和发展的基础

新民主主义革命理论的形成，经过了一个曲折发展的过程。新民主主义革命理论不是凭空产生的，而是中国革命实践经验的概括和总结。马克思主义中国化的内涵之一，就是把党领导中国革命的丰富的实践经验经过提炼和总结，上升为理论，实现"中国实际的马克思主义化"。实践是理论的基础，理论是随着实践的发展而发展的。中国共产党领导的革命实践是新民主主义革命理论形成和发展的基础。

中国共产党成立后，开始把马克思主义与中国革命的具体实际相结合。1922年党的二大提出了中国革命分"两步走"和党在民主革命阶段的纲领,这是马克思主义与中国实际相结合的最初表现形式。1923年党的三大总结了京汉铁路工人罢工失败的教训,认为单靠工人阶级的力量不可能取得革命的胜利,提出了建立国共合作统一战线的思想。1925年党的四大总结了在统一战线中与资产阶级争夺领导权斗争的经验,提出了坚持无产阶级领导权和农民同盟军的思想。1926年前后,毛泽东发表了《中国社会各阶级的分析》《国民革命与农民运动》《国民党右派分离的原因及其对于革命前途的影响》《答少年中国学会改组委员会问》《湖南农民运动考察报告》等文章,集中全党智慧,形成了新民主主义革命的基本思想。大革命失败后,在领导创建井冈山革命根据地的过程中,毛泽东认真总结创建农村革命根据地、实行"工农武装割据"的经验,潜心研究中国革命道路的理论,从1928年10月到1930年年初,毛泽东先后发表了《中国的红色政权为什么能够存在?》《井冈山的斗争》《星星之火,可以燎原》等文章,认为中国革命不能走"以城市为中心"的道路,而是应该走相反的道路,"先占乡村、后取城市",初步形成了关于中国革命道路的理论。红军长征到达陕北后,1940年前后,又发表了《中国革命和中国共产党》《〈共产党人〉发刊词》《新民主主义论》等著作,系统总结了中国革命"两次胜利""两次失败"的经验教训,使新民主主义革命理论在多方面得到展开而达到成熟,形成了一个完整的理论体系。

2. 新民主主义革命理论是在反对"左"倾教条主义和右的错误倾向的斗争中形成的

新民主主义革命理论的形成,经过了一个逐步探索的过程,是在反对"左"倾教条主义和右的错误倾向的斗争中形成的,尤其是在反对把共产国际决议教条化和苏联经验神圣化的错误倾向的斗争过程中形成的,新民主主义革命理论是中国共产党人不断实现马克思主义中国化的理论成果。

3. 新民主主义革命理论是中国革命实践经验的概括和总结

毛泽东1962年1月《在扩大的中央工作会议上的讲话》中指出,党对中国民主革命规律的认识,是通过革命的实践,经过了从没有经验到有经验,从有较少的经验,到有较多的经验,从未被认识的必然王国经过逐步地克服盲目性,在认识上起了一个飞跃,而到达自由王国这样一个艰难曲折的发展过程。"在抗日时期,我们才制定了合乎情况的党的总路线和一整套具体政策。这时候,中国民主革命这个必然王国才被我们认识,我们才有了自由。到这个时候,我们已经干了二十来年的革命。过去那么多年的革命工作,是带着很大的盲目性的。"① 只有到抗日战争期间,中国革命经过了"两次胜利"和"两次失败",即北伐战争的胜利和失败、土地革命战争的胜利和失败及再次走向新胜利的比较,有了比较完整的实践经验,才使以毛泽东为主要代表的中国共产党人对中国革命的规律有了完整、充分和深刻的认识,才使新民主主义革命理论达到成熟。新民主主义革命理论是马克思主义中国化的第一个重大理论成果。

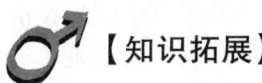【知识拓展】

秋收起义几仗打下来,部队相继失利,损失很大,队伍"竟至溃不成军"。毛泽东在文家市里仁学校召开了前敌委员会会议,讨论部队的进军方向问题。毛泽东拿着一份从学校借来的地图,指着湘赣边界山形最宽的部分,用生动形象的比喻说:这里像眉毛一样的地方,

---

① 中共中央文献研究室编:《毛泽东文集》第8卷,人民出版社1999年版,第300页。

是罗霄山脉中段,最适合做我们的落脚点,我们要到那里去当"山大王"。

听了毛泽东的分析,在经过激烈争论后,大多数同志同意毛泽东的主张,也有一些同志不同意毛泽东的意见,师长余洒度就极力反对,他说攻打长沙是省委决定了的,我们现在全军会师了,就应该立即反攻浏阳,直取长沙;不打长沙,却退到农村,这叫什么革命?毛泽东耐心地说:我们这个山大王是红色的"山大王",而不是过去的"山大王",是代表人民利益的工农武装,是共产党领导的,有主义、有政策、有办法的"山大王"。中国政治不统一,经济发展不平衡,矛盾很多,我们要找敌人统治薄弱的地方。毛泽东的话,通俗易懂,包含着极其丰富的深刻的真理。总指挥卢德铭坚决支持毛泽东的主张,他说:毛委员讲得对,现在交通要道和城市不是我们占领的地方。如果攻打长沙,就有全军覆没之险。

(摘录自苏扬编:《中国出了个毛泽东——中外名人的评说》,解放军出版社1991年版,有删改)

第二节 新民主主义革命的总路线和基本纲领

一、新民主主义革命总路线

1. 新民主主义革命总路线的形成

新民主主义革命的总路线是在中国革命斗争的实践中不懈探索的结果。从1922年7月党的二大第一次明确提出反对帝国主义、反对封建主义的民主革命纲领,1939年毛泽东同志在《中国革命和中国共产党》一文中首次提出新民主主义革命的科学概念和总路线的基本内容。毛泽东1948年在《在晋绥干部会议上的讲话》中完整地表述了新民主主义革命总路线的内容,这就是无产阶级领导的,人民大众的,反对帝国主义、封建主义和官僚资本主义的革命。

2. 新民主主义革命总路线的基本内容

新民主主义革命的对象从总体上来说是帝国主义、封建主义和官僚资本主义,但在中国革命的不同阶段,由于中国社会主要矛盾的变化,革命的对象是不同的。国民革命时期中国革命的主要敌人是帝国主义支持下的北洋军阀,土地革命战争时期的主要敌人是代表大地主大资产阶级的国民党新军阀,抗日战争时期的主要敌人是日本帝国主义,解放战争时期的主要敌人是美帝国主义支持下的国民党反动派。帝国主义是中国革命的首要对象。首先,帝国主义的侵略,使近代中国丧失了主权独立、领土完整,沦为了一个半殖民地国家。其次,帝国主义成为中国资本主义发展的最主要障碍。帝国主义侵华的目的是要把中国变为其殖民地,为此,帝国主义不惜采取一切政治的、经济的、军事的和文化的压迫手段,并同中国的封建主义勾结起来,严重地阻碍了中国资本主义的发展。最后,帝国主义操纵着中国的经济命脉和政治、军事力量,是中国封建势力的主要支持者。近代中国的历届政府,无论是晚清王朝,还是北洋军阀统治集团,以及国民党南京政府都不过是"洋人的朝廷"。帝国主义侵略是阻碍中国社会进步和发展的首要因素,是近代中国贫穷落后和一切灾祸的总根源。中国人民欲求得民族独立和人民解放,必先推翻帝国主义在华统治。

新民主主义革命的动力是人民大众,包括无产阶级、农民阶级、小资产阶级和民族资产阶级。其中无产阶级和农民阶级是中国革命的根本动力,无产阶级又是中国革命的领导力量,农民是无产阶级可靠的同盟军,农民是中国革命的主力军。小资产阶级也是中国革命的动力。小资产阶级包括小商人、小手工业者、知识分子和自由职业者，他们是劳动者而不是剥削者，不属于资产阶级的范畴。中国资产阶级分为官僚资产阶级和民族资产阶级两部分。官僚资产阶级是革命的对象，民族资产阶级既具有反帝反封建的革命性，又具有软弱性和妥协性，对民族资产阶级应采取慎重的政策。

新民主主义革命的领导。无产阶级的特点和中国无产阶级的特殊优点，说明无产阶级能够担负起领导中国革命的重任；无产阶级对于中国革命的领导是通过中国共产党的领导来实现的；无产阶级及其政党对中国革命的领导是历史发展的必然；中国共产党对中国革命的领导经过了一个与资产阶级争夺领导权的斗争过程。

新民主主义革命的性质和前途。近代中国半殖民地半封建社会的性质和中国革命的历史任务，决定了中国革命的性质不是无产阶级的社会主义革命，而是资产阶级民主主义革命。但是中国革命已不是旧式的、一般的资产阶级民主主义革命，而是新的民主主义革命。无产阶级的领导权是中国革命的中心问题，也是新民主主义革命理论的核心问题。区别新旧两种不同范畴的民主主义革命，根本的标志是革命的领导权掌握在无产阶级手中还是掌握在资产阶级手中。新民主主义革命与旧民主主义革命的区别在于它们发生的时代不同、指导思想不同、领导力量不同、革命前途不同。新民主主义革命是发生于世界无产阶级社会主义革命新的时代、有了马克思主义这一新的指导思想和中国共产党这一新的领导，其前途是社会主义而不是资本主义。中国革命分为新民主主义革命和社会主义革命两步走，新民主主义革命是社会主义革命的必要准备，社会主义革命是新民主主义革命的必然趋势。革命的第一步是建立各革命阶级联合专政的新民主主义社会，然后发展到第二阶段，建立社会主义社会。

二、新民主主义的基本纲领

1. 新民主主义政治纲领

新民主主义政治纲领的主要内容是：推翻帝国主义和封建主义的统治，建立一个无产阶级领导的，以工农联盟为基础的，各革命阶级联合专政的新民主主义的共和国。新民主主义的国体是无产阶级领导的，以工农联盟为基础的，包括小资产阶级、民族资产阶级和其他反帝反封建的人们在内的几个革命阶级的联合专政。新民主主义的政体是民主集中制的人民代表大会制度。新民主主义共和国是一种过渡性质的，但又在一定历史时期必须采取的国家形式。

2. 新民主主义经济纲领

新民主主义经济纲领的主要内容是：没收封建地主阶级的土地归农民所有，没收官僚资产阶级的垄断资本归新民主主义的国家所有，保护民族工商业。没收封建阶级的土地归农民所有是新民主主义革命的中心内容。没收官僚资本包含着民主革命和社会主义革命的双重革命性质。保护民族工商业，是新民主主义经济纲领中极具特色的内容。

3. 新民主主义文化纲领

新民主主义文化纲领的主要内容是：新民主主义文化就是无产阶级领导的人民大众的反帝反封建的文化，即民族的科学的大众的文化。一定的文化是一定社会的政治和经济在观念形态上的反映。新民主主义文化是从五四时期开始逐步形成的。新民主主义文化是新民主主义政治、经济在观念形态上的反映，并为新民主主义政治和经济服务的。在新民主主义文化中居于指导地位的是共产主义思想。

总之，新民主主义政治、经济、文化纲领是新民主主义革命总路线的具体化，是新民主

主义理论体系的重要组成部分。新民主主义的政治、新民主主义的经济和新民主主义的文化相结合，就是新民主主义的共和国。

第三节 新民主主义革命的道路和基本经验

一、新民主主义革命的道路

1. 对中国革命道路的艰难探索

革命道路的艰难探索阶段。中国革命应该走什么样的道路，中国共产党对这一问题的认识，经过了一个逐步探索的过程。中国共产党成立初期，首先把工作重心放在城市，领导工人阶级，开展工人运动，有利于扩大党的阶级基础。1924年国共合作的统一战线建立后，走的是以城市为中心的道路。这一时期，中国共产党在城市站稳了脚跟，开展了工农运动，促进了中国革命形势的向前发展。但是，对于发动农民参加革命、建立农村革命根据地的重要性缺乏足够的认识。

中国革命道路理论的初步形成。1927年大革命失败后，中国共产党的工作重心开始转向农村。秋收起义失败后，毛泽东创建了井冈山革命根据地，把武装斗争的主攻方向首先指向农村。1928年10月和11月，毛泽东在《中国的红色政权为什么能够存在?》和《井冈山的斗争》等文章中，分析了处于白色政权包围的环境中，农村革命根据地政权发生、发展的原因和条件。提出了"工农武装割据"的思想，为农村包围城市道路理论的形成奠定了基础。1930年1月，毛泽东在《星星之火，可以燎原》一文中，批判了照搬外国经验的"左"倾教条主义和怀疑"红旗到底打得多久"的右倾思想，初步提出了以乡村为中心、先在农村建立和发展红色政权，待条件成熟时再夺取全国政权的思想。标志着中国革命道路理论的初步形成。

农村包围城市革命道路的确立。抗日战争时期，毛泽东深入分析了近代中国的国情，论述了中国革命的长期性和不平衡性等特点，进一步丰富了农村包围城市的整体战略思想。毛泽东指出："在抗日时期，我们才制定了合乎情况的党的总路线和一整套具体政策。这时候，中国民主革命这个必然王国才被我们认识，我们才有了自由。到这个时候，我们已经干了二十来年的革命。过去那么多年的革命工作，是带着很大的盲目性的。"[①] 1938年，他在《战争和战略问题》中明确指出："共产党的任务，基本地不是经过长期合法斗争以进入起义和战争，也不是先占城市后取乡村，而是走相反的道路。"[②] 从此把经过长期武装斗争，先占乡村，后取城市，最后夺取全国胜利，作为革命道路确立下来。

2. 农村包围城市、武装夺取政权道路的依据和内容

客观原因和条件。第一，中国是一个半殖民地半封建的国家，内无民主制度而受封建主义的压迫，外无民族独立而受帝国主义的压迫。中国革命的主要斗争形式只能是武装斗争，以革命的武装消灭反革命的武装。这是根本原因和条件。第二，农民占全国人口的80%，是中国革命的主力军，中国革命要想成功，必须发动农民、依靠农民和武装农民，农民问题是中国革命的中心问题。第三，由于中国革命的敌人总是长期地占据着中心城市，农村则是

---

① 中共中央文献研究室编：《毛泽东文集》第8卷，人民出版社1999年版，第300页。
② 毛泽东：《毛泽东选集》第2卷，人民出版社1991年版，第542页。

反革命力量统治的薄弱环节,中国革命要想取得成功,必须先占乡村,后取城市,走具有中国特点的革命道路。

主观原因和条件。红色政权首先发生和能够长期存在的地方,也是那些受过大革命影响、曾经有过高涨的革命群众运动的地方,为农村革命根据地的建立奠定了较好的群众基础。相当力量正式红军的存在,党的领导及其正确的政策,则是红色政权能够存在和发展的最主要的主观原因和条件。

中国革命走农村包围城市、武装夺取政权的道路,必须处理好土地革命、武装斗争、根据地建设三者之间的关系。土地革命是民主革命的中心内容;武装斗争是中国革命的主要形式,是农村根据地建设和土地革命的强有力保证;农村革命根据地是中国革命的战略阵地,是进行武装斗争和开展土地革命的依托。

二、新民主主义革命的三大法宝

1. 统一战线

一是建立统一战线的必要性。由于敌人的强大和革命力量的弱小,由于中国革命的长期性、残酷性和不平衡性,统一战线在中国革命中占有十分重要的地位和作用。二是建立统一战线的可能性。由于无产阶级和农民、小资产阶级以及民族资产阶级面临着共同的敌人,因此能够结成统一战线。在半殖民地半封建的中国社会,诸多矛盾交织在一起,客观上为无产阶级及其政党利用这些矛盾建立和发展统一战线提供了可能性。三是统一战线的基本原则和经验。统一战线中两个联盟及其关系;无产阶级及其政党实现对同盟者领导的两个条件;党在统一战线中必须坚持独立自主的原则,对资产阶级实行又联合又斗争的策略方针。

2. 武装斗争

由于中国革命的敌人力量强大,中国革命必须坚持武装斗争,武装斗争是中国革命的特点和优点,是中国革命的主要斗争形式。毛泽东指出:"在中国,离开了武装斗争,就没有无产阶级的地位,就没有人民的地位,就没有共产党的地位,就没有革命的胜利。"① 中国的武装斗争实质上是党领导下的农民斗争;人民军队建设的根本原则是党指挥枪。此外,还应该讲清楚,武装斗争要和其他斗争形式相结合。

3. 党的建设

加强党的建设的必要性。第一,由于中国是一个半殖民地半封建的政治、经济、文化发展不平衡的大国,农民和其他小资产阶级占全国人口的大多数,党内小资产阶级和农民成分占很大比重,因此,各种非无产阶级思想特别是小资产阶级思想必然会反映到党内来,党内无产阶级思想和非无产阶级思想之间的矛盾,马克思主义与非马克思主义思想之间的矛盾,成为党内思想上的主要矛盾。第二,正确处理与资产阶级建立统一战线的关系,是党的建设面临的又一重要课题。第三,正确处理与武装斗争的关系,是党的建设必须要解决好的一个重要课题。

把思想建设放在首位。在一个以农民为主体的国度里,农民出身的党员占党员的多数,要把思想建设放在党的建设的首位,这是新民主主义革命时期党的建设的主要经验,也是毛泽东建党思想的主要特点。

加强党的组织建设和作风建设。民主集中制是党的组织建设的根本原则。在党的建设过

---

① 毛泽东:《毛泽东选集》第 2 卷,人民出版社 1991 年版,第 610 页。

程中逐步形成了理论和实践相结合的作风、和人民群众紧密地联系在一起的作风以及自我批评的作风。加强党的组织建设和作风建设要和党的政治路线紧密联系起来。

统一战线、武装斗争、党的建设，是中国共产党在中国革命中战胜敌人的三个主要的法宝。"正确地理解了这三个问题及其相互关系，就等于正确地领导了全部中国革命。"①

三、新民主主义革命理论的意义

新民主主义革命理论是以毛泽东为主要代表的中国共产党人，把马克思主义与中国革命的具体实际相结合，不断进行理论创新，形成的具有独创性的关于中国革命的理论，新民主主义革命理论是中国革命取得胜利的指导思想，具有重要的意义。

新民主主义革命理论，解决了在一个以农民为主体的、落后的半殖民地半封建的东方大国，进行新民主主义革命的一系列理论问题，科学地回答了近代中国革命向何处去的问题，科学地解决了中国革命的发展阶段问题，揭示了近代中国革命的发展规律，是符合中国革命实际的理论、路线、方针和政策，极大地丰富了马克思主义的理论宝库。

新民主主义革命理论是马克思主义中国化的理论成果，既符合马克思主义的基本原理，也吸收了中国传统文化的积极成果，开辟了马克思主义中国化的发展道路。新民主主义革命理论是在反对把马克思主义教条化和苏联经验神圣化的错误倾向斗争的过程中形成的，这一理论从中国革命的具体实际出发，并不拘泥于已有的现成结论，运用马克思主义的立场、观点和方法，独立自主地分析和研究中国革命的实际问题，在长期实践的过程中，对中国革命经验的概括和总结，是中国共产党集体智慧的结晶。

【知识拓展】

井冈山斗争初期，条件极其艰苦。面对敌人重重包围下的军事进攻和经济封锁，面对与外界隔绝的生活，红军中流行着一种悲观的拼命主义。战士们把武装带称作"牺牲带"，这种黯淡和悲观的气氛就像湿雾一样在井冈山蔓延散开。甚至有的干部也私下议论起"红旗能打多久"和"井冈山要守到何时"等问题。时任第一纵队司令员的林彪也受到了这种情绪的感染，给毛泽东写了一封长信，在信中坚持对形势的悲观估计，怀疑"井冈山红旗究竟能打多久"。

毛泽东知道，林彪的这种悲观情绪是有一定代表性的。1930年初，毛泽东整整花了5天的时间，给林彪写了一封长达六七千字的回信，并以《时局估量和红军行动问题》为题，印发各纵队、大队党支部，展开讨论。毛泽东严肃地批评了林彪的悲观思想和流寇思想，他写道，"这是一个最根本的问题，不答复中国革命根据地和中国红军能否存在和发展的问题，我们就不能前进一步"。在信的最后，毛泽东以诗一般的语言和激情勉励林彪振作起来，丢掉悲观情绪，迎接革命事业对他的选择，不辜负他本人对林彪的厚望。毛泽东写道："……我所说的中国革命高潮快要到来！……它是站在海岸遥望海中已经看得见桅杆尖头了的一只航船，它是立于高山之巅远眺东方已见光芒四射喷薄欲出的一轮朝日，它是躁动于母腹中的快要成熟了的一个婴儿。"

---

① 毛泽东：《毛泽东选集》第2卷，人民出版社1991年版，第605－606页。

1948年，中共中央决定编辑出版《毛泽东选集》，收入这封信，并把题目改成了《星星之火，可以燎原》。

（摘录自少华、游湖：《毛泽东因林彪写〈星星之火，可以燎原〉》，《中州古今》2004年第Z1期，第87页）

【思考与练习】

1. 新民主主义基本纲领的主要内容是什么？
2. 如何认识中国革命走农村包围城市、武装夺取政权道路的重大意义？如何认识以毛泽东为主要代表的中国共产党人为这条道路的开辟做出的巨大贡献？
3. 如何理解新民主主义革命三大法宝及其相互关系？

【参考文献】

［1］中共中央文献研究室. 毛泽东文集：第2卷［M］. 北京：人民出版社，1993.
［2］中共中央文献研究室. 毛泽东文集：第8卷［M］. 北京：人民出版社，1999.
［3］邓小平. 邓小平文选：第1卷［M］. 北京：人民出版社，1994.
［4］毛泽东. 毛泽东选集：第2卷［M］. 北京：人民出版社，1991.
［5］毛泽东. 毛泽东选集：第1卷［M］. 北京：人民出版社，1991.
［6］毛泽东. 毛泽东选集：第4卷［M］. 北京：人民出版社，1991.

第三章 社会主义改造理论

【教学目标】

通过本章的教学,帮助学生了解中国社会主义改造的基本理论,并通过对中国社会主义改造主要经验的总结,让学生认识到,20世纪中叶,在我国进行的生产资料私有制的社会主义改造是必要的,也是成功的,代表了当时中国社会先进生产力的发展要求和最广大人民的根本利益。

新中国成立后,以毛泽东同志为核心的党的第一代中央领导集体带领人民,在迅速医治战争创伤、恢复国民经济的基础上,不失时机提出了过渡时期总路线,创造性地完成了由新民主主义革命向社会主义革命的转变,使中国这个占世界四分之一人口的东方大国进入了社会主义社会,成功实现了中国历史上最深刻最伟大的社会变革。

——习近平:在纪念毛泽东同志诞辰120周年座谈会上的讲话

第一节 从新民主主义到社会主义的转变

一、新民主主义社会是一个过渡性的社会

新中国的成立,标志着我国新民主主义革命阶段的基本结束和社会主义革命阶段的开始。从中华人民共和国成立到社会主义改造基本完成,是我国从新民主主义向社会主义过渡的时期。这一时期,我国社会的性质是新民主主义社会。新民主主义社会不是一个独立的社会形态,而是由新民主主义向社会主义转变的过渡性的社会形态。

在新民主主义社会中,存在着五种经济成分,即社会主义性质的国有经济、半社会主义性质的合作社经济、农民和手工业者的个体经济、私人资本主义经济和国家资本主义经济。在这些经济成分中,通过没收官僚资本而形成的社会主义的国有经济,掌握了主要经济命脉,居于领导地位。与新民主主义时期三种不同性质的主要经济成分相联系,中国社会的阶级构成主要表现为三种基本的阶级力量:工人阶级、农民阶级和其他小资产阶级、民族资产阶级。由于农民和手工业者的个体经济既可以自发地走向资本主义,也可以被引导走向社会主义,其本身并不代表一种独立的发展方向。随着土地改革的基本完成,工人阶级和资产阶级的矛盾逐步成为国内的主要矛盾。而解决这一矛盾,必然使中国社会实现向社会主义的转变。

在我国新民主主义社会中,社会主义的因素不论在经济上还是政治上都已经居于领导地位,加上当时有利于发展社会主义的国际条件,决定了社会主义因素将不断增长并获得最终胜利,非社会主义因素将不断受到限制和改造。为了促进社会生产力的进一步发展,实现国家富强、民族振兴,我国新民主主义社会必须适时地逐步过渡到社会主义社会。因此,我国

新民主主义社会是属于社会主义体系的，是逐步过渡到社会主义社会的过渡性质的社会。

中国必须要走社会主义道路，新民主主义社会要过渡到社会主义社会，这在民主革命时期已经明确。我国在20世纪50年代选择过渡到社会主义，充分考虑了具有实现的可能性。

第一，我国已经有了相对强大和迅速发展的社会主义国有经济。由于现代工业的固定资产中官僚资本占80%，国家没收这一部分庞大资本，不仅建立起了在国民经济中起领导作用的社会主义经济，而且为向社会主义过渡提供了物质基础，因而成为整个国民经济进行社会主义改造的重要开端。

第二，土地改革完成后，为发展生产、抵御自然灾害，广大农民具有走互助合作道路的内在要求。一般规模较小的农业互助合作组织，没有大机器，主要靠协作，也可以增产。事实上，与个体农业相比，农业互助合作组织的增产一般比较明显。这也为党提出向社会主义过渡的总路线提供了重要依据。

第三，新中国成立初期，党和国家在合理调整工商业的过程中，创造了加工订货、经销代销、统购包销、公私合营等一系列从低级到高级的国家资本主义形式。这些措施，不但对资本主义工商业进行了有效的利用和限制，也很自然地加深了它们同社会主义国有经济之间的联系，引起它们在生产关系上发生程度不同的变化。国家在利用和限制资本主义工商业的过程中所积累的经验，成为对资本主义经济进行社会主义改造的最初步骤。这也成为党提出向社会主义逐步过渡的总路线的又一个重要因素。

第四，当时的国际形势也有利于中国向社会主义过渡。苏联社会主义的发展已经显示出对于资本主义的优越性，对我国有重要的借鉴作用。朝鲜战争停战使世界的形势开始和缓。这为实行过渡时期总路线提供了有利的国际环境。

毛泽东正是在科学分析了新中国成立后，经济、政治和社会发生着的深刻变化及发展趋势，及时提出了过渡时期总路线，在中国这个世界上人口最多的国家建立起社会主义制度，实现了从新民主主义向社会主义的转变。

二、党在过渡时期的总路线

党在过渡时期的总路线是依据列宁关于过渡时期的理论，结合我国的实际情况提出的。毛泽东和党的其他领导人在这个问题上经历了一个先搞工业化建设，再一举过渡到建设与改造同时并举，从彻底完成民主革命起步即逐步过渡的发展变化过程。1949年党的七届二中全会提出，使中国"稳步地由农业国转变为工业国，由新民主主义国家转变为社会主义国家"，即"两个转变"同时并举的思想。

1. 过渡时期总路线的主要内容

1953年6月，毛泽东在中央政治局会议上正式提出了过渡时期的总路线和总任务，同年12月形成关于总路线的完整表述："从中华人民共和国成立，到社会主义改造基本完成，这是一个过渡时期。党在这个过渡时期的总路线和总任务，是要在一个相当长的时期内，逐步实现国家的社会主义工业化，并逐步实现国家对农业、对手工业和资本主义工商业的社会主义改造。"① 党在过渡时期总路线的基本思想是：

第一，从中华人民共和国成立起，我国就进入了由新民主主义到社会主义的过渡时期。

第二，过渡时期的总任务，概括地讲就是"一化三改"。"一化"即社会主义工业化，

---

① 中共中央文献研究室编：《建国以来重要文献选编》第4册，中央文献出版社2011年版，第602页。

就是要尽力发展现代工业，建立一个基本完整的社会主义工业体系，使我国由工业不发达的落后的农业国变为工业发达的先进的工业国，使社会主义工业成为我国整个国民经济的领导力量。"三改"即对农业、手工业和资本主义工商业的社会主义改造，就是把农民和手工业者以个体劳动为基础的私人所有制通过合作化的途径改造为合作性质的集体所有制，把以剥削工人阶级的剩余劳动为基础的资本主义私人所有制，以和平赎买的方式改造为全民所有制，在我国确立社会主义的基本经济制度。

第三，在相当长的时期内，逐步实现"一化""三改"，逐步完成由新民主主义向社会主义的过渡。完成这个任务，从1953年算起，大约需要经过三个五年计划，就是大约十五年的时间。

第四，社会主义工业化和社会主义改造同时并举，建设与改革同时并举。毛泽东指出："我们现在不但正在进行关于社会制度方面的由私有制到公有制的革命，而且正在进行技术方面的由手工业生产到大规模现代化机器生产的革命，而这两种革命是结合在一起的。"①"一化"是主体，"三改"是两翼，两者相互联系，不可分离，相互促进，相辅相成，体现了发展生产力与变革生产关系的辩证统一。因此，党在过渡时期的总路线明确揭示了解放生产力和发展生产力的双重使命。

2. 关于党在过渡时期的总路线的评价

在党的正确领导和全国人民的团结奋斗下，到1956年年底，国家对农业、手工业和资本主义工商业社会主义改造的基本完成，标志着我国基本上实现了从新民主主义社会向社会主义社会的历史性的伟大转变，标志着社会主义的基本经济制度已经在中国确立。

社会主义工业化和社会主义改造同时并举的原因。一方面，就当时在国民经济中占绝对优势却又分散、脆弱的个体经济来说，在土地改革以后，由于摆脱了封建主义的束缚，农业生产在一个时期内有过相当大的发展，但受小农经济的局限，增产潜力有限，难以适应工业化对粮食和工业原料迅速增长的需求，无力为国家工业化积累资金和扩大工业品的市场。另一方面，中国民族资本主义经济不仅工业资本比重小，而且缺乏重工业的基础，依靠它本身的力量无法有力地推进工业化的发展。而且在私营企业和国家各项经济政策之间，在私营经济和国有经济之间，以及私营企业内部资本家与职工之间，利益冲突越来越明显。只有加快对农业、手工业和资本主义工商业的社会主义改造，才能适应国家社会主义工业化建设的要求，发展农业和提高整个社会生产力。

所有制形式过于简单划一的问题。在当时的总路线宣传提纲中，毛泽东加上了"党在过渡时期的总路线的实质，就是使生产资料的社会主义所有制成为我们国家和社会的唯一经济基础"②的内容。"唯一"这个提法反映了当时我们党对我国社会主义的发展阶段还缺乏科学的认识。因为宣传提纲一方面强调过渡时期总路线的主体是实现国家的社会主义工业化，是发展生产力；另一方面又认为总路线的实质是变革生产关系，是使生产资料的社会主义所有制成为我国国家和社会的唯一经济基础。而总路线提出后，毛泽东将注意力更多地放在社会主义改造方面，而且越来越觉得社会主义改造的步子慢了。在实际工作中，作为"两翼"的社会主义改造，越来越走在了社会主义工业化这个"主体"的前面。对"右倾机会主义"和"小脚女人"的批判，直接导致了社会主义改造"要求过急""改变过快""工作过粗"等急于求成的偏差。使生产资料的社会主义所有制成为唯一的经济基础，这是基

---

① 中共中央文献研究室编：《毛泽东文集》第6卷，人民出版社1999年版，第432页。
② 中共中央文献研究室编：《建国以来重要文献选编》第4册，中央文献出版社2011年版，第700－701页。

于当时对社会主义的认识,社会主义改造完成的标志就是使社会主义所有制成为唯一的经济基础。正是由于这种认识,导致了在中国这样一个经济文化相对落后的国家建立起社会主义社会以后,在一个相当长的时期里所有制形式过于简单划一,从而对后来的经济社会发展带来了负面的影响。

党在过渡时期的总路线的提出和实践过程,是不断突破苏联模式的束缚,不断解放思想,在理论上超越自我的过程,也是不断认识中国国情和特殊规律,探索适合中国实际情况的社会主义改造道路的过程,又是不断推进马克思主义中国化,实现中国社会 20 世纪又一次历史性变革的过程。

总之,党在过渡时期的总路线反映了历史的必然性,是一条社会主义建设和社会主义改造同时并举的路线,体现了社会主义工业化和社会主义改造紧密结合,解放生产力与发展生产力、变革生产关系与发展生产力的有机统一。实践证明,党在过渡时期的总路线是正确的。

【知识拓展】

1952 年上半年通过"五反"运动,在北京、上海、天津、汉口、广州、沈阳等九大城市审查了 45 万户私营工商业者,发现其中程度不同地犯有行贿、偷税漏税、盗窃国家资财、偷工减料、盗窃国家经济情报等"五毒"违法行为者达 34 万多户,即占到总数的 76%。又据武汉、广州两市调查,私营工业(包括手工业)3.7 万余户,全部违法所得达 6000 多万元,相当于这些企业自有资金的 39%。上海近万户大中型工商业户中,半守法半违法户、严重违法户、完全违法户占到 80% 以上。违法户数与违法金额所占比重之大,确实触目惊心。最令人发指的是,不法资本家在承办抗美援朝军用物品中竟也偷工减料、毒害中国人民志愿军。天津 40 多家铁工厂承制志愿军用的镐和锹 17.7 万多把。这些奸商不用合同中规定的中碳钢,而用东北方铁,甚至用捏铁(各种烂铁轧在一起);不用规定的轧板,而用扁铁,甚至用油桶皮。这些镐和锹运到前线,一铲就卷口,一刨就断,严重妨碍修筑工事。济南盛昌蛋厂资本家刘云生承制军用蛋粉,掺进坏蛋和胡萝卜粉,获非法利润 3.5 万余元。他还给志愿军制肝粉、豆粉等,加大水分,掺入杂质,获利 2.2 万余元。又买进不合标准的生蛋黄粉,加工后高价出售,获利 5.6 万余元。另外,他还在两年中偷税漏税 4.8 万余元。上海奸商张新根、徐苗新为国营益民公司代购制军用罐头用的牛肉,他们在牛肉中掺入一半以上的水牛肉和马肉,还丧尽天良地掺入发了霉的臭牛肉和坏牛肉、死牛肉,盗骗国家款项 20 万～30 万元。武汉福华药棉厂资本家李寅廷承制志愿军用急救包,领来好棉花 1 万斤,竟全部换成废棉,其中还有 1000 斤是拣来的烂棉花。这批急救包中有 12 万个根本没有消毒,带着化脓菌、破伤风菌、坏疽菌就交了货。

(高宝柱:《建国初资本主义工商业的"五毒"行为》,《党史文汇》2006 年第 2 期,有删改)

第二节 社会主义改造道路和历史经验

一、适合中国特点的社会主义改造道路

1. 农业、手工业的社会主义改造

对个体农业社会主义改造的整个进程，大体上经历了三个发展阶段：第一阶段，1953年年底以前，以发展互助组为主，并开始试办初级农业生产合作社。第二阶段，1954—1955年上半年，普遍建立和发展初级农业生产合作社。第三阶段，1955年下半年到1956年年底，全国形成了合作化高潮，大办初级社并迅速转入大办高级社。到1956年年底，全国建立了75.6万个农业生产合作社，入社农民达到1.17亿户，占全国农户总数的96.3%，其中加入高级社的占全国农户总数的87.8%。高级社以土地等生产资料集体所有制为基础，实行集体劳动，按劳分配。这样全国提前实现了农业合作化，基本完成了农业的社会主义改造。

我国对个体手工业的社会主义改造。对手工业的社会主义改造采取从手工业生产合作小组、手工业供销合作社，再发展到手工业生产合作社，由低级到高级，逐步过渡的形式。到1956年年底，全国手工业生产合作社（组）发展到10万多个，入社的手工业者占全体手工业人员的91.7%。基本实现了对手工业的社会主义改造。与此同时，渔业、盐业、民间手工业、小商小贩等个体劳动者也基本实现了合作化。手工业的社会主义改造的主要成绩表现在：解放和发展了生产力，壮大了地方工业，拓宽了劳动就业渠道。

对农业和手工业社会主义改造的基本经验是：第一，遵循自愿互助、典型示范和国家帮助的原则。第二，采取积极领导，稳步前进的方针。第三，实行依靠贫下中农，团结中农的阶级路线。第四，采取由低级到高级逐步过渡的办法。

2. 资本主义工商业的社会主义改造

我国对资本主义工商业的社会主义改造，是通过国家资本主义的途径，用和平赎买的方式，逐步地实现私人资本主义向社会主义的过渡，把工商业的资本主义私人所有制改造为社会主义公有制。

国家资本主义的性质是由国家政权的阶级性决定的。人民民主专政下的国家资本主义经济，是带有社会主义性质的经济。在我国，国家资本主义经济是社会主义国有经济同私人资本联系、合作的经济；是由资本家所有制转变为社会主义公有制，由资本主义经济转变为社会主义经济的过渡经济。按照其中社会主义因素多少等情况，可分为初级和高级两种形式。初级形式是国家对私营工商业实行委托加工、计划订货、统购包销、经销代销等；高级形式是公私合营。我国对资本主义工商业之所以进行和平改造，是因为中国的民族资产阶级存在两面性，中国共产党与其长期保持着统一战线的关系。

我国对资本主义工商业的社会主义改造，大致经历了三个阶段：第一阶段，1953年年底前，主要是实行初级形式国家资本主义阶段。第二阶段，从1954年到1955年夏，主要是实行单个企业公私合营阶段。第三阶段，从1955年秋到1956年，是实行全行业公私合营阶段。到1956年年底，全国私营工业户数的99%、私营商业户数的82.2%实行了全行业公私合营。资本主义工商业的社会主义改造基本完成。

我国对资本主义工商业社会主义改造的道路。第一，从中国实际出发，以和平赎买的方式，实现对民族资本主义工商业的社会主义改造。这是中国共产党和毛泽东根据马列主义原

理，创造性地开辟的适合中国特点的社会主义改造道路，成功地实现了无产阶级革命导师曾经设想过的对资产阶级的和平赎买。第二，创造了一系列从低级到高级、逐步过渡的国家资本主义形式。第三，把对资本主义企业改造与对资本家的改造结合起来，使企业逐步改造为社会主义企业，资本家逐步改造成自食其力的劳动者。

二、社会主义改造的历史经验

20世纪中叶，在中国社会主义改造的伟大实践中，以毛泽东为代表的中国共产党人创造性地将马克思关于社会主义革命的原理运用于中国社会主义革命的实践，形成了一条具有鲜明中国特色的社会主义改造道路。他们在实践中探索和总结出来的关于社会主义改造的理论原则和主要经验，是构成毛泽东思想科学体系的重要内容之一。

1. 以和平的方法进行社会主义改造

运用和平的方法、合作化的途径改造小农经济是马克思主义的一个基本原则。个体农业是小农经济，不适应社会主义建设的需要，必须要将其改造成为社会主义的集体经济，但是，农民是劳动人民的一部分，因此，在改造的方式上，决不能采取暴力的方式，而必须采取和平、自愿的方式。在我国农业合作化的过程中，党和国家较好地贯彻了"自愿互助，典型示范，国家帮助"的原则。因而使得农业合作化运动能够以和平的方式完成。

剥夺资产阶级的生产资料归全社会所有是社会主义革命的任务，但是剥夺的方式可以是暴力的，也可以是和平的，要根据具体情况来决定。在对资本主义工商业的改造中，我们成功地实现了马克思、列宁曾提出过"和平赎买"的设想，马克思、恩格斯认为如果能用赎买的办法变革所有制，将是"最便宜不过"。①

我国对资本主义工商业的改造是通过各种形式的国家资本主义，以和平的、赎买的方法来完成的。也就是说，资本主义私有制不是无偿地，而是有偿地转变为社会主义公有制的。"和平赎买"政策的成功实现是国际共产主义运动史上的一个伟大创举，是马克思列宁主义的新发展。邓小平指出："我国资本主义工商业社会主义改造的胜利完成，是我国和世界社会主义历史上最辉煌的胜利之一。"②

2. 以积极引导、逐步过渡的方式推进社会主义改造

对农业的社会主义改造，党的指导方针是"积极发展，稳步前进"。形式上则采取了由互助组到初级社到高级社的逐步过渡。毛泽东强调，这种渐进的方式"可以使农民从自己的经验中逐步地提高社会主义的觉悟程度，逐步地改变他们的生活方式，因而可以使他们较少地感到他们的生活方式的改变好像是突然地到来的。这些步骤，可以基本上避免在一个时间内（例如在一年到两年内）农作物的减产"③。

对手工业进行社会主义改造，指导方针是"积极领导，稳步前进"，在组织形式上，是由手工业生产小组，手工业供销合作社到手工业生产合作社；在方法上，从供销入手，实行生产改造；在步骤上，由小到大，由低级到高级。

对资本主义工商业的社会主义改造的逐步过渡：第一步是把私人资本主义企业转变为国家资本主义企业，第二步再由国家资本主义企业转变为社会主义企业。在转变中采取了由初

---

① 参见中共中央马克思恩格斯列宁斯大林著作编译局编译：《马克思恩格斯选集》第4卷，人民出版社2012年版，第375页。
② 邓小平：《邓小平文选》第2卷，人民出版社1994年版，第186页。
③ 中共中央文献研究室编：《毛泽东文集》第6卷，人民出版社1999年版，第435页。

级形式的国家资本主义到高级形式的国家资本主义逐步过渡；在步骤上则是由大城市到中小城市、由主要行业到一般行业逐步推开。

实践证明，这种逐步过渡的方式是恰当的、有效的。这种逐步过渡的渐进方式，是和平改造能够实现的重要保证，不论是在农业、手工业还是资本主义工商业中，正是因为采取了这种渐进的改造方式，避免了在短时间内可能发生的剧烈的社会变动，不仅没有对生产力的发展造成破坏，而且促进了生产力的发展。

3. 社会主义改造与社会主义建设同时并举

过渡时期的总路线确立了社会主义工业化与社会主义改造同时并举的方针，并确定以重工业为重点进行工业化建设的思路。党的指导思想是：社会主义工业化是主体，三大改造是两翼。社会主义改造是围绕着社会主义工业化建设这个中心任务进行的，力求使之与经济发展的要求相适应，以促进社会主义工业化的进程，而不允许对生产力造成破坏。中国共产党提出的社会主义改造与社会主义工业化同时并举的方针，是代表了当时中国社会先进生产力发展的要求的。毛泽东指出：我们现在不但正在进行关于社会制度方面的由私有制到公有制的革命，而且正在进行技术方面的由手工业生产到大规模现代化机器生产的革命，而这两种革命是结合在一起的。

"一五"计划规定 1953—1957 年工业化建设的基本任务是集中力量进行以苏联帮助我国设计的 156 个建设单位为中心的，由限额以上的 694 个项目组成的工业建设，为社会主义工业化奠定初步的基础。"一五"计划期间，国家用于建设的投资总额达 766.4 亿元，折合黄金 7 亿两以上，如此巨大的投资，在中国历史上是前所未有的。

到 1956 年我国社会主义改造完成时，"一五"计划的主要指标提前完成。"一五"计划期间，实际施工的建设项目达 1 万个以上，其中限额以上的建设项目 921 个，比原计划增加了 327 个。经过"一五"计划的大规模建设，我国以重工业为重点的社会主义工业化基础已初步形成。

4. 把对所有制的改造和对人的改造结合起来同时进行

在把个体农业和个体手工业改造成为社会主义集体经济的同时，把个体农民和个体手工业者由小生产者改造成为社会主义的集体劳动者。

在把私人资本主义工商业改造成为社会主义国营经济的同时，把资本家由剥削者改造成为自食其力的社会主义劳动者。

我国的社会主义改造，不仅对所有制的改造是成功的，对人的改造也是成功的。我们不仅在合作化过程中，把几亿中国农民和手工业者改造成为社会主义的劳动者，还把过去作为剥削者的资本家也改造成为拥护社会主义和建设社会主义的劳动者。

【知识拓展】

20 世纪 50 年代初，在全国的农业合作化运动中，涌现出了很多先进的集体，其中有一面我国农业合作化运动中的鲜红旗帜——河北省遵化县西铺村的穷棒子社。它以勤俭创业的非凡业绩，受到了毛泽东主席的表彰，被赞誉为"我们整个国家的形象"。

1952 年 10 月 26 日，遵化县西铺村 23 户村民，组成了西铺的第一个农业生产合作社。入社的这些农户绝大多数都是在旧社会扛活、讨饭、当劳工的贫苦农民。合作社虽然成立了，但全社只有 230 亩薄地，凑起来只有三条驴腿的牲畜股，没有农具，也没有车辆。因此被一些富裕户讥笑为"穷棒子社"。但就是这些"穷棒子"团结一心迎战困难，他们打破了传统的旧习惯，变冬闲为冬忙，他们用壮劳力组成一个19人的队伍，不顾天寒地冻，顶风冒雪，在隆冬季节远赴30里外的王寺峪山上打柴，解决生产资料缺乏问题。他们吃的是稀粥白薯，穿的是"开花"棉衣，住的是透天草棚，有的人磨破了鞋，有的人扯破了衣，有的人碰伤了手脸，有的人甚至从坡上摔下来，但他们毫不畏缩，坚持苦干。20多天的战斗，凭着19双勤劳的手，打回4万多斤柴，卖得430多元。打柴换来的钱，全部用在了添置生产资料上面，根据社内的迫切需要，买了一头骡子、一头牛、19只羊、一辆铁轮车，还有一部分零星农具。从此，长峪山下出现了一派前所未有的大搞生产的动人景象：社干部劳动干在前头，活计专拣重的干，社员你追我赶，紧紧跟上。送粪缺车，扁担结队挑上山；耕地缺人，人拉耙子翻开地；春播缺种，求亲靠友来凑集，合作社终于适时种上了地。

"穷棒子社"从三条驴腿起家，依靠自己的力量，克服重重困难，赢得了第一个丰收年，用事实对那些散布合作社要"穷散架"的人，做出了强有力的回答。这一年粮食亩产达到254斤，超过互助组上年平均产量将近一倍，粮食总产量45800多斤，扣除集体留粮以后，平均每户分配的收入达190多元。

"穷棒子社"一年中巨大变化的事实，使西铺村更多的农民看到了合作社的优越性，它像磁石一样，强烈地吸引着社外农民特别是那些比较贫困的农民的心，他们迫切地要求入社。历史从这里又揭开新的一页。

（摘录自訾辉：《毛主席誉为"整个国家形象"的穷棒子社》，《档案天地》2003年第S1期）

第三节　社会主义制度在中国的确立

一、社会主义基本制度的确立

到1956年年底，全国参加农业生产合作社的农户达1.1亿多户，占全国农户总数的96.3%，基本上完成了对个体农业的社会主义改造。同时，全国手工业者的91.7%参加了手工业合作社，基本上在全国范围内完成了个体手工业的社会主义改造。而资本主义工商业的改造走得还更快一点，1956年1月，全国50多个大中城市实现了全行业的公私合营，至1956年年底，中国内地除西藏外各地均实现了全行业的公私合营。创造性地开辟了一条适合中国特点的社会主义改造的道路。

随着1956年年底社会主义改造的基本完成，使我国社会经济结构发生了根本变化，社会主义经济成分已占绝对优势，社会主义公有制已成为我国社会的经济基础。社会主义改造的顺利进行和基本完成，极大地推动了我国社会生产力的解放和发展，奠定了我国社会主义工业化的初步基础。在社会主义经济基础建立的同时，1954年第一届全国人民代表大会第一次会议制定了我国第一部具有社会主义性质的宪法——《中华人民共和国宪法》，我国的政治领域也发生了重大变化。随着社会经济制度和社会经济结构的根本变化，我国社会的阶级关系和主要矛盾也发生了根本变化。社会主义改造的基本完成和由此带来的社会各方面的变化，表明社会主义基本制度已经在我国的经济领域、政治领域及社会生活其他领域确立起来。从此，中国开始进入社会主义初级阶段，进入社会主义建设的新时期。

二、确立社会主义基本制度的重大意义

社会主义制度的确立是中国历史上最深刻最伟大的社会变革，也是20世纪中国又一次划时代的历史巨变。中国从一个半殖民地半封建社会，越过漫长的资本主义发展的历史阶段，进入到社会主义新时代，为后来中国社会的发展和进步奠定了坚实的基础。

第一，社会主义制度的确立，为中国现代化的建设创造了制度条件。社会主义经济制度以其与社会化大生产一致性和能够在经济落后条件下尽可能地集中力量办大事的优势，为发展社会生产力开辟了广阔的道路。今天中国现代化建设取得的辉煌成就，都离不开选择并且走上了社会主义道路这个最基本的前提条件。

第二，社会主义制度的确立，使广大劳动人民真正成为国家的主人和社会生产资料的主人，这是中国几千年来阶级关系的最根本变革，因而极大地提高了工人阶级和广大劳动人民的积极性和创造性，巩固和扩大了工人阶级领导的、以工农联盟为基础的人民民主专政的国家政权的阶级基础和经济基础。

第三，中国社会主义制度的确立，进一步改变了世界政治经济格局，增强了社会主义的力量，对维护世界和平产生了积极影响。占世界人口1/4的东方大国进入了社会主义社会，这是世界社会主义运动历史上又一个历史性的伟大胜利，为其他相对落后的国家探索民族独立、人民解放和走符合本国国情的发展道路提供了重要经验，对这些国家的人民也是一个巨大的鼓舞。

第四，社会主义制度在中国的确立，不仅再次证明了马克思主义的真理性，而且以其独创性的理论原则和经验总结，丰富和发展了马克思主义的科学社会主义理论。

【知识拓展】

翻开历史画轴，1516年，托马斯·莫尔一本《乌托邦》在先贤柏拉图理想国与欧洲不公现实的冲撞中，鸣响了早期空想社会主义的第一枪。

2016年，一句"社会主义是干出来的"，习近平总书记在宁夏震撼发声。而时间整整过了五百年。从空想到科学，社会主义发展历经了漫长的三个多世纪。但从马克思、恩格斯的科学社会主义形成后，社会主义却在短短的一个多世纪，尤其是中国共产党成立后的95年间迸发出了强大的生命力。从巴黎公社运动到欧文新和谐移民实验区；从俄国十月革命到中国新民主主义革命的胜利；从社会主义制度的建立到改革开放……回顾500年历史不难发现，每一次社会主义实现质的飞跃背后，无疑都有人民和劳动者实践的身影。诚如习近平总书记在庆祝中国共产党成立95周年大会讲话中指出的那样，"95年来，我们取得的一切成就，是一代又一代中国共产党人同中国人民接续奋斗的结果"。

1921年，五四运动之后，中国共产党的诞生让中国命运大船开始向着社会主义道路的方向驶去。一条小船，13个人，这是中国共产党最初的"家底"。可也就是这样的党团结带领着中国人民在历经28年的浴血奋战后，打败日本帝国主义，推翻国民党反动统治，完成新民主主义革命，建立了中华人民共和国。从第一片革命根据地井冈山的开辟，到中央苏区的成立；从二万五千里长征路上一步一个脚印的转移，到十四年抗战间一批又一批烈士的牺牲。当人民群众用小轮车支前，推出了淮海战役的胜利，进而将解放战争推向最终胜利时，

属于中国的社会主义革命也随之开启。

而后确立社会主义基本制度，推进社会主义建设，让中国正式走上了社会主义的道路。作为党的第二代领导集体核心、中国社会主义改革开放和现代化建设的总设计师、中国特色社会主义道路的开创者邓小平曾说："世界上的事情都是干出来的，不干，半点马克思主义都没有。"在改革开放新的伟大革命的推动下，中国特色社会主义道路的确立，中国特色社会主义理论体系的形成以及中国特色社会主义制度的确立更是让中国看到了复兴的希望。

（摘录自：《社会主义五百年 习近平一句话点醒筚路蓝缕》，人民网，2016 年 7 月 27 日，http：//politics.people.com.cn/n1/2016/0727/c1001-28589611.html，有删改）

【思考与练习】

1. 如何理解新民主主义社会是一个过渡性的社会？
2. 党在过渡时期的总路线的主要内容是什么？
3. 社会主义改造的基本经验是什么？
4. 如何认识中国确立社会主义基本制度的重大意义？

【参考文献】

［1］中共中央文献研究室. 建国以来重要文献选编：第 4 册［M］. 北京：中央文献出版社，2011.
［2］中共中央马克思恩格斯列宁斯大林著作编译局. 马克思恩格斯选集：第 4 卷［M］. 北京：人民出版社，2012.
［3］中共中央文献研究室. 毛泽东文集：第 6 卷［M］. 北京：人民出版社，1999.
［4］邓小平. 邓小平文选：第 2 卷［M］. 2 版. 北京：人民出版社，1994.
［5］中共中央马克思恩格斯列宁斯大林著作编译局. 马克思恩格斯选集：第 1 卷［M］. 北京：人民出版社，2012.
［6］中共中央马克思恩格斯列宁斯大林著作编译局. 列宁选集：第 4 卷［M］. 北京：人民出版社，2012.
［7］毛泽东. 毛泽东选集：第 4 卷［M］. 北京：人民出版社，1991.
［8］中共中央文献研究室. 毛泽东文集：第 7 卷［M］. 北京：人民出版社，1999.
［9］中共中央文献研究室. 三中全会以来重要文献选编：下. 北京：中央文献出版社，2011.

第四章 社会主义建设道路初步探索的理论成果

【教学目标】

通过本章的教学,帮助学生掌握党在中国社会主义建设道路的初步探索中取得的重要理论成果;理解党对社会主义建设道路初步探索的意义;熟悉党对社会主义建设道路的初步探索的经验教训。

改革开放前的社会主义实践探索,是党和人民在历史新时期把握现实、创造未来的出发阵地,没有它提供的正反两方面的历史经验,没有它积累的思想成果、物质成果、制度成果,改革开放也难以顺利推进。

——习近平:在纪念毛泽东同志诞辰120周年座谈会上的讲话

我们党领导人民进行社会主义建设,有改革开放前和改革开放后两个历史时期,这是两个相互联系又有重大区别的时期,但本质上都是我们党领导人民进行社会主义建设的实践探索。中国特色社会主义是在改革开放历史新时期开创的,但也是在新中国已经建立起社会主义基本制度,并进行了20多年建设的基础上开创的。

——习近平:在党的十八大精神研讨班开班式上发表重要讲话(中国网,2013年1月6日,http://www.China.com.cn/v/news/2013-01/06/content_27596345.htm)

第一节 社会主义建设道路初步探索的重要理论成果

1956—1966年,是开始全面建设社会主义的十年,是对中国特色社会主义建设道路初步探索的时期。以毛泽东为核心的党的第一代中央领导集体为探索适合中国国情的社会主义建设道路,付出了艰辛的努力,既取得了积极的成果,也遭受了重大挫折。所有这一切,都为以邓小平为核心的第二代中央领导集体的探索提供了有益的借鉴。

一、调动一切积极因素为社会主义事业服务的思想

任何一种模式都不可能是至善至美的,何况每一种模式的实行也有着它特定的社会历史条件。苏联模式同样如此。新中国学习社会主义苏联模式进行社会主义建设,既创造了不可低估的经济成就,又带来了许多问题。毛泽东后来回忆:这是必要的,但"总觉得不满意,心情不舒畅"。

1956年苏共二十大召开以后,毛泽东率先提出要"以苏为鉴",要进行马克思主义同中国实际的第二次结合,找到在中国进行社会主义革命和建设的正确道路。毛泽东说:"特别

值得注意的是，最近苏联方面暴露了他们在建设社会主义过程中的一些缺点和错误，他们走过的弯路，你还想走？过去我们就是鉴于他们的经验教训，少走了一些弯路，现在当然更要引以为戒。"① 他还说："民主革命时期，我们走过一段弯路，吃了大亏之后才成功地实现了这种结合，取得革命的胜利。现在是社会主义革命和建设时期，我们要进行第二次结合，找出在中国进行社会主义革命和建设的正确道路。"②

1955年年底到1956年上半年，毛泽东等党中央主要领导人对国内各方面工作做了大量调查，在此基础上，1956年4月，毛泽东发表了《论十大关系》的重要讲话，正式提出了探索中国社会主义建设道路的任务。

《论十大关系》主要论述了以下问题：在重工业和轻工业、农业的关系问题上，要用多发展一些农业、轻工业的办法来发展重工业；在沿海工业和内地工业的关系问题上，要充分利用和发展沿海的工业基地，以便更有力量来发展和支持内地工业；在经济建设和国防建设的关系问题上，在强调加强国防建设的重要性时，提出把军政费用降到一个适当的比例，增加经济建设费用，只有把经济建设发展得更快了，国防建设才能够有更大的进步；在国家、生产单位和生产者个人的关系问题上，三者的利益必须兼顾，不能只顾一头，既要提倡艰苦奋斗，又要关心群众生活；在中央和地方的关系问题上，要在巩固中央统一领导的前提下，扩大地方的权力，让地方办更多的事情，发挥中央和地方两方面的积极性；在汉族与少数民族的关系问题上，要着重反对大汉族主义，也要反对地方民族主义，要诚心诚意地积极帮助少数民族发展经济建设和文化建设；在党和非党的关系问题上，共产党和民主党派要长期共存，互相监督；在革命和反革命的关系问题上，必须分清敌我，化消极因素为积极因素；在是非关系问题上，对犯错误的同志要实行"惩前毖后、治病救人"的方针，要允许人家犯错误，允许并帮助他们改正错误；在中国和外国的关系问题上，要学习一切民族、一切国家的长处，包括资本主义国家先进的科学技术和科学管理方法，要反对不加分析地一概排斥或一概照搬。

在这篇讲话中，毛泽东以苏联经验为鉴戒，总结了我国的经验，论述了正确处理中国社会主义建设中的一系列重大关系，提出了调动一切积极因素为社会主义事业服务的基本方针，对适合我国情况的社会主义建设道路进行了初步探索。在《论十大关系》中，毛泽东已经阐明了这样一个基本思想，即把马克思主义与中国实际相结合，学习别国长处，借鉴别国经验，走自己的路，把我国建设成为伟大的社会主义国家。

二、正确认识和处理社会主义社会矛盾的思想

1. 社会主义社会矛盾学说提出的背景

马克思、恩格斯创立的辩证唯物主义和历史唯物主义，第一次科学地阐明了社会发展的客观规律，正确地解决了社会发展的动力问题。唯物史观认为，生产力与生产关系、经济基础与上层建筑的矛盾运动是人类社会发展的根本动力。但是，后人往往把这两对矛盾视为资本主义社会及其以前各种社会形态所具有的基本矛盾。对社会主义社会是否存在基本矛盾的问题，长期无人做出正确的回答。列宁曾经提出社会主义社会对抗消失，矛盾仍将存在，但未进行进一步的阐明。斯大林长时期否认社会主义社会存在矛盾，直到晚年才承认社会主

---

① 中共中央文献研究室编：《毛泽东文集》第7卷，人民出版社1999年版，第23页。
② 吴冷西：《十年论战》（上），中央文献出版社1999年版，第23-24页。

如果搞不好，也会出现生产力和生产关系之间的冲突，但并没有把这一矛盾作为社会主义社会基本矛盾来看待。

我国社会主义改造完成以后，毛泽东以中国的实践为基础，总结了国际共产主义运动中的经验教训，深入地研究了社会主义社会中的矛盾问题。在1957年2月召开的扩大的最高国务会议第十一次会议上发表了《关于正确处理人民内部矛盾的问题》的讲话，全面阐述了社会主义社会的矛盾问题，并形成了比较系统的理论。

2. 社会主义社会矛盾学说的基本内容

关于社会主义社会基本矛盾的理论。毛泽东运用对立统一规律分析社会主义社会也充满着矛盾，正是这些矛盾推动着社会主义社会不断地向前发展。他指出在社会主义条件下，基本矛盾仍然是生产力和生产关系之间的矛盾、经济基础和上层建筑之间的矛盾。除了生产关系和生产力发展的这种既相适应又相矛盾的情况以外，还有上层建筑和经济基础的既相适应又相矛盾的情况。毛泽东认为，社会主义社会的基本矛盾同旧社会的基本矛盾具有根本不同的性质。资本主义社会的矛盾表现为剧烈的冲突和对抗，表现为剧烈的阶级斗争；社会主义社会的矛盾，是在人民根本利益一致的基础上的矛盾，因而不是对抗性的矛盾。它的解决不需要像资本主义社会那样采取剧烈的阶级斗争的方式，"它可以经过社会主义制度本身，不断地得到解决"①。毛泽东关于社会主义社会基本矛盾的学说，无疑是对马克思主义社会矛盾学说的重大贡献。它从理论上回答了社会主义社会发展的根本动力问题。

关于我国社会的主要矛盾和根本任务。1956年9月15—27日，中国共产党第八次全国代表大会在北京举行。大会正确指出，社会主义制度在我国已经基本建立起来；国内主要矛盾已经不再是工人阶级和资产阶级的矛盾。我们国内的主要矛盾，已经是人民对于建立先进的工业国的要求同落后的农业国的现实之间的矛盾，已经是人民对于经济文化迅速发展的需要同当前经济文化不能满足人民需要的状况之间的矛盾。我们的根本任务已经由解放生产力变为在新的生产关系下保护和发展生产力。虽然还有阶级斗争，还要加强人民民主专政，但其根本任务已经是在新的生产关系下保护和发展生产力。大会坚持了1956年5月党中央提出的既反对保守又反对冒进即在综合平衡中稳步前进的经济建设方针。党的八大的路线是正确的，它为新时期社会主义事业的发展和党的建设指明了方向。

关于社会主义社会两类不同性质的矛盾。毛泽东指出："没有矛盾的想法是不符合客观实际的天真的想法。在我们面前有两类社会矛盾，这就是敌我之间的矛盾和人民内部的矛盾。这是性质完全不同的两类矛盾。"② 明确了社会主义社会的基本矛盾及其特点；提出了两类社会矛盾的理论；明确了在剥削阶级作为阶级消灭以后人民内部矛盾处于突出地位；提出了处理人民内部矛盾的一系列方针。其中心思想是把正确处理人民内部矛盾作为国家政治生活的主题。毛泽东还指出："敌我之间和人民内部这两类矛盾的性质不同，解决的方法也不同。简单地说起来，前者是分清敌我的问题，后者是分清是非的问题。"③ 关于正确处理人民内部矛盾的方针：经济上实行"统筹兼顾，适当安排"，政治上实行"团结——批评——团结"，科学文化上实行"百花齐放、百家争鸣"，共产党和各民主党派关系上实行"长期共存、互相监督"，在民族关系上实行"既反对大汉族主义，又反对民族分裂主义"。

3. 社会主义社会矛盾学说提出的意义

毛泽东关于社会主义社会矛盾的学说，科学揭示了社会主义社会发展的动力，为正确处

---

① 中共中央文献研究室编：《毛泽东文集》第7卷，人民出版社1999年版，第213－214页。
② 中共中央文献研究室编：《毛泽东文集》第7卷，人民出版社1999年版，第204－205页。
③ 毛泽东：《毛泽东选集》第5卷，人民出版社1999年版，第364－365页。

理社会主义社会各种矛盾、创造良好的社会环境和政治环境,提供了基本的理论依据,也为后来的社会主义改革奠定了理论基础,并以独创性的内容丰富了马克思主义的理论宝库。

三、走中国工业化道路的思想

实现工业化是中国近代以来历史发展的必然要求,也是国家独立和富强的必要条件。近代以来,民族工业虽然在不同历史时期有一定程度的发展,但在半殖民地半封建社会,受帝国主义和封建主义的双重压迫,难以获得大的发展。中国共产党很早就开始重视国家的工业化问题,早在新民主主义革命时期就提出保护民族工商业的政策。抗日战争时期,毛泽东指出,要中国的民族独立有巩固的保障,就必须工业化。党的七届二中全会又提出了实现国家工业化的目标。

新中国的工业化是在苏联的影响下起步的,加之当时我国的工业基础十分薄弱,因此党确定以工业化为整个经济建设的主要任务。社会主义改造时期,把实现国家的工业化作为党在过渡时期总路线的主体。受苏联的影响,我国一度过多强调重工业和基础设施的发展,影响了农业和轻工业的发展,造成了一定程度的比例失调,这就推动党和毛泽东思考如何走中国工业化道路的问题。

毛泽东在《论十大关系》中论述的第一大关系,便是重工业、轻工业和农业的关系。在《关于正确处理人民内部矛盾的问题》一文中,毛泽东明确提出要走一条有别于苏联的中国工业化道路。

鉴于中国社会生产力落后、经济基础薄弱的情况,毛泽东指出,以工业为主导,把重工业作为我国经济建设的重点,以逐步建立独立的比较完整的基础工业体系和国防工业体系,这是维护国家独立、统一和安全,实现国家富强所必需的,是毫无疑义、必须肯定的。但同时必须充分注意发展农业和轻工业。他说,我国是一个大农业国,农村人口占全国人口的80%以上,只有农业发展了,工业才有原料和市场,才有可能为建立重工业积累较多的资金。更多地发展农业、轻工业,既可以更好地供给人民生活的需要,又可以增加资金积累和扩大市场。这不仅会使重工业发展得多些快些,而且由于保障了人民生活的需要,会使它发展的基础更加巩固。

把农业作为国民经济的基础,是毛泽东探寻中国工业化道路的基本出发点。毛泽东的基本思路是:中国是一个农业大国,农业是国民经济的基础,不能孤立地发展工业,必须是发展工业与发展农业同时并举,"两条腿走路"。根据"以农业为基础,工业为主导"这一国民经济的总方针。而后,他又提出发展工业必须和发展农业同时并举,并把正确处理农、轻、重的发展关系问题看成是"中国工业化的道路问题"。他还提出,过去安排计划是重、轻、农,这个关系要反一下,现在强调把农业搞好,次序改为农、轻、重。毛泽东的这种以农业为基础进行工业化建设的思想,既符合马克思主义的基本原理,又符合中国的基本国情。

走中国工业化道路,是中国共产党探索我国社会主义建设道路的一个重要思想,强调正确处理重工业和轻工业、农业的关系,符合中国人口多、工业基础薄弱的实际,对于加快我国经济建设具有重要意义。

四、初步探索的其他理论成果

20世纪50年代末60年代初,党在探索社会主义建设道路过程中,还提出了其他一些重要的思想理论观点。

关于社会主义发展阶段。毛泽东提出，社会主义又可分为两个阶段，第一个阶段是不发达的社会主义，第二个阶段是比较发达的社会主义。后一个阶段可能比前一个阶段需要更长的时间。他强调：在我们这样的国家，社会主义建设具有艰难性、复杂性和长期性，完成社会主义建设是一项艰巨任务，建成社会主义不要讲得过早了。建设强大的社会主义经济，在中国，50年不行，会要100年，或者更多的时间。建设社会主义，必须不断在实践中积累经验，逐步克服盲目性，认识客观规律，才能实现认识上的飞跃；要大兴调查研究之风，总结正反两方面经验教训，找出社会主义建设的客观规律，制定适合中国情况的方针和政策。

关于社会主义现代化建设的战略目标和步骤。毛泽东提出，社会主义现代化的战略目标，是要把中国建设成为一个具有现代农业、现代工业、现代国防和现代科学技术的强国。为了实现这个目标，应当采取"两步走"的发展战略，第一步建成一个独立的比较完整的工业体系和国民经济体系，第二步全面实现工业、农业、国防和科学技术现代化，使中国走在世界前列。

关于经济建设方针。党的八大提出了既反保守又反冒进、在综合平衡中稳步前进的方针。毛泽东多次阐述了统筹兼顾的方针，强调正确处理国家、集体与个人的关系，生产两大部类的关系，中央与地方的关系，积累与消费的关系，长远利益与当前利益的关系；既要顾全大局，突出重点，也要统筹兼顾，全面安排，综合平衡。同时，也要在自力更生的基础上积极争取外援，开展与外国的经济交流，引进外国的先进技术、设备和资金，学习外国的长处和好的经验，学习资本主义国家先进的科学技术和管理经验。

关于所有制结构的调整。毛泽东、刘少奇、周恩来提出了把资本主义经济作为社会主义经济的补充的思想。朱德提出了要注意发展手工业和农业多种经营的思想。陈云提出了"三个主体，三个补充"的设想，即在工商业经营方面，国家经济和集体经济是工商业的主体，一定数量的个体经济是国家经济和集体经济的补充；在生产计划方面，计划生产是工农业生产的主体，按照市场变化在国家计划许可范围内的自由生产是计划生产的补充；在社会主义的统一市场里，国家市场是它的主体，一定范围内的国家领导的自由市场是国家市场的补充。

关于经济体制和运行机制改革。毛泽东提出了发展商品生产、利用价值规律的思想，认为商品生产在社会主义条件下，还是一个不可缺少的、有利的工具，要有计划地大大地发展社会主义的商品生产。刘少奇则提出了使社会主义经济既有计划性又有多样性和灵活性的主张，以及按经济办法管理经济的思想。陈云提出了要建立"适合于我国情况和人民需要的社会主义的市场"[①]的思想。此外，毛泽东还主张企业要建立合理的规章制度和严格的责任制，要实行民主管理，实行干部参加劳动，工人参加管理，改革不合理的规章制度，工人群众、领导干部和技术人员三结合，即"两参一改三结合"。邓小平提出了关于整顿工业企业、改善和加强企业管理，实行职工代表大会制等观点。

关于社会主义民主政治建设。党的八大提出，要进一步扩大民主，开展反对官僚主义的斗争；必须加强对于国家工作的监督，特别是加强党对于国家机关的领导和监督，加强全国人民代表大会和它的常务委员会对中央一级政府机关的监督和地方各级人民代表大会对地方各级政府机关的监督，加强各级政府机关的由上而下的监督和由下而上的监督，加强人民群众和机关中下级工作人员对于国家机关的监督；提出着手系统地制定比较完备的法律，健全

---

① 陈云：《陈云文选》第3卷，人民出版社1995年版，第13页。

法制。毛泽东则进一步提出,"我们的目标,是想造成一个既有集中又有民主,既有纪律又有自由,既有统一意志又有个人心情舒畅、生动活泼的一种政治局面,以利于社会主义革命和社会主义建设"。①

关于教育科学文化工作。党提出了"向科学进军"的口号,强调实现四个现代化的关键在于科学技术现代化,要实行重点发展、迎头赶上的科技发展战略,努力赶超世界先进水平。毛泽东强调,不搞科学技术,生产力就无法提高;必须大力发展文化教育事业。"我们的教育方针,应该使受教育者在德育、智育、体育几方面都得到发展,成为有社会主义觉悟的有文化的劳动者。"② 刘少奇提出实行"两种劳动制度、两种教育制度",一种是全日制的劳动制度,全日制的教育制度;一种是半日制的劳动制,半日制的教育制度(即半工半读)。

关于知识分子工作。毛泽东提出,知识分子在革命和建设中都具有重要作用,要建设一支宏大的工人阶级知识分子队伍。周恩来提出了知识分子是工人阶级一部分的观点,强调要加强和改善党对知识分子和科学文化工作的领导,善于团结广大知识分子,使得他们得以发挥自己的聪明才智,更好地为社会主义服务。

此外,毛泽东以及党的其他领导人还在国防建设和军队建设、实现祖国统一、外交和国际战略、执政党建设等方面,提出了一系列重要思想观点。党在探索社会主义建设道路过程中取得的重要理论成果,是毛泽东思想的重要组成部分,丰富和发展了科学社会主义,成为中国特色社会主义理论体系的重要思想来源。

【知识拓展】

正确认识国情是建设中国特色社会主义的首要问题,这既是党的思想路线的根本要求,也是制定和执行正确路线、方针和政策的基本依据。当今中国最大的国情是什么?那就是仍处于并将长期处于社会主义初级阶段。

社会主义初级阶段,这是我们党20世纪80年代从社会性质和发展阶段上对中国国情所做的全局性、总体性判断,这一判断涵盖的时间范围根据社会主义生产力发展而变化,仍然是当前把握我国发展历史方位的出发点。社会主义初级阶段的基本内涵有两个方面:第一,我国已是社会主义国家,我们必须坚持而不能离开社会主义;第二,我国的社会主义还处在初级阶段,我们必须从这个实际出发,而不能超越这个阶段。社会主义初级阶段是社会主义的初级阶段与初级阶段的社会主义的辩证统一,是从社会的制度性质及其发展程度两个方面,对我国社会所处历史方位、时代坐标的准确界定,构成当代中国的最大国情即最大实际,是建设中国特色社会主义的总依据。

深刻认识和正确把握社会主义初级阶段这个最大国情至关重要。这是在新的历史条件下正确制定和贯彻党的路线、方针、政策的前提和基础,是科学谋划和推进改革发展各项事业的关键和根本。回顾历史,党的十一届三中全会之前,我国社会主义建设出现严重失误的根本原因之一,就是因为提出的一些目标、任务和方针政策脱离、超越了社会主义初级阶段。由于没有很好地把握社会主义初级阶段这个最大国情,结果在社会主义建设中吃了苦头,遭

---

① 中共中央文献研究室编:《毛泽东著作专题摘编》(上),中央文献出版社2003年版,第1050页。
② 毛泽东:《毛泽东选集》第5卷,人民出版社1977年版,第385页。

受损失甚至严重挫折。改革开放以来,我国社会主义各项事业蓬勃发展,取得了巨大成功,根本原因之一是纠正了那些超越发展阶段的思想观念、方针政策,对那些不符合社会主义初级阶段要求的体制、制度逐步进行根本性的改革;同时,坚决抵制了抛弃社会主义基本制度的错误主张,坚持和发展了中国特色社会主义。

坚持和发展中国特色社会主义是一项长期而艰巨的历史任务。在具有许多新的历史特点的伟大征程中,始终牢牢把握社会主义初级阶段这个最大国情和最大实际,是我们有效应对复杂多变的发展环境并保持正确发展方向的根本保证。只有把握住了这一最大国情,我们才能不断丰富中国特色社会主义的道路特色、理论特色、制度特色、实践特色和时代特色,如期全面建成小康社会和顺利推进中国社会主义现代化伟大事业。

(魏礼群:《牢牢把握社会主义初级阶段这个最大国情》,《求是》2013年第19期,有删改)

第二节 社会主义建设道路初步探索的意义和经验教训

一、社会主义建设道路初步探索的意义

党领导人民探索社会主义建设道路,历经艰辛和曲折,在理论和实践上取得了一系列重要成果。这些成果对于巩固我国社会主义制度、开创和发展中国特色社会主义,对于促进世界社会主义发展,具有重要意义。

1. 巩固和发展了我国的社会主义制度

社会主义制度建立以后,如何巩固和发展这一制度是我们党必须认真研究和解决的一个重大课题。作为一种崭新的社会制度和人民当家做主的政权,社会主义的建立极大地激发了广大人民群众的建设热情和积极性。但由于我国人口多、底子薄、经济文化比较落后,社会主义建设的任务艰巨繁重。国际上,以美国为首的西方国家对中国采取敌视政策,并进行封锁和遏制,企图颠覆社会主义制度。面对严峻复杂的国内外形势,党带领全国人民,坚持独立自主、自力更生,开始了大规模的社会主义建设,在经济、政治、文化等各方面都取得了重大成就。这些成就的取得,体现了社会主义制度的优越性,增强了广大人民群众走社会主义道路的信心,社会主义制度也在实践中得到发展。

2. 为开创中国特色社会主义提供了宝贵经验、理论准备、物质基础

进入全面建设社会主义时期,党对社会主义建设道路的探索历经艰辛,积累了丰富的经验,也留下了深刻的教训,这些都是党和人民在历史实践中获得和发生的。无论是成功的经验还是失败的教训,正确地加以总结,都是党的宝贵财富,为新时期中国特色社会主义开创和发展提供了重要的思想资源。在探索中形成的一些正确的和比较正确的思想观点,取得的独创性理论成果,尤其是关于社会主义建设的正确理论原则和经验总结,丰富和发展了毛泽东思想,对我国社会主义建设发挥了重要指导作用,为开启新时期新道路奠定了重要的思想基础。在这一探索过程中,我国经济保持了较快的发展速度,经济实力显著增强;基本建立了独立的比较完整的工业体系和国民经济体系,从根本上解决了工业化"从无到有"的问题。我们现在赖以进行现代化建设的物质技术基础,很大一部分是在此期间建设起来的;全国经济文化建设等方面的骨干力量和他们的工作经验,大部分也是在这个期间培养和积累起

来的。这一时期的建设成就为开启新时期新道路奠定了重要的物质基础。

3. 丰富了科学社会主义的理论和实践

在中国这样一个有着十几亿人口、经济文化比较落后的东方大国建设社会主义，其艰巨性、复杂性在世界社会主义发展史上都是没有先例的。中国社会主义建设的实践，既不同于马克思、恩格斯设想的在生产力高度发达的基础上建立的社会主义，也不同于在资本主义有一定发展基础上开始的苏联社会主义建设。中国共产党领导人民探索社会主义建设道路汲取了苏联模式的经验教训，根据自己的实践形成许多独创性成果，深化了对社会主义的认识。探索的成就表明，社会主义建设没有一个固定不变的模式，各个国家应该根据自己的国情，独立自主地选择适合自己的发展道路。这不仅丰富了中国社会主义的理论与实践，也丰富了科学社会主义的理论与实践，为其他国家的社会主义建设提供了经验和借鉴。

二、社会主义建设道路初步探索的经验教训

党对社会主义建设道路的初步探索，取得了巨大成就，积累了丰富的经验，同时也遭受了严重的挫折，造成了严重的后果，留下了深刻的教训。

1. 必须把马克思主义与中国实际相结合，探索符合中国特点的社会主义建设道路

在社会主义改造还未结束时，毛泽东就提出要实现马克思主义与中国实际的"第二次结合"，探索中国自己的社会主义建设道路。然而，由于对马克思主义关于社会主义的一些基本原理的理解不够深入，对中国的基本国情缺乏深刻认识，没有能够真正搞清楚什么是社会主义、怎样建设社会主义的问题，也没有完全摆脱苏联模式的影响，采取了一些脱离实际、超越发展阶段的政策和措施，导致我国社会主义建设道路的探索遭遇严重曲折。实践证明，只有科学理解马克思主义基本原理，准确把握中国基本国情，运用马克思主义立场、观点和方法，分析和解决实践中遇到的种种问题，充分认识社会主义建设的长期性和复杂性，才能逐步掌握社会主义建设的规律，开辟适合中国特点的社会主义建设道路。

2. 必须正确认识社会主义社会的主要矛盾和根本任务，集中力量发展生产力

社会主义建设开始后，党对我国社会的主要矛盾有了较为正确的认识，据此提出我国的根本任务是在新的生产关系下保护和发展生产力。但是，这些认识并没有很好地坚持下来。党的八大二次会议改变了八大关于我国社会主要矛盾的正确判断，错误地认为在社会主义社会建成以前，无产阶级与资产阶级的矛盾，社会主义道路与资本主义道路的矛盾，始终是我国社会的主要矛盾。这是导致后来阶级斗争扩大化的主要原因。实践证明，在整个社会主义初级阶段，要始终坚持党对社会主要矛盾的科学判断，以经济建设为中心，不断提高人民物质文化生活水平。对于社会主义社会一定范围内长期存在的阶级斗争，不能将其简单地等同于全国范围的阶级斗争，更不能搞大规模的政治运动。

3. 必须从实际出发进行社会主义建设，建设规模和速度要与国力相适应

由于中国经济落后，物质基础薄弱，社会主义建设开始后，全党全国人民都有大力发展生产、迅速改变落后面貌的强烈愿望。这一方面极大地促进了社会主义建设，取得了显著的建设成就，但同时也出现了急躁冒进、急于求成的倾向，其主要表现就是制定的路线、方针和政策偏离了我国社会主义初级阶段的实际，忽视了生产建设、经营管理的经济效果和各项经济计划、经济政策、经济措施的科学论证，从而造成严重的损失。实践证明，社会主义建设必须采取科学态度，深入了解和分析实际情况，努力按照客观经济规律办事。毛泽东指出："对于建设社会主义的规律的认识，必须有一个过程。必须从实践出发，从没有经验到

有经验,从有较少的经验,到有较多的经验,从建设社会主义这个未被认识的必然王国,到逐步地克服盲目性、认识客观规律,从而获得自由,在认识上出现一个飞跃,到达自由王国。"① 只有在不断总结经验的基础上,才能逐步掌握社会主义建设的客观规律。

4. 必须发展社会主义民主,健全社会主义法制

社会主义民主的本质是人民当家做主。新中国成立后特别是社会主义制度建立后,我们制定宪法,颁布了一系列法律,建立了大量的规章制度,从根本上保证了人民当家做主的权利。但由于我国的社会主义是从半殖民地半封建的社会逐步过渡来的,党对发展社会主义民主的经验不足,对于什么是社会主义民主、怎样发展社会主义民主,认识上也不是完全清楚的,导致在实践中出现了很多违背人民民主,甚至搞"大鸣、大放、大辩论、大字报"等"大民主"的极端现象。虽然制定了法律,却没有树立起法律的权威。由于民主和法制都不健全,党内外关于社会主义建设的不同意见受到压制和打击,正确的主张得不到采纳甚至被贴上资本主义的标签遭到批判,错误的决策得不到及时制止甚至被当作社会主义的原则加以固守,结果导致阶级斗争扩大化,甚至发生"文化大革命"的严重错误。

实践证明,中国要实现社会主义现代化,就必须发展社会主义民主,加强社会主义法制。大力发展人民民主,确保人民行使当家做主的权利,使公民的民主权利得到切实保障;党必须在宪法和法律范围内活动,任何一级党组织和领导人都不能有超出法律之上的权利,各种制度和法律不能因领导人的改变而改变,不能因领导人看法和注意力的改变而改变。

5. 必须坚持党的民主集中制和集体领导制度,加强执政党建设

健全民主集中制和集体领导制度,加强执政党建设,是社会主义事业顺利发展的政治保证。民主集中制是无产阶级政党的根本组织原则,是指导党内生活的基本准则。由于我国社会主义基本制度刚刚建立,党和国家的领导制度还有许多不够完善的地方,特别是受当时苏联高度集中的政治体制的影响,加之长期封建专制主义的传统短期内难以消除,我国的民主集中制和党的集体领导制度一度遭到了严重破坏,"一言堂""家长制"代替了集体领导制度。邓小平后来指出:"党成为全国的执政党,特别是生产资料私有制的社会主义改造基本完成以后,党的中心任务已经不同于过去,社会主义建设的任务极为繁重复杂,权力过分集中,越来越不能适应社会主义事业的发展。对这个问题长期没有足够的认识,成为发生'文化大革命'的一个重要原因,使我们付出了沉重的代价。"② 实践证明,无产阶级政党在执政以后,必须认真,坚持民主集中制和集体领导原则,反对个人崇拜,不断加强党的自身建设,充分发挥党组织和广大党员的积极性、创造性,保证党的决策的科学化、民主化。必须大力发扬党内民主,确保党员的民主权利,避免少数人说了算、个人说了算的现象。

6. 必须坚持对外开放,借鉴和吸收人类文明成果建设社会主义

人类社会发展的实践证明,历史总是在继承和超越中前进。资本主义的出现,开创了生产力快速发展的时代,是人类历史发展的重要阶段。社会主义代替资本主义,并不意味着社会主义要全盘否定和抛弃资本主义创造的一切成果,也并不意味着社会主义不同资本主义发生任何联系。相反,社会主义要体现出相对资本主义的优势并最终战胜资本主义,必须大胆借鉴和吸收包括资本主义文明在内的一切人类文明成果,创造出高于资本主义国家的社会生产力和物质文化生活水平。新中国成立后,毛泽东曾多次指出,要在平等的基础上开展同一切国家的经济技术交流,包括同一些资本主义国家发展经济贸易关系,并提出要学习一切国

---

① 中共中央文献研究室编:《毛泽东文集》第8卷,人民出版社1999年版,第300页。
② 邓小平:《邓小平文选》第2卷,人民出版社1994年版,第329页。

家和民族的长处。但是由于帝国主义实行敌视封锁和禁运政策，以及后来"左"的错误，导致我们一度关起门来搞建设，使我国与发达资本主义国家的差距进一步拉大。邓小平在总结这段历史经验时指出："中国在西方国家产业革命以后变得落后了，一个重要原因就是闭关自守。新中国成立以后，人家封锁我们，在某种程度上我们也还是闭关自守，这给我们带来了一些困难。三十几年的经验教训告诉我们，关起门来搞建设是不行的，发展不起来。"①

【知识拓展】

  习近平强调，中国特色社会主义是社会主义而不是其他什么主义，科学社会主义基本原则不能丢，丢了就不是社会主义。一个国家实行什么样的主义，关键要看这个主义能否解决这个国家面临的历史性课题。历史和现实都告诉我们，只有社会主义才能救中国，只有中国特色社会主义才能发展中国，这是历史的结论、人民的选择。随着中国特色社会主义不断发展，我们的制度必将越来越成熟，我国社会主义制度的优越性必将进一步显现，我们的道路必将越走越宽广。我们就是要有这样的道路自信、理论自信、制度自信，真正做到"千磨万击还坚劲，任尔东西南北风"。

  习近平指出，我们党领导人民进行社会主义建设，有改革开放前和改革开放后两个历史时期，这是两个相互联系又有重大区别的时期，但本质上都是我们党领导人民进行社会主义建设的实践探索。中国特色社会主义是在改革开放历史新时期开创的，但也是在新中国已经建立起社会主义基本制度、并进行了20多年建设的基础上开创的。虽然这两个历史时期在进行社会主义建设的思想指导、方针政策、实际工作上有很大差别，但两者绝不是彼此割裂的，更不是根本对立的。不能用改革开放后的历史时期否定改革开放前的历史时期，也不能用改革开放前的历史时期否定改革开放后的历史时期。要坚持实事求是的思想路线，分清主流和支流，坚持真理，修正错误，发扬经验，汲取教训，在这个基础上把党和人民的事业继续推向前进。

  （《习近平在新进中央委员会的委员、候补委员学习贯彻党的十八大精神研讨班开班式上发表重要讲话》，《人民日报》2013年1月6日）

【思考与练习】

1. 党在中国社会主义建设道路的初步探索中取得了哪些重要的理论成果？
2. 如何认识党对中国社会主义建设道路初步探索的意义？
3. 党对中国社会主义建设道路初步探索有哪些经验教训？

【参考文献】

[1] 毛泽东. 论十大关系 [M]//中共中央文献研究室. 毛泽东文集：第7卷. 北京：人民出版社，1999.

---

① 邓小平：《邓小平文选》第3卷，人民出版社1993年版，第64页。

[2] 毛泽东. 关于正确处理人民内部矛盾的问题［M］//中共中央文献研究室. 毛泽东文集：第7卷，北京：人民出版社，1999.

[3] 毛泽东. 读苏联《政治经济学教科书》的谈话（节选）［M］//中共中央文献研究室. 毛泽东文集：第8卷. 北京：人民出版社，1999.

[4] 毛泽东. 在扩大的中央工作会议上的讲话［M］//中共中央文献研究室. 毛泽东文集：第8卷. 北京：人民出版社，1999.

[5] 毛泽东. 人的正确思想是从哪里来的？［M］//中共中央文献研究室. 毛泽东文集：第8卷. 北京：人民出版社，1999.

[6] 中共中央文献研究室. 建国以来重要文献选编：第10册［M］. 北京：中央文献出版社，2011.

[7] 邓小平. 邓小平文选：第2卷［M］. 北京：人民出版社，1994.

[8] 毛泽东. 毛泽东选集：第5卷［M］. 北京：人民出版社，1977.

[9] 中共中央文献研究室. 十八大以来重要文献选编：上［M］. 北京：中央文献出版社，2014.

[10] 吴冷西. 十年论战：上［M］. 北京：中央文献出版社，1999.

[11] 陈云. 陈云文选：第3卷［M］. 北京：人民出版社，1995.

[12] 中共中央文献研究室. 毛泽东著作专题摘编：上［M］. 北京：中央文献出版社，2003.

[13] 邓小平. 邓小平文选：第3卷［M］. 北京：人民出版社，1993.

第五章　建设中国特色社会主义总依据

【教学目标】

通过本章的教学，帮助学生掌握初级阶段理论和党的基本路线，掌握社会主义初级阶段的基本纲领和基本经验。深刻理解中国当前最大的实际是处于并将长期处于社会主义初级阶段，我们现在所建设的是初级阶段的社会主义。

要学习掌握世界统一于物质、物质决定意识的原理，坚持从客观实际出发制定政策、推动工作。当代中国最大的客观实际，就是我国仍处于并将长期处于社会主义初级阶段，这是我们认识当下、规划未来、制定政策、推进事业的客观基点，不能脱离这个基点。

——习近平：在中共中央政治局第二十次集体学习时讲话

第一节　社会主义初级阶段理论

一、社会主义初级阶段理论的形成和发展

马克思在《哥达纲领批判》一书中把未来社会区分为共产主义第一阶段和高级阶段。列宁在《国家与革命》中，把共产主义第一阶段称为低级阶段，第二阶段称为高级阶段。毛泽东在读苏联《政治经济学教科书》时提出，"社会主义这个阶段，又可能分为两个阶段，第一阶段是不发达的社会主义，第二阶段是比较发达的社会主义"。①

党的十一届三中全会以后，我们党对我国社会主义所处阶段进行了再认识。1981年6月，党的十一届六中全会通过的《关于建国以来党的若干历史问题的决议》，正式提出了我们的社会主义制度还是处于初级阶段的科学论断。1982年9月，党的十二大着重从物质文明还不发达和加强精神文明建设的迫切需要两方面来加强对社会主义初级阶段的认识，再次提出中国还处于社会主义初级阶段。1987年10月，党的十三大报告以社会主义初级阶段理论作为报告立论的基础，比较系统地阐述了社会主义初级阶段的理论。1997年9月，党的十五大指出中国最大的实际就是"中国正处在并将长期处于社会主义初级阶段"，对党在社会主义初级阶段的基本纲领作了科学的概括。2001年，在建党80周年之际，江泽民指出："社会主义初级阶段，是整个建设有中国特色社会主义的很长历史过程中的初始阶段。"首次把社会主义初级阶段放在建设中国特色社会主义的这个历史过程中来定位。2015年1月23日，习近平总书记在中共中央政治局第二十次集体学习时强调：当代中国最大的客观实际，就是我国仍处于并将长期处于社会主义初级阶段，这是我们认识当下、规划未来、制定

---

① 中共中央文献研究室编：《毛泽东文集》第8卷，人民出版社1999年版，第116页。

政策、推进事业的客观基点，不能脱离这个基点。

二、社会主义初级阶段的科学含义和主要特征

党的十三大明确指出社会主义初级阶段包括两层含义：一是我国已经是社会主义社会，我们必须坚持而不能离开社会主义。二是我国的社会主义还处在初级阶段，我们必须从这个实际出发，而不能超越这个阶段。对社会主义初级阶段概念进行理解时，要注意：第一，社会主义初级阶段，不是泛指任何国家进入社会主义都会经历的起始阶段，而是特指我国在生产力落后、商品经济不发达条件下建设社会主义必然要经历的特定阶段；第二，社会主义初级阶段的社会性质是社会主义，它不同于资本主义，也不同于我国五种经济成分并存的新民主主义社会；第三，社会主义初级阶段是一个长期的历史过程，从1956年生产资料私有制的社会主义改造基本完成，到21世纪中叶基本实现社会主义现代化，至少需要100年时间。

党的十五大报告从几个方面对社会主义初级阶段的基本特征作了全面的概述：第一，社会主义初级阶段，是逐步摆脱不发达状态，基本实现社会主义现代化的历史阶段；第二，是由农业人口占很大比重、主要依靠手工劳动的农业国，逐步转变为非农业人口占多数、包含现代农业和现代服务业的工业化国家的历史阶段；第三，是由自然经济半自然经济占很大比重，逐步转变为经济市场化程度较高的历史阶段；第四，是由文盲半文盲人口占很大比重、科技教育文化落后，逐步转变为科技教育文化比较发达的历史阶段；第五，是由贫困人口占很大比重、人民生活水平比较低，逐步转变为全体人民比较富裕的历史阶段；第六，是由地区经济文化很不平衡，通过有先有后的发展，逐步缩小差距的历史阶段；第七，是通过改革和探索，建立和完善充满活力的社会主义市场经济体制、社会主义民主政治体制和其他方面体制的历史阶段；第八，是广大人民群众牢固树立建设有中国特色社会主义共同理想，自强不息，锐意进取，艰苦奋斗，勤俭建国，在建设物质文明的同时努力建设精神文明的历史阶段；第九，是逐步缩小同世界先进水平的差距，在社会主义基础上实现中华民族伟大复兴的历史阶段。

三、科学把握我国发展的阶段性特征

（1）经济实力显著增强，同时发展中不平衡、不可持续的问题依然突出。我国是经济大国，但非经济强国。经济增长方面仍主要依靠工业劳动，过于依赖物质资源的投入以及土地、劳动力等要素的低成本优势。农业基础薄弱、科技创新力不强、城乡区域发展差异大等，对加快转变经济增长方式提出了更高要求。

（2）经济社会发展取得全面进步，同时发展面临新的重大结构性问题，影响发展的体制机制障碍依然存在。人民生活总体达到小康水平，但收入分配差距拉大的趋势未根本扭转，统筹兼顾的难度增大等，对经济发展和全面深化改革提出了更高要求。

（3）对外开放日益扩大，同时面临的国际竞争日趋紧张。中国对世界的影响提升，国际对中国的影响也在加深。发达国家在经济科技上仍占优势，压力和风险增多等，对统筹国内发展和对外开放提出了更高要求。

【知识拓展】

"社会主义初级阶段至少需要一百年时间"的国情现实。

其一,我国进入社会主义的历史前提,决定我国社会主义发展必然要经历一个很长的初级阶段。中国进入社会主义的重要特点是,人口多、底子薄、生产力落后,经济不发达,远远落后于资本主义国家。这就决定了我国必须在社会主义条件下用一个较长的历史阶段,去建立和发展社会主义应有的高度发达的生产力基础。

其二,我国的基本国情,决定了我国社会主义发展必然要经历一个很长的初级阶段。尽管新中国成立63年了,但没有从根本上改变我国仍然处在社会主义初级阶段的基本国情。党的十八大报告分析说,"发展中不平衡、不协调、不可持续问题依然突出,科技创新能力不强,产业结构不合理,农业基础依然薄弱,资源环境约束加剧,制约科学发展的体制机制障碍较多,深化改革开放和转变经济发展方式任务艰巨;城乡区域发展差距和居民收入分配差距依然较大;社会矛盾明显增多,教育、就业、社会保障、医疗、住房、生态环境、食品药品安全、安全生产、社会治安、执法司法等关系群众切身利益的问题较多,部分群众生活比较困难"。

其三,目前我国所处的时代特征和国际环境,决定了我国社会主义发展必然要经历一个很长的初级阶段。进入新世纪,科技发展突飞猛进。一方面为我国赶超现代化国家提供了机遇,另一方面也加大了我国赶超世界先进水平的难度。同时,全球发展不平衡加剧,霸权主义、强权政治和新干涉主义上升,世界和平与发展面临诸多难题和挑战。这样的国际环境决定了我国必须经过很长的初级阶段才能进入成熟的社会主义。

(王健君:《牢记社会主义初级阶段的最大国情》,人民网,2013年6月27日,http://theory.people.com.cn/n/2013/0627/c366000-21995448-2.html,有删改)

第二节 社会主义初级阶段的基本路线和基本纲领

一、社会主义初级阶段的主要矛盾

1956年9月,党的八大认为生产资料私有制的社会主义改造完成后,资产阶级已被消灭,无产阶级与资产阶级的矛盾已经不是我国的主要矛盾,及时地科学地分析了社会主义初级阶段的主要矛盾。"我国内的主要矛盾,已经是人民对于建立先进的工业国的要求同落后的农业国的现实之间的矛盾,已经是人民对于经济文化迅速发展的需要同当前经济文化不能满足人民需要的状况之间的矛盾。"① 然而,由于各种主客观的原因,中共八大关于我国社会主要矛盾的正确认识未能很好地坚持下去。1957年下半年以后,错误地把无产阶级和资产阶级的矛盾认为是我国社会的主要矛盾,把阶级斗争绝对化、扩大化,最终导致了"文化大革命"的发生。

党的十一届三中全会果断地把党和国家的工作重点转移到社会主义现代化建设上来,进而对我国社会主要矛盾做出了新的概括。1979年,邓小平在《坚持四项基本原则》中明确

---

① 中共中央文献研究室编:《建国以来重要文献选编》第9册,中央文献出版社2011年版,第293页。

回答了什么是我国现阶段的主要矛盾的问题，强调："什么是目前时期的主要矛盾，也就是目前时期全党和全国人民所必须解决的主要问题或中心任务，由于三中全会决定把工作重点转移到社会主义现代化建设方面来，实际上已经解决了。我们的生产力发展水平很低，远远不能满足人民和国家的需要，这就是我们目前时期的主要矛盾。"[①] 1981年6月，党的十一届六中全会明确指出，在社会主义改造基本完成以后，我们所要解决的主要矛盾是人民日益增长的物质文化需要同落后的社会生产之间的矛盾。

二、社会主义初级阶段的基本路线

1987年10月，党的十三大明确提出社会主义初级阶段的基本路线，即领导和团结全国各族人民，以经济建设为中心，坚持四项基本原则，坚持改革开放，自力更生，艰苦创业，为把我国建设成为富强、民主、文明的社会主义现代化国家而奋斗。党的十七大通过的党章把"和谐"与"富强""民主""文明"一起写入了基本路线。

社会主义初级阶段的基本路线明确规定了我们党在初级阶段的奋斗目标、中心任务以及为了实现这个中心任务必须坚持的政治原则、基本方针、领导力量和依靠力量。"建设富强民主文明和谐的社会主义现代化国家"是基本路线规定的党在初级阶段的奋斗目标。"一个中心、两个基本点"是基本路线的最主要内容，是核心，是实现社会主义现代化奋斗目标的基本途径。中国共产党是社会主义建设的领导力量，全国各族人民是社会主义建设的依靠力量。

坚持以经济建设为中心是社会主义本质的要求，是由社会主义初级阶段的主要矛盾决定的，是以科学分析当前国际形势为依据的；必须坚持四项基本原则，即必须坚持社会主义道路、必须坚持无产阶级专政、必须坚持中国共产党的领导和必须坚持马列主义、毛泽东思想；必须坚持改革，改革是社会主义制度的自我完善和发展，改革是中国的第二次革命；必须坚持对外开放，对外开放是中国的一项基本国策，中国的发展离不开世界，实行对外开放有利于资源在世界范围内的优化配置，保证我国社会主义市场经济的顺利发展，有利于按国际市场惯例来发展社会主义市场经济。

坚持党在初级阶段的基本路线不动摇，必须正确处理改革、发展、稳定的关系。改革是动力、发展是目的、稳定是前提，三者具有相互联系、相互依赖、相互协调、相互促进、不可分割的内在联系。我们要把改革的力度、发展的速度和社会的承受程度统一起来，把不断改善人民的生活作为处理改革、发展、稳定关系的重要结合点。

三、社会主义初级阶段的基本纲领

党的十五大，把党在社会主义初级阶段的基本路线在经济、政治、文化三个方面具体化为建设有中国特色社会主义的经济、政治和文化的基本目标和基本政策，从而形成了党在社会主义初级阶段的基本纲领。党的十七大、十八大又对基本纲领的内容做了进一步的丰富和发展。

建设中国特色社会主义经济，就是在社会主义条件下发展市场经济，不断解放和发展生产力；坚持和完善社会主义初级阶段基本经济制度；坚持和完善社会主义市场经济体制；坚

---

① 邓小平：《邓小平文选》第2卷，人民出版社1994年版，第182页。

持和完善社会主义初级阶段的分配制度;坚持和完善对外开放,推动经济持续健康发展,保证人民共享改革和发展成果。

建设中国特色社会主义政治,就是在中国共产党领导下,在人民当家做主的基础上,依法治国,发展社会主义的政治民主,建设社会主义法治国家;实现社会安定、政府廉洁高效、全国各族人民团结和睦、生动活泼的政治局面。

建设中国特色社会主义文化,就是以马克思主义为指导,以培育有理想、有道德、有文化、有纪律的公民为目标,发展面向现代化、面向世界、面向未来的,民族的科学的大众的社会主义文化,推动社会主义文化大发展大繁荣。

建设社会主义和谐社会,就是要按照民主法治、公平正义、诚信友爱、充满活力、安定有序、人与自然和谐相处的总要求和共同建设、共同享有的原则,以改善民生为重点,解决好人民最关心、最直接、最现实的利益问题,努力形成全体人民各尽其能、各得其所而又和谐相处的局面。

建设中国特色社会主义生态文明,就是坚持节约资源和保护环境的基本国策,着力推动绿色发展、循环发展、低碳发展,形成节约资源和保护环境的空间格局、产业结构、生产方式、生活方式,从源头上扭转生态环境恶化趋势,努力建设美丽中国,实现中华民族永续发展。

中国特色社会主义的经济、政治、文化、社会和生态文明是有机统一的。实现社会主义初级阶段的基本纲领,必须正确认识和处理好最高纲领和最低纲领之间的辩证统一关系。

【知识拓展】

我们党在深刻认识社会主义初级阶段基本国情和深刻总结社会主义建设经验教训的基础上,形成了社会主义初级阶段的基本路线。牢牢把握社会主义初级阶段这个总依据,最根本的就是毫不动摇地坚持党在社会主义初级阶段的基本路线,既不偏离"一个中心",也不偏废"两个基本点";既不走封闭僵化的老路,也不走改旗易帜的邪路。

牢牢扭住经济建设这个中心。这是由社会主义初级阶段的主要矛盾所决定的,也是科学发展的内在要求。只有推动经济持续健康发展,才能筑牢国家繁荣富强、人民幸福安康、社会和谐稳定的物质基础。应牢牢把握发展这个第一要义,聚精会神搞建设、一心一意谋发展,脚踏实地把自己的事情办好;以科学发展为主题,以加快转变经济发展方式为主线,更加注重以人为本,更加注重全面协调可持续,更加注重统筹兼顾,坚持把推动发展的立足点转到提高质量和效益上来,努力实现科学发展、和谐发展、和平发展。

毫不动摇地坚持四项基本原则这个立国之本。坚持四项基本原则是坚持和发展中国特色社会主义的根本政治保障。党的十八大报告提出了夺取中国特色社会主义新胜利必须牢牢把握的"八项基本要求",这是对我国经济社会发展中存在的突出问题、改革攻坚和加快转变经济发展方式面临的难点问题、干部群众普遍关注的热点问题的积极回应。应把"八项基本要求"同坚持四项基本原则有机统一起来,贯穿于社会主义现代化建设全过程,转化为干部群众的共同信念和自觉行动。

始终坚持走改革开放这个强国之路。改革开放是决定当代中国命运的关键抉择,是坚持和发展中国特色社会主义的必由之路。过去 30 多年,我国快速发展靠的是改革开放,未来发展也必须靠改革开放。当前,面对深化改革开放可能遇到的风险和挑战,必须毫不动摇地坚持党的十一届三中全会以来的路线方针政策，坚持把改革创新精神贯彻到治国理政各个环节，更加自觉、更加坚定地推进改革开放。应坚持社会主义市场经济的改革方向，坚持对外开放的基本国策，提高改革决策的科学性，增强改革措施的协调性，不失时机地推进重要领域和关键环节改革，不断在制度建设和创新方面迈出新步伐，使各方面制度更加成熟更加定型，赋予中国特色社会主义新的生机活力。

[李昆明、杨超、陶伶：《深刻把握社会主义初级阶段这一总依据（学习十八大报告贯彻十八大精神）》，《人民日报》2013年4月2日，有删改]

【思考与练习】

1. 如何理解社会主义初级阶段的科学含义及其基本特征？
2. 如何认识社会主义初级阶段的阶段性特征？
3. 如何坚持四项基本原则与改革开放的统一？
4. 如何理解党的最高纲领和最低纲领的辩证统一？

【参考文献】

[1] 中共中央文献研究室. 建国以来重要文献选编：第9册 [M]. 北京：中央文献出版社，2011.

[2] 邓小平. 邓小平文选：第2卷 [M]. 北京：人民出版社，1994.

[3] 邓小平. 我国方针政策的两个基本点 [M]//邓小平文选：第3卷 [M]. 北京：人民出版社，1993.

[4] 邓小平. 一切从社会主义初级阶段的实际出发 [M]//邓小平文选：第3卷 [M]. 北京：人民出版社，1993.

[5] 江泽民. 全面建设小康社会，开创中国特色社会主义事业新局面 [M]//江泽民文选：第3卷. 北京：人民出版社，2006.

[6] 胡锦涛. 坚定不移沿着中国特色社会主义道路前进，为全面建成小康社会而奋斗 [M]//中共中央文献研究室. 十八大以来重要文献选编：上. 北京：中央文献出版社，2014.

[7] 习近平. 毫不动摇坚持和发展中国特色社会主义 [M]//习近平谈治国理政. 北京：外文出版社，2014.

[8] 毛泽东. 毛泽东选集：第2卷 [M]. 北京：人民出版社，1991.

[9] 中共中央马克思恩格斯列宁斯大林著作编译局. 列宁选集：第4卷 [M]. 北京：人民出版社，2012.

[10] 中共中央文献研究室. 毛泽东文集：第8卷 [M]. 北京：人民出版社，1999.

[11] 国务院新闻办公室，中央文献研究室，中国外文局. 习近平谈治国理政 [M]. 北京：外文出版社，2014.

第六章 社会主义本质和建设中国特色社会主义总任务

【教学目标】

通过本章的教学，使学生深刻理解社会主义首要的基本理论问题，全面把握社会主义本质理论，正确认识建设中国特色社会主义的总任务是发展生产力，发展是党执政兴国的第一要务，掌握科学发展观，实现中华民族伟大复兴的中国梦。

消除贫困、改善民生、逐步实现共同富裕，是社会主义的本质要求，是我们党的重要使命。全面建成小康社会，是我们对全国人民的庄严承诺。脱贫攻坚战的冲锋号已经吹响。我们要立下愚公移山志，咬定目标、苦干实干，坚决打赢脱贫攻坚战，确保到2020年所有贫困地区和贫困人口一道迈入全面小康社会。

——习近平：在中央扶贫开发工作会议上的讲话

第一节 社会主义的本质

一、社会主义本质理论的提出和科学内涵

社会主义在苏联、东欧的实践并最终走向失败，最根本的原因就在于没有搞清楚"什么是社会主义，怎样建设社会主义"这一基本的问题；我国社会主义在改革开放前所经历的曲折和失败、改革开放以来在前进中遇到的疑虑和困惑，归根结底也在于对"什么是社会主义，怎样建设社会主义"这一基本的问题没有搞清楚。

中共十一届三中全会以后，邓小平在总结社会主义建设经验教训的基础上，在改革开放的实践中，在深入思考什么是社会主义和怎样建设社会主义的过程中，对社会主义本质的认识逐步深化。1980年，邓小平提出："什么叫社会主义这个问题也要解放思想"，"要充分研究如何搞社会主义建设的问题"。1984年经济体制改革全面展开后，邓小平更加鲜明地、突出地提出这个首要的基本理论问题。他说："我们建立的社会主义制度是个好制度，必须坚持。我们马克思主义者过去闹革命，就是为社会主义、共产主义崇高理想而奋斗。现在我们搞经济改革，仍然要坚持社会主义道路，坚持共产主义的远大理想，年青一代尤其要懂得这一点。但问题是什么是社会主义，如何建设社会主义。我们的经验教训有许多条，最重要的一条，就是要搞清楚这个问题。"① 他还说："我们搞改革开放，把工作重心放在经济建设上，没有丢马克思，没有丢列宁，也没有丢毛泽东。老祖宗不能丢啊！问题是要把什么叫社会主义搞清楚，把怎样建设和发展社会主义搞清楚。"② 可见，邓小平把搞清楚"什么是社会

---

①② 邓小平：《邓小平文选》第3卷，人民出版社1993年版，第116页。

主义，怎样建设社会主义"作为一条最根本的经验教训。

1992年年初，邓小平在南方谈话中对社会主义的本质进行了完整表述，他指出："社会主义的本质，是解放生产力，发展生产力，消灭剥削，消除两极分化，最终达到共同富裕。"① 社会主义本质理论突出强调了解放和发展生产力在社会主义发展中的重要地位，突出强调了消灭剥削，消除两极分化，最终达到共同富裕的发展目标。这既包括了社会主义社会的生产力问题，又包括了以社会主义生产关系为基础的社会关系问题，是一个有机的整体。

二、社会主义本质理论的重要意义

邓小平关于社会主义本质的概括，是探索建设中国特色社会主义的最重大的理论成果之一，具有十分重大的理论意义与实践意义。

第一，社会主义本质理论把对社会主义的认识提高到一个新的科学水平。"解放生产力，发展生产力"，纠正了过去忽视生产力发展的错误观念，明确了社会主义基本制度建立后还必须通过改革进一步解放生产力，必须特别注意发展生产力。"消灭剥削，消除两极分化"，是社会主义生产关系性质的体现，是实行公有制和按劳分配的必然结果。社会主义要最终达到共同富裕，是社会主义优越性的体现。社会主义本质论，既包括了社会主义社会的生产力问题，又包括了生产关系问题，同时包括了社会主义要最终达到的目标，体现了生产力与生产关系的统一，社会主义发展过程和最终目标的统一。

第二，对中国特色社会主义具有重要的指导意义。社会主义本质理论体现了人民利益和时代要求，纠正和澄清了长期以来人们对社会主义的种种错误认识和模糊观念，深化了对科学社会主义的认识，把搞清楚什么是社会主义与搞清楚怎样建设社会主义紧密地结合起来，提示了实现社会主义本质与建设社会主义道路之间的内在逻辑关系，为我们从更高层次上认识社会主义，为开辟一条发展更好、人民享受成果更多、能够充分体现出比资本主义更优越的中国特色社会主义道路，奠定了重要的理论基础。

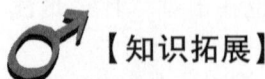

"文化大革命"刚结束时，中国千疮百孔，整个国民经济几乎到了崩溃的边缘。严峻的现实使邓小平对"文革"这样的社会主义、对社会主义的这种"优越性"打出了沉重的问号。1977年12月26日邓小平在会见外宾时说："怎样才能体现列宁讲的社会主义的优越性，什么叫优越性？不劳动、不读书叫优越性吗？人民生活水平不是改善而是后退叫优越性吗？如果这叫社会主义优越性，这样的社会主义我们也可以不要。"1978年3月10日在国务院第一次全体会议上他又说："什么叫社会主义？它比资本主义好在哪里？每个人平均六百几十斤粮食，好多人饭都不够吃，28年只搞了2300万吨钢，能叫社会主义优越性吗？"1978年9月，在东北三省视察期间，他说："我们太穷了，太落后了，老实说对不起人民。""社会主义要表现出它的优越性，哪能像现在这样，搞了20多年还这么穷，那要社会主义干什么？"这一连串的"问号"，实际上也是发出了重新探索"什么是社会主义、怎样建设社

---

① 邓小平：《邓小平文选》第3卷，人民出版社1993年版，第373页。

会主义"的强有力的信号。

"文革"结束后，人们急切地想了解外部世界的面貌。从1978年起，国家领导人多次出访发达国家。国务院副总理谷牧率团赴西欧访问，欧洲经济的自动化、现代化、高效率，给考察团成员留下了深刻印象。德国一个年产5000万吨褐煤的露天煤矿只用2000个工人，而中国生产相同数量的煤需要16万工人，相差80倍。法国戴高乐机场一分钟起落一架飞机，一小时起落60架；而北京首都国际机场半小时起落一架，还搞得手忙脚乱。代表团成员之一、时任中共广东省副省长的王全国后来说："那一个多月的考察，让我们大开眼界，思想豁然开朗，所见所闻震撼每一个人的心，可以说我们很受刺激！闭关自守，总以为自己是世界强国，动不动就支援第三世界，总认为资本主义腐朽没落，可走出国门一看，完全不是那么回事。"时任国务院副总理的王震访问英国，他听说约占全英国人口70%的普通老百姓，都拥有在中国人看来相当阔绰的私人住宅和家用轿车，每年度假可以出国旅游，感到非常惊讶。他想失业工人大概是一贫如洗吧，带着"访贫问苦"的明确意向来到一个失业工人的家。一看，真有点"眩晕"——这个失业工人住着一栋100多平方米的两层楼房，有餐厅、客厅，有沙发、电视机，装饰柜子里有珍藏的银器，房后还有一个约50平方米的小花园。由于失业，他可以不纳税，享受免费医疗，子女免费接受义务教育。王震看后感慨良久。没想到处于"水深火热"之中的工人，生活水平比中国的副总理都要高。他了解到，英国的清洁工每周收入约100英镑，开电梯的工人每周收入150英镑。据专家计算，1978年中英两国人均国民收入的比例是1∶42.3。我们的东邻日本，东京的大型商店商品多达50万种，而北京的王府井百货大楼仅有2.2万种，相比之下，我们"实在觉得很寒碜"。大家无不痛心疾首于这样的现实：中国太落后了，这些年耽误的时间太长了！必须坚决改革。

（曹普：《邓小平沉重"问号"启动改革》，《学习时报》，2008年9月29日，10月6日，有删改）

第二节　社会主义的根本任务

一、解放和发展社会生产力

社会主义本质理论揭示了社会主义的根本任务是解放和发展生产力。

第一，发展生产力是马克思主义的一项基本原则。科学社会主义之所以是科学的，就因为它所奋斗的一切归根到底都是为了解放和发展生产力；科学社会主义区别于空想社会主义的最大特征，就在于它把社会主义的产生和发展牢牢地建立在生产力发展要求的基础上，而不是求助于永恒的正义、基于自然的平等和天赋人权之类抽象的理性。

第二，发展生产力是社会主义的内在要求。高度发达的生产力和比资本主义更高的劳动生产率，是社会主义发展的必然要求和最终结果。只有不断地发展生产力才能实现这个必然要求和最终结果，才能逐步提高人民的物质和文化生活水平，最终达到共同富裕的目标。虽然任何一种社会制度的存在和发展都需要发展生产力，但是，不同的社会制度又决定其发展生产力各有自己的特殊的规定性。解放生产力和发展生产力作为社会主义的本质范畴，其实现方式和目的都不同于资本主义制度。社会主义是在公有制为主体的基础上来解放生产力和发展生产力的，其目的是为了满足人民日益增长的物质文化生活需要，消灭剥削，消除两极分化，最终达到共同富裕。

第三,发展生产力是解决社会主义初级阶段主要矛盾的要求。在整个社会主义初级阶段,贯穿着的一个主要矛盾就是人民日益增长的物质文化需要同落后的社会生产之间的矛盾。其中落后的社会生产是矛盾的主要方面。社会生产落后,经济上不去,国家的综合国力薄弱,人民日益增长的物质文化需要就难以得到满足。解决这一矛盾的有效途径,除了依靠人民发扬艰苦奋斗、勤俭建国精神,倡导合理的消费以外,关键在于社会生产力的迅速发展。为此,邓小平明确指出:"我们的生产力发展水平很低,远远不能满足人民和国家的需要,这就是我们目前时期的主要矛盾,解决这个主要矛盾就是我们的中心任务。"① 这需要我们把集中发展生产力摆在各项工作的首位,并在此基础上,消灭剥削,消除两极分化,实现共同富裕。否则,离开了生产力的发展,共同富裕就只会变成普遍贫穷。因此,只有发展生产力,把经济尽快搞上去,创造出更高的劳动生产率,才是解决现阶段主要矛盾的关键,才能达到共同富裕,巩固和发展社会主义制度。

第四,发展生产力是社会主义制度优越性的体现。社会主义在同资本主义的较量中,能否不断地巩固和发展自己,关键是能否体现其优越性。社会主义相对于资本主义具有的优越性,集中体现在两个方面:一是它能使社会生产以资本主义所没有的速度持续发展,即社会主义的生产力比资本主义发展得更快更好;二是它能够兼顾效率和公平,在生产力发展的基础上,改善人民生活,实现共同富裕。邓小平明确指出,我们不要资本主义,但是,我们也不要贫穷的社会主义,我们要发达的、生产力发展的、使国家富强的社会主义。社会主义与资本主义相比较的优越性,表现在比资本主义有更好的条件发展社会生产力。

第五,只有大力发展生产力,才能为进入共产主义创造物质基础。我们的信念理想就是共产主义,我们的奋斗目标是为了实现共产主义。社会主义是共产主义的低级阶段,只有通过社会生产力高度地发展,社会物质财富极大地丰富,才能为实现"各尽所能,按需分配"的共产主义创造条件,奠定物质基础。正如邓小平指出的:"共产主义是一个没有人剥削人的制度,产品极大丰富,各尽所能,按需分配。按需分配,没有极大丰富的物质条件是不可能的。要实现共产主义,一定要完成社会主义阶段的任务。社会主义的任务很多,但根本一条就是发展生产力,在发展生产力的基础上体现出优于资本主义,为实现共产主义创造物质基础。"② 也就是说,在人类社会进入共产主义之前,必须经过一个为共产主义准备物质基础的阶段,这个阶段就是社会主义阶段,它的最根本的任务就是发展生产力。党的十五大报告明确指出:"社会主义的根本任务是发展生产力。在社会主义初级阶段,尤其要把集中力量发展社会生产力放在首要地位。"

二、大力发展科学技术

科学技术是知识形态的、潜在的生产力,它主要是渗透到生产力的各个要素中发挥作用,转化为现实的生产力。20世纪中后期,世界范围出现了新的科技革命,科学技术的发展日新月异,科学技术与经济、社会发展的关系越来越密切。科技成果转化为现实生产力的周期越来越短,所产生的经济效益和社会效益越来越大,现代经济增长越来越依靠科学技术的进步来推动,科学技术也因此而在生产力诸要素中发挥了第一位的作用。

科学技术是生产力发展的重要动力,是推动经济发展和社会发展的伟大杠杆,是人类社

---

① 邓小平:《邓小平文选》第2卷,人民出版社1994年版,第182页。
② 邓小平:《邓小平文选》第2卷,人民出版社1994年版,第128页。

会进步的重要标志,是推动现代生产力发展的最活跃的因素,已成为现代生产力发展中的先导和基础,成为推动国民经济增长的首要因素。1988年9月,邓小平强调"科学技术是第一生产力"的科学论断。江泽民在阐述"三个代表"的重要思想时,进一步从我们党代表中国先进生产力的发展要求的高度强调了运用和发展先进的科学技术的重要性和紧迫性。现代科学技术的发展对生产方式产生了深刻的影响,并使现代的生产力和产业结构出现了新的特征。要求我们要顺应科技发展潮流,瞄准世界科技发展前沿,积极推动科技发展与创新,促进科技成果向生产力的转化,善于运用高新技术来改造传统产业,探索我国生产力的跨越式发展的道路。根据科学技术在生产力以及整个社会发展中的重要作用,我们党和国家制定并实施了科教兴国的战略。科技进步是经济发展的决定性因素,科技进步对综合国力、社会经济结构和人民生活产生巨大影响。必须把科技进步放在经济发展的关键地位,使经济建设真正转到依靠科技进步和提高劳动者素质的轨道上来。这是大力发展生产力,保证国民经济持续、快速、健康发展,实现社会主义现代化宏伟目标的必由之路。

三、坚持科学发展

社会主义的任务很多,但是,最根本的一条是发展生产力。改革开放以来,邓小平一再强调发展社会生产力的重要性,1992年提出了"发展才是硬道理"的著名论断,从社会主义本质要求的高度强调发展生产力的重要性。把发展作为执政兴国的第一要务,是党的第三代中央领导集体对"发展才是硬道理"思想的丰富和发展。

以人为本是党的十六大以来党中央突出强调的一个重要思想和基本要求,党的十七大报告提出:科学发展观核心是以人为本。中国共产党第十八次全国代表大会把科学发展观列入党的指导思想。

1. 坚持科学发展必须坚持以人为本

以人为本的"人",是指最广大人民群众,包括社会各阶层在内的最广大人民群众。以人为本的"本",就是根本,就是出发点、落脚点,就是最广大人民的根本利益。坚持以人为本,就要坚持发展为了人民、发展依靠人民、发展成果由人民共享,不断推动人的全面发展。

2. 坚持科学发展必须坚持全面协调可持续

全面发展,就是要以经济建设为中心,全面推进经济、政治、文化、社会、生态建设,实现经济发展和社会全面进步。协调发展,就是推进生产力和生产关系、经济基础和上层建筑相协调,经济、政治、文化、社会、生态建设相协调,实现经济社会各构成要素的良性互动。可持续发展,就是要促进人与自然的和谐,实现经济发展和人口、资源、环境相协调,坚持走生产发展、生活富裕、生态良好的文明发展道路,保证一代接一代地永续发展。

3. 坚持科学发展必须坚持统筹兼顾

统筹兼顾就是统筹改革发展稳定、内政外交国防、治党治国治军各方面工作,统筹城乡发展、区域发展、经济社会发展、人与自然和谐发展、国内发展和对外开放,统筹中央和地方关系、个人利益和集体利益、局部利益和整体利益、当前利益和长远利益,充分调动各方面的积极性,努力形成全体人民各尽所能、各得其所而又和谐相处的局面。

【知识拓展】

中共中央、国务院8日上午在北京隆重举行国家科学技术奖励大会。党和国家领导人习近平、李克强、刘云山、张高丽出席大会并为获奖代表颁奖。李克强代表党中央、国务院在大会上讲话。张高丽主持大会。

上午10时，大会在雄壮的国歌声中开始。在热烈的掌声中，中共中央总书记、国家主席、中央军委主席习近平等党和国家领导人向获得2015年度国家自然科学奖、国家技术发明奖、国家科学技术进步奖和中华人民共和国国际科学技术合作奖的代表颁奖，并同他们热情握手表示祝贺。

中共中央政治局常委、国务院总理李克强在讲话中代表党中央、国务院，向全体获奖人员表示热烈祝贺，向全国广大科技工作者致以崇高敬意和诚挚问候，向参与和支持中国科技事业的外国专家表示衷心感谢。

李克强指出，过去一年是我国发展克服多重困难和挑战取得重大成就的一年，也是科技界喜报频传的一年。我国多名科学家在国际科技大奖中折桂，因对青蒿素研究成果有重大贡献，曾获国家重大科技成果奖、国家发明奖、全国十大科技成就奖等多个奖项的屠呦呦成为我国首位获得诺贝尔奖的科学家。中国科学家为人类科学事业做出了卓越贡献。创新驱动发展战略不断深化，大众创业、万众创新激发了全社会的创新潜能，中国科技创新成就令世界瞩目，全国人民倍感振奋和自豪。当前，全面建成小康社会进入决胜阶段，经济结构性改革处在关键时期，必须把创新摆在国家发展全局的核心位置，不断提高全要素生产率，用创新的翅膀使中国经济飞向新高度。

李克强强调，创新是引领发展的第一动力。要培育发展新动能，改造提升传统动能，塑造更多依靠创新驱动的引领型发展。在战略必争领域前瞻部署，加速基础研究和应用研究的衔接融合。实施一批重大科技项目，建设一批重大科技基础设施，打造一批"双创"示范基地。在传统产业广泛开展"互联网+"行动，让"老产业"焕发出"新活力"。要通过改革，完善科研管理、人才评价等机制，让科技人员把更多精力用在研究上，用活科技人才，释放创新潜能。要强化企业创新主体地位，促进产学研用贯通，使创新成果转化为现实生产力。

李克强指出，要汇聚众智众力，扩大创新供给。创新的深厚伟力在于民众之中。创新是供给侧结构性改革的重要内容，要破除束缚创新的桎梏，促进创新要素流动，打造大中小企业和高校、科研机构"五方协同"的众创平台，形成各类创新主体互促、民间草根与科技精英并肩、线上与线下互动的生动局面。各级政府要以敬民之心行简政之道，满腔热情地为创新提供支持和服务。培育尊重知识、崇尚创造、追求卓越的创新文化，让更多创新者梦想成真。要推进开放合作，打造创新高地。主动融入全球创新网络，吸引更多海外技术、人才和资本到中国创新创业，积极推动我国先进适用技术和产品走出去。要加快建设创新型国家步伐，为全面建成小康社会、实现中华民族伟大复兴的中国梦做出更大贡献。

中共中央政治局常委、国务院副总理张高丽在主持大会时说，科技是国家强盛之基，创新是民族进步之魂。希望广大科技工作者以获奖者为榜样，继续发扬求真务实、勇于创新的科学精神，把人生理想融入国家和民族的事业中，带动全社会深入实施创新驱动发展战略，发挥科技在全面创新中的引领作用，推动形成大众创业、万众创新的生动局面，努力创造出无愧于时代的业绩。我们要紧密团结在以习近平为核心的党中央周围，全面贯彻落实党的十八大和十八届三中、四中、五中全会精神,坚定不移走中国特色自主创新道路,为实现"两个一百年"奋斗目标、实现中华民族伟大复兴的中国梦做出新的更大贡献。

中共中央政治局委员、国务院副总理刘延东在会上宣读了《国务院关于2015年度国家科学技术奖励的决定》。

国家自然科学奖一等奖获奖项目"多光子纠缠及干涉度量"第一完成人、中国科学院院士、中国科技大学常务副校长潘建伟代表全体获奖人员发言。

奖励大会开始前,习近平等党和国家领导人会见了国家科学技术奖获奖代表,并同大家合影留念。

出席大会的领导同志还有:刘奇葆、许其亮、赵乐际、栗战书、杨晶、陈竺、万钢。

中央和国家机关及军队有关方面负责同志,国家科技教育领导小组成员,国家科学技术奖励委员会委员和首都科技界代表等共约3300人出席大会。

2015年度国家科学技术奖共授奖295项成果和7位外籍科技专家。国家自然科学奖42项,其中一等奖1项,二等奖41项;国家技术发明奖66项,其中一等奖1项、二等奖65项;国家科学技术进步奖187项,其中特等奖3项、一等奖17项、二等奖167项;授予7名外籍科技专家中华人民共和国国际科学技术合作奖。

(杨维汉、吴晶晶:《习近平出席国家科学技术奖励大会并为获奖代表颁奖》,中国共产党新闻网,2016年1月8日,http://cpc.people.com.cn/n1/2016/0108/c64094-28031315.html)

第三节 中国特色社会主义的发展战略

一、"三步走"发展战略

1987年4月,邓小平第一次提出了分"三步走"基本实现现代化的战略。同年10月,党的十三大把邓小平"三步走"的发展战略构想确定下来,明确提出:第一步,从1981—1990年,国民生产总值翻一番,解决人民的温饱问题;第二步,从1991年到20世纪末,国民生产总值再翻一番,人民生活达到小康水平;第三步,到21世纪中叶,人均国民生产总值达到中等发达国家水平,人民生活比较富裕,基本实现现代化。

1997年,我国在提前实现了"三步走"战略的第一步和第二步战略目标之后,党的十五大把"三步走"战略的第三部进一步具体化,提出了新"三步走"发展战略:第一,2010年前,实现GNP(国民生产总值)比2000年翻一番,人民的小康生活更加宽裕,形成比较完善的社会主义市场经济体制;第二,2020年即建党100周年时,国民经济更加发展,各项制度更加完善;第三,到21世纪中叶建国100周年时,基本实现现代化,建成富强、民主、文明的社会主义国家。这是党最初提出的"两个一百年"的奋斗目标。

"三步走"的发展战略,把我国社会主义现代化建设的目标具体化为切实可行的步骤,为基本实现现代化明确了发展方向,展现了美好的前景,成为全国人民为共同理想而努力奋斗的行动纲领。

习近平强调"中国梦"实际上为"国家富强"勾画了一个新的"三步走"战略,即第一步,到中国共产党成立100年的时候,实现国内生产总值和城乡居民人均收入两个翻番,全面建成小康社会；第二步，到新中国成立 100 周年的时候，建成富强、民主、文明、和谐的社会主义现代化国家；第三步，实现中华民族的伟大复兴，把中国建设为一个强盛的中国、文明的中国、和谐的中国、美丽的中国。

二、全面建成小康社会

"小康社会"是邓小平提出的一个概念，指的是我国社会主义现代化建设"三步走"战略中，第二步战略所要达到的社会发展状态。21 世纪头 20 年是一个大有作为的重要战略机遇期。党的十六大确立的全面建成小康社会的目标，是中国特色社会主义经济、政治、文化全面发展的目标，既包括经济发展、人民生活水平的指标，也包括政治、文化、社会发展等各方面的内容，体现出我国经济和社会全面协调发展，物质文明、政治文明和精神文明共同进步的本质特征。

党的十八大以来，习近平总书记就全面建成小康社会提出了许多新思想、新要求、新论断。以习近平为核心的党中央站在新的历史起点上，着眼于解决当前我国发展面临的重大理论和实践问题，准确把握国际国内发展大势，提出到 2020 年实现全面建成小康社会宏伟目标。为我们构建了全面建成小康社会的经济建设、政治建设、文化建设、社会建设和生态文明建设五个方面的目标体系，确立了中国特色社会主义总体布局的各项部署。

党的十八大确定全面建成小康社会的主要任务：一是经济持续健康发展。转变经济发展方式取得重大进展，在发展平衡性、协调性、可持续性明显增强的基础上，实现国内生产总值和城乡居民人均收入比 2010 年翻一番。二是人民民主不断扩大，依法治国基本方略全面落实。三是文化软实力显著增强，全民文明素质和社会文明程度明显提高。四是人民生活水平全面提高，基本公共服务均等化总体实现。五是资源节约型、环境友好型社会建设取得重大进展。

三、实现中华民族伟大复兴的中国梦

1. 中国梦的提出

2012 年 11 月 29 日，习近平总书记在参观《复兴之路》展览时首次深情阐述中国梦，他指出："实现中华民族的伟大复兴，就是中华民族近代以来最伟大的梦想。"2013 年 3 月 17 日，在第十二届全国人民代表大会第一次会议闭幕会上，习近平总书记再次系统论述了中国梦的丰富内涵。在其他场合，习近平总书记也多次提及和论述中国梦。习近平总书记关于中国梦的一系列重要讲话，通俗凝练、内涵丰富、视野宽广、思想深刻、意味深长，升华了我们党的执政理念，是当今中国的高昂旋律和精神旗帜。

无论是"雄关漫道真如铁"的过去，还是"人间正道是沧桑"的今天，抑或"长风破浪会有时"的明天，中华民族始终有着民族复兴的梦想。中国是世界上少有的历史文化从未间断、一直延续至今的国家。在漫长的历史进程中，中华民族曾经长时期走在世界前列，对人类文明发展做出了不可磨灭的重大贡献。然而近代以来，中华民族却屡遭屈辱、磨难。1840 年鸦片战争以后，西方侵略者多次发动对华侵略战争，把中国一步步推入半殖民地半封建社会的深渊。从此，实现中华民族伟大复兴，成为所有中国人的强烈愿望和共同期盼。中国梦是中华民族自强不息的不竭动力，牵引着中国砥砺前行的脚步。中国共产党领导的新民主主义的胜利、新中国的成立和社会主义制度的建立为中国梦的实现奠定了坚实的基础。

改革开放以来,党领导全国各族人民坚持和发展中国特色社会主义,取得了举世瞩目的成就,中华民族伟大复兴展现了前所未有的光明前景。我们比历史上任何时候更接近于中华民族伟大复兴的目标,比历史上任何时期都更有信心、有能力实现更为远大的目标。

2. 中国梦的内涵

习近平总书记指出:"实现中华民族伟大复兴的中国梦,就是要实现国家富强、民族振兴、人民幸福。"① 这话清晰地告诉我们,中国梦最核心的内涵是国家富强、民族振兴、人民幸福。

国家富强是指综合国力进一步增强,中国特色社会主义事业进一步发展和完善。新中国成立 60 多年来特别是改革开放 30 多年来,中国共产党领导中国人民成功开辟出中国特色社会主义道路,中国发展取得了历史性进步,2010 年经济总量首次跃升到世界第二位,综合国力显著增强。与此同时,我们还必须清醒地看到,在我国发展仍处于可以大有作为的重要战略机遇期,前进道路上的困难和问题仍然不少,人口多、底子薄、发展很不平衡的状况并未根本改变。中国梦就是要实现中华民族的伟大复兴,把中国建设成一个强盛的中国、文明的中国、和谐的中国、美丽的中国。

民族振兴就是通过自身的不断发展和强大,使中华民族再次处于世界领先地位。在 5000 多年的文明发展历程中,中华文明曾经长期处于世界领先地位,创造了博大精深的中华文化,为人类文明进步做出了不可磨灭的贡献,成为推动世界历史发展的巨大力量。然而,近代以来,我们的民族从此历经磨难,中华民族一度到了最危险的时候。后来,在中国共产党的团结带领下,中华民族以巨大的牺牲和代价,找到了民族复兴的正确道路。新中国成立后,我们党开始了在社会主义道路上实现中华民族伟大复兴的历史征程。党的十一届三中全会以来,我们党开创和发展了中国特色社会主义,从根本上改变了中国人民和中华民族的前途命运。实现中国梦,关键是民族振兴。民族振兴是国家富强的根本标志,是人民幸福的重要保障。

人民幸福就是人民民主权利保障更加充分,人人得享共同发展,幸福生活。让每个人都享有人生出彩的机会,享有梦想成真的机会,享有同祖国和时代一起成长与进步的机会,真正实现每个人自由而全面的发展。在漫长的文明传承和历史发展进程中,中国人民依靠自己的勤劳、勇敢和智慧,建设美好家园,培育优秀文化,为人类社会做出过巨大贡献。习近平同志指出,"人民对美好生活的向往,就是我们的奋斗目标"。实现中国梦,目的是人民幸福。中国梦是国家的梦、民族的梦,也是每个中国人的梦。

国家富强、民族振兴、人民幸福是一个结构严谨、内涵丰富、互相影响的有机整体,它们相互作用、相互补充、彼此贯通,是辩证统一的关系。国家富强、民族振兴是人民幸福的基础和保障,中国近代以来的欺辱历史已经证明,民族不独立、国家不富强,人民的生存根本得不到保证,更谈不上幸福。历史告诉人们,每个人的前途命运与国家和民族的前途命运紧密相连。国家好,民族好,大家才会好。人民幸福是国家富强、民族振兴的题中之意和必然要求,"民为邦本,本固邦宁"。国家的强盛、民族的兴旺,都要以人民的权利得到保障、利益得到实现、幸福得到满足为条件和目的。

中国梦要实现国家富强、民族复兴、人民幸福,同时是和平、发展、合作、共赢的梦,与世界各国人民的美好梦想相通。

---

① 中共中央文献研究室编:《习近平关于实现中华民族伟大复兴的中国梦论述摘编》,中央文献出版社 2013 年版,第 5 页。

3. 实现中国梦的路径

坚持中国道路、弘扬中国精神、凝聚中国力量是实现中国梦的实践路径，是指引全党和全国各族人民凝心聚力、共同实现中国梦的指南。

实现中国梦，必须走中国道路。中国道路就是中国特色社会主义道路，是具有实践特色、理论特色、民族特色、时代特色的社会主义道路。道路选择关系党和国家事业兴衰成败，是实现中国梦的首要问题。正因为如此，习近平总书记指出："实现中国梦必须走中国道路。这就是中国特色社会主义道路。这条道路来之不易，它是在改革开放30多年的伟大实践中走出来的，是在中华人民共和国成立60多年的持续探索中走出来的，是在对近代以来170多年中华民族发展历程的深刻总结中走出来的，是在对中华民族5000多年悠久文明的传承中走出来的，具有深厚的历史渊源和广泛的现实基础。"这条路是我们自己的路，是属于我们自己的道路，也是为了我们自己的道路。我们要保持清醒的头脑，增强忧患意识，坚定对中国特色社会主义的理论自信、道路自信、制度自信，进一步深化改革开放，既不走封闭僵化的老路，也不走改旗易帜的邪路，不动摇、不懈怠、不折腾。

实现中国梦，必须弘扬中国精神。中国精神就是以爱国主义为核心的民族精神，以改革创新为核心的时代精神。这种民族精神和时代精神的有机结合，构成了凝聚中华民族团结一心、促进中华民族发展壮大的强大精神力量。在5000多年的发展中，中华民族形成了以爱国主义为核心的团结统一、爱好和平、勤劳勇敢、自强不息的伟大民族精神。新中国成立60多年，尤其是改革开放30多年来，中国共产党人和中国人民以一往无前的进取精神和波澜壮阔的创新实践，为中国精神注入了新的时代元素，这就是以改革创新为核心的解放思想、开拓进取、攻坚克难、与时俱进的时代精神。改革创新是时代精神的核心。只有改革开放才能发展中国、发展社会主义、发展马克思主义。创新是一个民族进步的灵魂，是一个国家兴旺发达的不竭动力，也是一个政党永葆生机的源泉。中国梦是百年梦，更是时代梦。时代精神为中国梦的实现提供了不竭的精神动力。

实现中国梦，必须凝聚中国力量。中国力量就是中国各族人民大团结的力量，是实现中国梦的不竭动力、力量源泉和根基血脉。力量是一个国家生存发展的基础，是一个民族屹立于世界之林的根本，而凝聚力量首要的是各族人民的大团结。中华民族的兴衰史、复兴史告诉我们，当人民群众处于一盘散沙的状态时，是没有力量的，只能任人宰割、任人奴役。人民只有组织起来、团结起来才有力量，才能在争取自身利益的斗争中取得胜利。中国共产党自成立之日起，在毅然肩负起民族复兴的重任同时，凝聚全国各族的力量，调动一切积极因素。虽然几经曲折和苦难，但最终领导人民赢得了新民主主义革命的胜利，实现了民族独立和人民解放，开启了中华民族伟大复兴的征程。全国各族人民一定要牢记使命，心往一处想，劲往一处使，用13亿人的智慧和力量汇集起不可战胜的磅礴力量。

"空谈误国，实干兴邦"，这是千百年来人们从历史经验教训中总结出来的治国理政的一个重要结论。

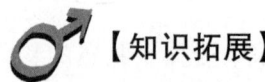【知识拓展】

要按期兑现全面建成小康社会宏伟目标的庄严承诺，必须增强忧患意识和机遇意识，抓住和用好重要战略机遇期，把全面建成小康社会的宏伟目标变为现实，不断增强广大人民群众对党的信任度和依存度。

坚定不移地走科学发展之路。在当代中国，坚持发展是硬道理的本质要求就是坚持科学发展。以科学发展为主题，以加快转变经济发展方式为主线，是关系我国发展全局的战略抉择。我们已经实现了由贫困到温饱又到总体小康的历史性飞跃，但与人民过上更好生活的新期待相比还有很大差距，为此，必须深入贯彻落实科学发展观，更加注重推动科学发展，全面推进经济建设、政治建设、文化建设、社会建设、生态文明建设；统筹城乡协调发展、区域协调发展、经济社会协调发展、人与自然协调发展，统筹国内发展和对外开放；加快形成新的经济发展方式，把深化经济体制改革作为关键，把推进经济结构战略性调整作为主攻方向，把推动发展的立足点转到提高质量和效益上来。

坚定不移地走和平发展之路。坚持和平发展，是历史为中国提供的机遇。中国的发展是世界发展的重要组成部分，开放的世界为中国提供了发展空间，中国的发展离不开世界，世界的繁荣稳定也离不开中国。坚持走和平发展道路，既通过维护世界和平来发展自己，又以自身的发展促进世界和平。

坚定不移地走创新发展之路。坚持走中国特色自主创新道路，以全球视野谋划和推动创新，提高原始创新、集成创新和引进消化吸收再创新能力。把增强自主创新能力作为调整产业结构、转变发展方式的中心环节，把增强自主创新能力作为国家战略，贯穿到现代化建设各个方面，让知识创新、技术创新、制度创新、管理创新成为推动经济社会发展的引领力量，成为有效利用全球资源的核心要素和主要动力。

坚定不移地走务实发展之路。全面建成小康社会是摆在全党面前的一项复杂而艰巨的任务，能否牢牢抓住重要战略机遇期，沉着应对各种挑战，按期兑现中国共产党人的承诺，既取决于我们的战略部署是否科学，思想认识是否统一，更取决于我们工作的指导思想是否端正，工作作风是否务实。各级党员干部务必以更加务实的作风脚踏实地地工作，正确处理好己任和前任的关系、当前和长远的关系、局部和整体的关系、发展和稳定的关系，不断增强各族人民的向心力和凝聚力，把人民群众关切的事办好，把可持续发展的基础打牢，在中国特色社会主义道路上乘胜前进，稳步前进，努力在建党100年之际向全国各族人民交上一份满意的答卷。

（赵明仁、陈映：《学习十八大报告关于全面建成小康社会重要论述》，《四川日报》2012年11月19日，有删改）

【思考与练习】

1. 怎样准确把握邓小平关于社会主义本质的科学论断？
2. 为什么解放和发展生产力是社会主义的根本任务？
3. 如何理解分"三步走"基本实现社会主义现代化的发展战略？
4. 党的十八大对全面建成小康社会提出了哪些新要求？
5. 如何理解实现中华民族伟大复兴的中国梦？

【参考文献】

[1] 邓小平. 科学技术是第一生产力［M］//邓小平文选：第3卷. 北京：人民出版社，1993.

［2］邓小平. 社会主义首先要发展生产力［M］∥邓小平文选：第2卷. 北京：人民出版社，1994.

［3］江泽民. 高举邓小平理论伟大旗帜，把建设有中国特色社会主义事业全面推向二十一世纪［M］∥江泽民文选：第2卷. 北京：人民出版社，2006.

［4］胡锦涛. 坚定不移沿着中国特色社会主义道路前进　为全面建成小康社会而奋斗：在中国共产党第十八次全国代表大会上的报告［M］. 北京：人民出版社，2012.

［5］习近平. 承前启后　继往开来　继续朝着中华民族伟大复兴目标奋勇前进［N］. 人民日报，2012－11－30（1）.

［6］毛泽东. 毛泽东文集：第8卷［M］. 北京：人民出版社，1994.

［7］中共中央文献研究室. 十八大以来重要文献选编：上［M］. 北京：中央文献出版社，2014.

［8］中共中央文献研究室. 习近平关于实现中华民族伟大复兴的中国梦论述摘编［M］. 北京：中央文献出版社，2013.

［9］中共中央宣传部. 习近平总书记系列重要讲话读本：2016年版［M］. 北京：学习出版社、人民出版社，2016.

第七章 社会主义改革开放理论

【教学目标】

通过本章的教学,帮助学生深刻理解和把握社会主义改革理论的基本观点,了解当今中国社会主义改革实践的基本特点和要求;深刻理解和把握我国对外开放理论的基本观点,了解当今中国对外开放实践的内容、特点和要求。

在当前世界经济大环境下,各国经济都面临着困难,中国经济也面临着一定下行压力,但这是前进中的问题。我想特别强调,无论发生什么情况,中国都将坚定不移全面深化改革,不断扩大开放。我们将统筹稳增长、促改革、调结构、惠民生、防风险,加强和创新宏观调控,促进经济平稳较快发展。

——习近平接受《华尔街日报》采访,2015 年 9 月 22 日

第一节 改革开放是发展中国特色社会主义的必由之路

一、决定当代中国命运的关键抉择

改革是邓小平理论的重要成部分,也是我国进入社会主义现代化建设新的时期最鲜明的特征。邓小平全面阐明了社会主义的改革理论,并创造性地提出了社会主义也要通过改革来解放和发展生产力,认为改革是社会主义现代化的必由之路,提出了改革是中国的第二次革命、改革是社会主义制度的自我完善等重要观点。

第一,改革是社会主义发展的动力,改革是为了解放生产力,发展生产力。邓小平提出:"我们所有的改革都是为了一个目的,就是扫除发展社会生产力的障碍。"① 通过改革社会主义制度下与生产力不相适应的生产关系和上层建筑来解放生产力,发展生产力。任何一个社会都是在生产力和生产关系、经济基础和上层建筑和矛盾运动中不断发展的。在阶级社会里,通过阶级斗争,通过革命来解放生产力,推动社会发展。问题是在剥削阶级作为阶级消灭后的社会主义社会,社会发展的动力是什么?斯大林曾提出"道义上和政治的一致"是社会主义社会发展的动力,一度全面否定社会主义社会还存在生产力与生产关系、经济基础与上层建筑的矛盾。毛泽东提出了社会主义社会的基本矛盾仍然是生产关系和生产力、上层建筑和经济基础之间的矛盾的著名论点,为正确认识社会主义社会的发展动力做出了重要贡献。但是,他认为社会主义改造完成后,生产力的"解放"已完成,今后主要是发展生产力。后来,他错误地把阶级斗争作为社会主义社会发展的动力。邓小平肯定了毛泽东关于社

---

① 邓小平:《邓小平文选》第 3 卷,人民出版社 1993 年版,第 134 页。

会主义社会基本矛盾的观点，并进一步确认必须通过改革与生产力发展不相适应的生产关系、上层建筑来解放生产力的问题。他说，要大力发展生产力，"就必然要多方面地改变生产关系，改变上层建筑"。他认为，当前社会主义基本矛盾的表现形式，就是发展生产力与落后的经济体制以及政治、科技、教育等体制的矛盾。只有通过改革，建立起充满生机和活力的社会主义经济体制以及其他各种体制，才能促进生产力的发展。所以，改革也是解放生产力。他补充说："过去，只讲在社会主义条件下发展生产力，没有讲还要通过改革解放生产力，不完全。应该把解放生产力和发展生产力两个讲全了。"① 邓小平依据社会主义建设的实践，提出了改革也是解放生产力，改革也是社会主义社会发展动力的新的科学论断。

第二，改革是中国社会主义现代化的必由之路。在实行改革的过程中，人们总是受到教条主义、经验主义、"左"的习惯势力和主观偏见的束缚，陷入"姓社"还是"姓资"的抽象争论和纠缠，放不开手脚。邓小平一再指出要得到发展，必须坚持改革开放，坚持改革开放是决定中国命运的重要一招，如果现在再不实行改革，我们的现代化事业和社会主义事业就会被葬送。新中国成立初期，我国主要根据苏联模式，建立了一套高度集中统一的经济、政治等体制。这套体制虽然也起了一定的历史作用，但是它存在着种种弊端并日益显露出来，严重地束缚了生产的发展，妨碍了人民生活水平的提高，压抑了地方、企业和人民群众的积极性、主动性，使本来应该生机盎然的社会主义建设在很大程度上失去了活力。所以，要从根本上改变束缚生产力发展的僵化体制，建立起充满生机和活力的社会主义新体制，以促进生产力的发展。正由于改革是为了改变束缚生产力发展的一切障碍，所以，"改革是全面的改革，包括经济体制改革、政治体制改革和相应的其他各个领域的改革"。② 邓小平特别强调，在当今中国，不坚持社会主义道路，不坚持改革求发展，就只有死路一条。

第三，改革是中国的第二次革命。中国共产党领导的新民主主义革命，是中国历史发展的必然，是中国社会主义现代化的前提。但并不是说，这样的革命在任何历史条件下都是社会发展的动力，都是解决社会矛盾的主要办法。一些人习惯于把革命和改革对立起来理解，要么以革命来否定改革，要么以改革否定革命，甚至以此把毛泽东思想和邓小平理论对立起来。邓小平指出"改革是中国的第二次革命"，把在不同历史时期适应中国社会发展需要的革命和改革统一起来，纠正许多理论的误区。他充分肯定了新民主主义革命的伟大历史功绩，并把它称为"第一次革命"，这次革命，把一个半殖民地半封建的旧中国变成了一个社会主义的新中国。而现在中国共产党领导的改革，是中国共产党领导的第二次革命，它将把一个经济文化比较落后的社会主义中国变成一个富强民主文明和谐的现代化的社会主义中国。

二、社会主义制度的自我完善和发展

恩格斯指出："所谓社会主义社会，也不是一种一成不变的东西，而应当和任何其他社会制度一样，把它看成是经常变化和改革的社会。"③ 社会主义社会也有一个从不成熟到成熟、不完善到完善的发展过程，这一过程是在社会主义基本矛盾运动中逐步完成的。社会主义社会的基本矛盾是非对抗性的矛盾，它可以经过社会主义制度本身自觉地完善来不断解

---

① 邓小平：《邓小平文选》第 3 卷，人民出版社 1993 年版，第 370 页。
② 邓小平：《邓小平文选》第 3 卷，人民出版社 1993 年版，第 237 页。
③ 中共中央马克思恩格斯列宁斯大林著作编译局编译：《马克思恩格斯全集》第 37 卷，人民出版社 1971 年版，第 443。

决,即通过改革生产关系和上层建筑中不适应生产力发展的环节来促进生产力的发展,从而推动社会主义社会不断完善和发展。所以,从这个意义上说,改革是社会主义制度的自我完善和发展。

改革也是以实践为基础不断探索的过程。邓小平还指出,改革是一件很重要的必须做的事,也是带有风险的事。我们在确定做这件事的时候,就意识到会有风险。只要符合"三个有利于"要求,看准了的,就大胆地试,大胆地闯,没有这样的精神,就走不出一条好路、新路,就干不出新的事业。我们的方针是,胆子要大,步子要稳,走一步,看一步。要坚持同人民群众一起商量,及时总结经验,一步一步地争取改革的成功。

【知识拓展】

中共中央总书记、中共中央军委主席习近平近日在广东考察工作,他强调,党的十八大向全党全国发出了深化改革开放新的宣言书、新的动员令,全党全国各族人民要坚定不移走改革开放的强国之路,更加注重改革的系统性、整体性、协同性,做到改革不停顿、开放不止步,为全面建成小康社会、加快推进社会主义现代化而团结奋斗。

7日至11日,习近平在中共广东省委书记汪洋和省长朱小丹的陪同下,来到深圳、珠海、佛山、广州,深入农村、企业、社区、部队和科研院所进行调研。习近平表示,这次调研之所以到广东来,就是要到在我国改革开放中得风气之先的地方,现场回顾我国改革开放的历史进程,将改革开放继续推向前进。

8日上午9时许,莲花山公园,游客络绎不绝,习近平来到这里,向伫立在山顶的邓小平铜像敬献花篮。俯瞰深圳市的繁荣景象,习近平感慨地说,我们来瞻仰邓小平铜像,就是要表明我们将坚定不移推进改革开放,奋力推进改革开放和现代化建设取得新进展、实现新突破、迈上新台阶。离开前,习近平挥锹铲土,种下一棵高山榕树。

一路上,习近平反复强调,改革开放是我们党的历史上一次伟大觉醒,正是这个伟大觉醒孕育了新时期从理论到实践的伟大创造。实践证明,改革开放是当代中国发展进步的活力之源,是我们党和人民大踏步赶上时代前进步伐的重要法宝,是坚持和发展中国特色社会主义的必由之路。

习近平指出,现在我国改革已经进入攻坚期和深水区,我们必须以更大的政治勇气和智慧,不失时机深化重要领域改革。深化改革开放,要坚定信心、凝聚共识、统筹谋划、协同推进。改革开放是决定当代中国命运的关键一招,也是决定实现"两个一百年"奋斗目标、实现中华民族伟大复兴的关键一招。实践发展永无止境,解放思想永无止境,改革开放也永无止境,停顿和倒退没有出路。我们要坚持改革开放正确方向,敢于啃硬骨头,敢于涉险滩,既勇于冲破思想观念的障碍,又勇于突破利益固化的藩篱。我们要尊重人民首创精神,在深入调查研究的基础上提出全面深化改革的顶层设计和总体规划,尊重实践、尊重创造,鼓励大胆探索、勇于开拓,聚合各项相关改革协调推进的正能量。

几天来,习近平还先后到深圳市罗湖区渔民村、深圳光启高等理工研究院、腾讯计算机系统有限公司、中航通用飞机有限责任公司珠海基地、广东工业设计城、顺德区黄龙村和广州东濠涌,了解经济结构调整和生态文明建设情况,看望困难群众。他希望广东继续在改革开放中发挥窗口作用、试验作用、排头兵作用,为经济社会发展增添新动力。习近平还考察了深圳前海深港现代服务业合作区、珠海横琴新区,勉励深圳、珠海深化粤港澳合作,努力相互促进、互利共赢。

考察结束时，习近平听取了中共广东省委和省政府的工作汇报。他强调，全面建成小康社会要靠实干，基本实现现代化要靠实干，实现中华民族伟大复兴要靠实干。各级领导干部要牢记"空谈误国，实干兴邦"的道理，坚定理想信念，保持奋发有为的精神状态，提高推动科学发展能力，切实改进作风，脚踏实地创造新的更大的业绩。

王沪宁、栗战书和中央有关部门负责同志陪同考察。

（摘录自：《习近平在广东考察时强调 增强改革的系统性整体性协同性 做到改革不停顿开放不止步》，人民网，2012年12月11日，http://theory.people.com.cn/n/2012/1211/c49152-19864678.html，有删改）

第二节 全面深化改革

一、全面深化改革的总目标

全面深化改革的必要性。党的十八届三中全会通过了《中共中央关于全面深化改革若干重大问题的决定》，全面总结了改革开放30多年来的伟大历程，明确指出"改革开放是党在新的时代条件下带领全国各族人民进行的新的伟大革命，是当代中国最鲜明的特色"，强调"面对新形势新任务，全面建成小康社会，进而建成富强民主文明和谐的社会主义现代化国家、实现中华民族伟大复兴的中国梦，必须在新的历史起点上全面深化改革，不断增强中国特色社会主义道路自信、理论自信、制度自信"。① 这些重大论述深刻揭示了全面深化改革的重大意义。其重大意义主要有三点：

第一，改革开放是大势所趋、人心所向，停顿和倒退没有出路。回顾30多年改革开放历程，我们深深体会到，没有改革开放，我们就不可能有今天这样的大好局面；没有改革开放，我国不知还要在封闭半封闭和停滞不前的状态下徘徊多久。深深体会到，改革开放是当代中国最鲜明的时代特色，是我们党最鲜明的时代旗帜，是中国人民最为自信和自豪的伟大创举。在新的历史起点上，时代要求进一步深化改革，经济社会发展呼唤进一步深化改革，人民群众期待进一步深化改革，改革的步伐决不能停顿，更不能倒退。中国共产党充分认识并自觉顺应人民愿望和时代要求，反复强调必须以更大决心冲破思想观念的束缚、突破利益固化的藩篱，坚定不移把改革推向前进。这必将开启我国新一轮改革浪潮，开辟中国特色社会主义事业更加广阔的前景。

第二，全面建成小康社会，进而建成富强民主文明和谐的社会主义现代化国家、实现中华民族伟大复兴的中国梦，迫切要求全面深化改革。全面建成小康社会，意味着在未来7～8年的时间里，我国经济社会发展必须在原有基础上实现新的全面提升，使经济更加发展、民主更加健全、科教更加进步、文化更加繁荣、社会更加和谐、人民生活更加殷实。实现全面提升，涉及生产关系和上层建筑的调整，涉及经济结构调整和发展方式转变，涉及收入分配制度和社会保障体系的创新，涉及城乡区域发展格局的完善，涉及人与自然和谐发展现代化建设新格局的构建，涉及党的建设制度的改革，这些必须依靠全面深化改革才能完成。

第三，解决当前我国发展面临的一系列重大问题，继续保持经济社会持续健康发展势

---

① 人民出版社编：《中共中央关于全面深化改革若干重大问题的决定》，人民出版社2013年版。

头,迫切要求全面深化改革。当前,我国发展面临一系列突出矛盾和问题,如发展中不平衡、不协调、不可持续问题,科技创新能力不强问题,产业结构不合理问题,资源环境约束加剧问题,城乡区域发展差距和居民收入分配差距依然较大问题,社会矛盾多发易发问题,一些领域道德失范、诚信缺失问题,等等。我们必须以更大的政治勇气和智慧,不失时机深化重要领域改革,冲破思想观念的束缚,攻克体制机制上的顽瘴痼疾,突破利益固化的藩篱,进一步解放思想、解放和发展社会生产力、解放和增强社会活力,为坚持和发展中国特色社会主义,为实现中华民族伟大复兴的中国梦,提供强大动力和旺盛活力。

全面深化改革的总目标。党的十八届三中全会通过了《中共中央关于全面深化改革若干重大问题的决定》,对全面深化改革做出了战略部署,总目标是完善和发展中国特色社会主义制度,推进国家治理体系和治理能力现代化。

二、坚持改革的正确方向

方向问题至关重要。坚持什么样的改革方向,决定着改革的性质和最终成败。中国30多年改革之所以能够顺利推进并取得历史性成就,根本原因在于始终坚持了正确的改革方向和改革立场,既不走封闭僵化的老路,也不走改旗易帜的邪路。习近平多次强调,中国是一个大国,不能出现颠覆性错误。所谓的颠覆性错误,就是指根本性、方向性错误。全面深化改革,必须坚持正确的方向。

如何在全面深化改革中坚持正确的方向?第一,坚持改革的正确方向,最核心的是在改革中坚持和完善党的领导,坚持和发展中国特色社会主义。第二,全面深化改革要不为任何风险所惧,不为任何干扰所惑,不为各种错误观点所左右,不生搬硬套西方思想理论和制度模式,一切从实际出发,始终坚持党的基本理论、基本路线、基本纲领、基本经验、基本要求不动摇,坚定不移走中国特色社会主义道路。坚持社会主义市场经济改革方向。第三,坚持社会主义市场经济的改革方向,不仅是经济体制改革的目标,其他各方面改革也要与之相适应、相衔接。必须把坚持社会主义市场经济改革方向贯穿到政治体制、文化体制、社会体制、生态文明体制以及各方面体制机制改革之中,推动各方面改革围绕这一目标来展开、来推进,努力形成有利于社会主义市场经济发展的制度体系和体制机制。

三、正确处理全面深化改革的重大关系

把握全面深化改革的内在规律,特别是要把握全面深化改革的重大关系,处理好解放思想和实事求是的关系、整体推进和重点突破的关系、顶层设计和摸着石头过河的关系、胆子要大和步子要稳的关系、改革发展稳定的关系。

正确处理改革、发展、稳定的关系。改革、发展、稳定的统一是我国社会主义现代化建设的三个重要支点。邓小平基于对我国社会主义发展实践中经验教训的总结,反复强调必须通过改革促进发展,改革和发展必须有稳定的政治和社会环境。江泽民则把三者比喻为现代化建设棋盘上的三者紧密关联的战略性棋子,说每一着棋都下好了,相互促进,就会全局皆活;如果有一招下不好,其他两者也会陷入困境,就可能全局受挫。经过30多年的改革开放之后,改革进入攻坚期和深水区,深化改革要攻坚涉险,涉及的利益关系越来越复杂,碰到的阻力也越来越大;发展面临的国际国内环境更复杂,统筹兼顾各方面利益难度加大;随着社会生活的深刻变革,各种矛盾相互交织,维护社会稳定任务异常繁重。改革、发展、稳

定三者之间相互交融相互作用的态势更加明显，稍有不慎，就会影响中国特色社会主义建设大局，因此，必须正确处理好三者之间的关系。改革是动力。不是为了改革而改革，是为了解决实际问题，过去是这样，现在、将来仍然是这样。尤其是破解现有难题，实现未来目标，我们要坚持改革，深化改革。发展是目的。中国解决所有问题的关键只能是发展，而且是自身的发展。稳定是前提。改革必然会带来一定社会动荡，影响改革的成功，所以任何一个国家改革必须在稳定的前提下进行，没有稳定的环境，什么都搞不成，还会前功尽弃，已经取得的成果也会失掉。邓小平反复强调稳定是中国实现社会主义现代化发展战略的必要前提，是中国的最高利益，压倒一切的是稳定。实践表明，改革、发展、稳定三者关系处理得当，就能总揽全局，保证经济社会的顺利发展；处理不当，则一着不慎满盘皆输、前功尽弃。

在经济体制改革中，核心问题是处理好政府与市场的关系。这是多年改革开放的重要经验，市场决定资源配置是市场经济的一般规律，社会主义市场经济同样应该是市场决定资源配置的经济。这一论断抓住了社会主义市场经济体制的本质特征，是一个非常重要的修改，明确了政府在配置资源中不能再发挥决定性作用，是《中共中央关于全面深化改革若干重大问题的决定》的又一大亮点。

摸着石头过河与加强顶层设计辩证统一的改革。习近平提出在今天攻坚的改革中，改革的方法要把摸石头过河与加强顶层设计辩证地统一起来。他用非常鲜明的语言说，"摸着石头过河"就是摸规律，从实践中获得真知。"摸着石头过河"和"加强顶层设计"是辩证统一的，推进局部的阶段性改革开放要在加强顶层设计的前提下进行，加强顶层设计要在推进局部的阶段性改革开放的基础上来谋划。为此，他强调在领导改革的过程中，我们既要加强宏观思考和顶层设计，更加注重改革的系统性、整体性、协同性，同时也要继续鼓励大胆试验、大胆突破，不断把改革开放引向深入。中国（上海）自由贸易试验区为什么叫试验区，就是要摸着石头过河。

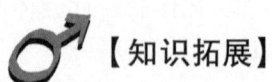【知识拓展】

中国国家主席习近平在莫斯科说，鞋子合不合脚自己穿着才知道。一个国家的发展道路合不合适，只有这个国家的人民才最有发言权。

道路标定方向，道路决定前途。近代以来，面对中华民族的深重灾难，无数仁人志士对"走什么路"的问题进行过长期艰辛探索，但都未能找到满意答案。中国共产党的诞生，带领中国人民踏上了争取民族独立、人民解放的历史征程。改革开放30多年来，中国共产党带领和团结全国各族人民，坚定不移高举中国特色社会主义伟大旗帜，既不走封闭僵化的老路，也不走改旗易帜的邪路，从"摸着石头过河"到逐步实现社会主义现代化建设，中国特色社会主义道路的吸引力、凝聚力不断增强，中国所取得的成就令世人瞩目。实践证明，中国特色社会主义道路是中国共产党和中国人民在长期革命、建设和改革开放事业中所做出的历史抉择。

道路关乎党的命脉，关乎国家前途、民族命运、人民幸福。党的十八大报告从夺取中国特色社会主义新胜利的战略高度，向全党郑重提出了坚定"道路自信"的问题。中国特色社会主义道路，是实现社会主义现代化的必由之路，是创造人民美好生活的必由之路。新形势下，面对前所未有的机遇和挑战，坚定当代中国的道路自信，对于更好地在中国特色社会主义道路上创造全面建成小康社会的历史辉煌，具有重大而深远的意义。

鞋子是紧是松，是软是硬，最有发言权的当属我们的脚，因为脚的存在，我们可以更好地判断一双鞋子是否合适，能否耐穿。因此别人说的不算，只能脚说的算，我们要重视脚的感受。只有走中国人民自己选择的道路，走适合中国国情的道路，最终才能走得通、走得好。

（刘辉：《习近平"鞋子合不合脚穿着才知道"寓意深》，中国共产党新闻网，2013年3月25日，http://cpc.people.com.cn/pinglun/n/2013/0325/c241220-20903694.html，有改动）

第三节 扩大对外开放

一、对外开放是一项基本国策

1975年邓小平主持整顿期间，以无产阶级革命家的胆略和气魄，一方面大刀阔斧地对"文化大革命"造成的严重混乱局面进行整顿，另一方面又提出，要扩大进出口，引进新技术、新设备，发展对外经济关系。粉碎"四人帮"后，他又不断强调，实现四个现代化，闭关自守是不可能的，必须善于学习，向世界先进国家学习，引进国际上的先进技术、先进装备和资金，要以世界先进的科学技术成果作为我们发展的起点。1980年，他正式使用"对外开放"的表述。"对外开放"，是对发展国际分工、国际合作，特别是发展国际经济关系、外向型经济的简明概括。它容易被我国人民所理解，现在已被世界各国所认同。对外开放也逐渐被确定和发展成为我国的一项长期的基本国策。邓小平在阐明对外开放的必要性时，还提出了"现在的世界是开放的世界"和"中国的发展离不开世界"两个重要观点。邓小平强调我国必须实行对外开放。

第一，是对当代世界经济、科技发展和国际形势发展敏锐观察的结果。现在的世界是开放的世界，科学技术发展一日千里，只有参与国际经济竞争与合作，充分利用国际经济资源和科技成果，才能发展自己，赶上当代世界的科技和经济发展潮流。

第二，是对中国长期停滞落后的历史教训深刻总结的结果。长期闭关自守，把我国搞得贫穷落后，愚昧无知。历史经验一再告诉我们，关起门来搞建设是不行的，把自己孤立于世界之外是不行的。中国的发展离不开世界。

第三，是我国社会主义现代化建设的迫切需要。扩大对外开放，可以引进国外资金、先进的技术设备和管理经验、人才，以克服我国资金短缺、技术落后、管理知识不足等困难；可以充分利用国外资源，大力开拓国际市场，互通有无、取长补短、趋利避害，促进我国经济发展；可以参加国际经济、科学、技术、人才和信息的交换，有利于我们及时了解和掌握各种经济、科技信息；可以广泛吸收世界文明成果，发挥后发优势，在较高的技术基础上发展经济，尽快缩小与发达国家经济技术发展程度的差距。

二、实施互利共赢的开放战略

我们的事业是同世界各国合作共赢的事业。党的十八大以来，面对国际形势的深刻变化

和世界各国同舟共济的客观要求,以习近平为核心的党中央,统筹国内国际两个大局、统筹发展安全两件大事,坚持独立自主的和平外交方针,坚定不移走和平发展道路,坚定不移维护世界和平、促进共同发展,推动构建以合作共赢为核心的新型国际关系,打造人类命运共同体,大力推进外交理论和实践创新,开启了中国特色大国外交新征程。

和平、发展、合作、共赢成为时代潮流。当今世界正在发生深刻复杂变化,但和平与发展仍是时代主题,和平、发展、合作、共赢的时代潮流更加强劲。一大批新兴市场国家和发展中国家走上发展的快车道,十几亿、几十亿人口正在加速走向现代化,多个发展中心在世界各地区逐渐形成,国际力量对比继续朝着有利于世界和平与发展的方向发展。保持国际形势总体稳定、促进各国共同发展具备更多有利条件。

同时,世界仍很不安宁,人类依然面临诸多难题和挑战。国际金融危机影响深远,世界经济增长不稳定不确定因素增多,全球发展不平衡加剧。地缘政治因素更加突出,局部动荡此起彼伏,霸权主义、强权政治和新干涉主义有所上升,非传统安全和全球性挑战不断增多,维护世界和平、促进共同发展依然任重道远。

习近平总书记指出:"要跟上时代前进步伐,就不能身体已进入21世纪,而脑袋还停留在过去,停留在殖民扩张的旧时代里,停留在冷战思维、零和博弈老框框内。"① 面对世界多极化、经济全球化深入发展和文化多样化、社会信息化持续推进,今天的人类比以往任何时候都更有条件朝和平与发展的目标迈进,而合作共赢就是实现这一目标的现实途径。

各国应该共同推动建立以合作共赢为核心的新型国际关系,各国人民应该一起来维护世界和平、促进共同发展。各国和各国人民应该共同享受尊严、共同享受发展成果、共同享受安全保障。要坚持国家不分大小、强弱、贫富一律平等,尊重各国人民自主选择发展道路的权利,反对干涉别国内政,维护国际公平正义。各国要共同维护世界和平,以和平促进发展,以发展巩固和平。每个国家在谋求自身发展的同时,要积极促进其他各国共同发展。不能把世界长期发展建立在一批国家越来越富裕而另一批国家却长期贫穷落后的基础之上。各国要同心协力,妥善应对各种问题和挑战,共同变压力为动力、化危机为生机,谋求合作安全、集体安全、共同安全,以合作取代对抗,以共赢取代独占。

中国是维护世界和平、促进共同发展的重要力量,是国际社会可以信赖的伙伴和朋友。中国将高举和平、发展、合作、共赢的旗帜,牢牢把握坚持和平发展、促进民族复兴这条主线,维护国家主权、安全、发展利益,为和平发展营造良好的国际环境。中国将加强同各国人民友好往来,扩大同世界各国利益交汇点,为促进人类和平与发展的崇高事业做出积极贡献。

三、全面提高对外开放水平

为实现全面建成小康社会的目标,推进国家特色社会主义的发展,适应经济全球化的新形势,必须实行更加积极主动的开放战略,构建开放型经济新体制,发挥新的竞争优势,全面提高对外开放水平。

全面提高对外开放水平,要实施更为主动的开放战略。当今世界正发生复杂深刻的变化,一方面,经济全球化使各国经济发展的相互依存程度继续加大;另一方面,国际金融危

---

① 习近平:《顺应时代前进潮流 促进世界和平发展——在莫斯科国际关系学院的演讲》,《人民日报》2013年3月24日。

机深层次影响继续显现。必须实施更加主动的开放战略，完善互利共赢、多元平衡、安全高效的开放型经济体系；坚持出口和进口并重，推动贸易平衡发展；坚持"引进来"和"走出去"并重，提高国际投资合作水平；深化投资、贸易体制改革，完善法律法规，为各国在华企业创造公平经营的法治环境；建设自由贸易试验区，牢牢把握国际通行规则，加快形成与国际投资、贸易通行规则相衔接的基本制度体系和监管模式，既充分发挥市场在资源配置中的决定性作用，又更好地发挥政府作用。

全面提高对外开放水平，要把握世界经济科技发展机遇，以开放促发展。中国经过近40年的改革开放，社会生产力、综合国力大幅提升，产业体系更加完备，参与国际竞争与合作的能力明显增强，更加具备进一步扩大开放的基础和条件。但同时经济发展方式仍然比较粗放，资源环境约束强化，转变发展方式和优化结构的任务艰巨，开放型经济发展中不平衡、不协调、不可持续的问题依然突出。这就要求我们全面提高对外开放水平，通过利用国际有利条件发展对外贸易、合理利用外资等，促进国内产业结构优化升级，增强我国经济的整体竞争力。

全面提高对外开放水平，既要借鉴其他文明，也要推动中国文明为世界文明发展做出更多的贡献。提高对外开放水平，要坚持包容精神，倡导不同社会制度互容、不同文化文明互鉴、不同发展模式互惠。在不同国家、不同文明之间的平等交流、互相借鉴中共同进步，既汲取其他文明的优秀成果，也促进中华文明为人类文明的繁荣发展作出贡献。

全面提高对外开放水平，要树立开放条件下的安全观，在扩大开放中维护国家安全。树立开放的安全观，切实提高经济安全保障能力，要坚持底线思维，守住核心利益；加快培育国际竞争新优势，在开放中壮大软硬实力，夯实经济安全的根基；做到防御为主、应急为辅，把安全工作前置；采取综合对策，既要注重传统安全，又要注重非传统安全；坚定不移地维护国家主权、安全、发展利益。

【知识拓展】

新华网北京2015年9月22日电　在对美国进行国事访问前夕，国家主席习近平9月22日接受了美国《华尔街日报》书面采访，就中美关系、两国在亚太及国际地区事务中的合作、两国人民交往、完善全球治理体系、中国经济形势、中国全面深化改革、外国企业在华投资、中国互联网政策、反腐败等回答了提问。

在回答关于亚洲基础设施投资银行、完善全球治理结构等问题的提问时，习近平指出，全球治理体系是由全球共建共享的，不可能由哪一个国家独自掌握。中国没有这种想法，也不会这样做。中国是现行国际体系的参与者、建设者、贡献者，一直维护以联合国为核心、以联合国宪章宗旨和原则为基础的国际秩序和国际体系。

世界上很多有识之士都认为，随着世界不断发展变化，随着人类面临的重大跨国性和全球性挑战日益增多，有必要对全球治理体制机制进行相应的调整改革。这种改革并不是推倒重来，也不是另起炉灶，而是创新完善。"穷则变，变则通。"无论是一个国家，还是世界，都需要与时俱进，这样才能保持活力。推动全球治理体系朝着更加公正合理有效的方向发展，符合世界各国的普遍需求。中美在全球治理领域有着广泛共同利益，应该共同推动完善全球治理体系。这不仅有利于双方发挥各自优势、加强合作，也有利于双方合作推动解决人类面临的重大挑战。

中国几十年的发展很大程度上得益于国际合作。因此，我们应该为国际发展事业做出贡献，很多发展中国家朋友对中国提出了这方面的强烈愿望。建立亚投行，主要是为满足亚洲地区基础设施建设的需求以及亚洲各国在深化合作方面的愿望。据世行、亚开行测算，2010年到2020年，亚洲地区每年基础设施建设资金缺口达8000亿美元。亚投行可以为这种需求多提供一种资金投入选择，因而受到亚洲国家和国际社会欢迎。面对这么大的需求，亚投行只是一个渠道，不可能包打天下。亚投行是一个开放和包容的多边开发机构，将同现有多边开发银行相互补充。除了域内国家，德国、法国、英国等国家也都加入了亚投行。中方欢迎美国参与亚投行，从一开始我们就是这个态度。

我不认为世界上哪个国家可以使全球治理结构向自己倾斜，也不认为这样做是符合时代潮流的。全球治理结构如何完善，应该由各国共同来决定。联合国马上就要举行成立70周年系列峰会。中国愿同广大成员国一道，推动建设以合作共赢为核心的新型国际关系，完善全球治理结构，共同构建人类命运共同体。

在回答关于中国在处理地区和国际事务的政策立场等问题的提问时，习近平强调，中国奉行独立自主的和平外交政策，愿意为维护世界和平、促进共同发展作出努力。当今世界，中国不可能独善其身，只有世界好，中国才能好。在推动世界经济复苏、政治解决国际和地区热点、应对各种全球性问题和挑战等方面，中国都没有缺席。这是国际社会的希望，也是中国的责任。

中美两国都是联合国安理会常任理事国，肩负着维护世界和地区和平与安全的重要责任，存在广泛共同利益。中方愿同美方携手应对重大全球和地区性问题，已经做了很多事，还将继续做下去。中美在应对朝核、伊朗核、巴以和谈、南苏丹、气候变化、重大传染性疾病等一系列国际和地区问题及全球性挑战方面开展了密切协调和合作。当然，中美在处理一些问题时思路和方法并不完全一致，有不同才能相互补益，找到问题的最佳解决方案。

在处理国际和地区事务时，中国坚持平等、公平、正义，倡导以和为贵，主张通过和平谈判政治解决有关问题。处理国际和地区事务，应该根据事情本身的是非曲直决定立场和政策，说公道话，办公道事。我们不赞成强行干涉别国内政，认为很多事情应该商量着办。不管遇到多么大的困难、多么复杂的情况，国际社会都应该坚定信心，持之以恒坚持和平努力。

伊朗核问题政治解决取得重大成果，中美为此进行了共同努力。这说明我们的主张和方法是有效的。中方将同各方一道，推动全面协议得到有效落实。

中方坚持朝鲜半岛无核化的立场是坚定的、明确的，同时我们认为应该通过和平手段实现半岛无核化、维护半岛和平稳定。当前，半岛局势复杂敏感。中方愿同美方及相关各方继续就妥善处理半岛事务、实现东北亚地区长治久安等问题保持密切沟通和协调。

（摘录自：习近平接受《华尔街日报》采访，人民网，2015年9月22日，http://politics.people.com.cn/n/2015/0922/c1001-27620387.html）

【思考与练习】

1. 如何理解改革是解放生产力，是一场新的革命？
2. 如何正确认识我国全方位对外开放的新格局？
3. 如何理解全面深化改革的必要性？
4. 如何理解对外开放是我们必须长期坚持的基本国策？

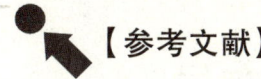

[1] 毛泽东. 关于正确处理人民内部矛盾的问题［M］∥中共中央文献研究室. 毛泽东文集：第 7 卷. 北京：人民出版社，1999.

[2] 邓小平. 在武昌、深圳、珠海、上海等地的谈话要点［M］∥邓小平文选：第 3 卷. 北京：人民出版社，1993.

[3] 江泽民. 在激烈的国际竞争中掌握主动［M］∥江泽民文选：第 3 卷. 北京：人民出版社，2006.

[4] 胡锦涛. 在纪念党的十一届三中全会召开 30 周年大会上的讲话［M］. 北京：人民出版社，2008.

[5] 人民出版社. 中共中央关于全面深化改革若干重大问题的决定［M］. 北京：人民出版社，2013.

[6] 习近平. 关于《中共中央关于全面深化改革若干重大问题的决定》的说明［N］. 人民日报，2013 – 11 – 16（1）.

[7] 习近平. 推动构建以合作共赢为核心的新型国际关系——关于国际关系和我国外交战略［N］. 人民日报，2016 – 05 – 11（9）.

[8] 中共中央宣传部. 中国特色社会主义学习读本［M］. 北京：学习出版社，2013.

[9] 邓小平. 邓小平文选：第 2 卷［M］. 北京：人民出版社，1994.

[10] 中共中央文献研究室. 十八大以来重要文献选编：上［M］. 北京：中央文献出版社，2014.

[11] 中共中央文献研究室. 习近平关于实现中华民族伟大复兴的中国梦论述摘编［M］. 北京：中央文献出版社，2013.

[12] 中共中央宣传部. 习近平总书记系列重要讲话读本：2016 年版［M］. 北京：学习出版社、人民出版社，2016.

[13] 中共中央马克思恩格斯列宁斯大林著作编译局. 马克思恩格斯全集：第 37 卷［M］. 北京：人民出版社，1971.

[14] 习近平. 顺应时代前进潮流 促进世界和平发展——在莫斯科国际关系学院的演讲［N］. 人民日报，2013 – 03 – 24.

第八章　建设中国特色社会主义总布局

【教学目标】

通过本章的教学，帮助学生深刻认识建设中国特色社会主义事业总体布局：经济建设、政治建设、文化建设、社会建设和生态文明建设的中国特色社会主义"五位一体"总布局，这是总揽国内外大局、贯彻落实科学发展观的一个新部署。

要求告诉人民，党没有人民利益以外的特殊利益，必须始终保持建党的初心，切实维护党的先进性和纯洁性，以全心全意为人民服务为宗旨，贯彻人民为中心的发展思想，以实际行动积极推进"五位一体"总体布局，协调推进"四个全面"战略布局，早日实现"两个一百年"的宏伟蓝图。

——习近平：布局首个百年目标　八大支柱撑起中国梦，2016年7月11日

第一节　建设中国特色社会主义经济

一、社会主义市场经济理论和经济体制改革

邓小平在深刻总结传统体制下我国经济建设经验和教训的基础上，及时汲取了改革开放实践中创造的新鲜经验和理论探索成果，提出了社会主义也可以实现市场经济的思想。党的十四大根据邓小平关于计划经济与市场经济的精辟论断，提出了社会主义市场经济理论，由此确立了我国经济体制改革的目标是建立社会主义市场经济体制。邓小平关于社会主义市场经济的基本内涵包括四个方面：

第一，计划经济和市场经济不是区分社会主义和资本主义的标志，它们不属于社会基本制度的范畴，而是资源配置的不同方式。不能把计划经济与社会主义画等号，也不能把市场经济与资本主义画等号。资本主义可以搞市场经济，社会主义也可以搞市场经济。

第二，社会主义实行市场经济是为了有效地发展社会生产力，社会主义与市场经济之间不存在根本的矛盾。实践证明，社会主义搞市场经济更有利于解放和发展社会生产力。

第三，计划和市场都是经济调节的手段，计划多一点还是市场多一点，不是社会主义与资本主义的本质区别。要把计划和市场有机结合起来，更好地发挥两种调节手段的长处。

第四，市场经济作为资源配置的一种方式本身不具有制度属性，但是它与社会主义相结合而形成的经济体制则必须体现社会主义基本制度的特征。

1992年党的十四大之后，我国的经济改革沿着建立和完善社会主义市场经济体制的方向加速推进。2012年，党的十八大提出更大程度更广范围发挥市场在资源配置中的基础性作用。2013年，党的十八届三中全会通过的《中共中央关于全面深化改革若干重大问题的

决定》明确提出,要使市场在资源配置中起决定性作用和更好发挥政府作用。把市场在资源配置中的"基础性作用"改为"决定性作用",充分显示出今后主要由市场或市场主体充当"运动员",政府则主要充当"裁判员"的角色,从而厘清了政府与市场的行为,反映了党对社会主义市场经济规律认识的深化,是理论和实践上的重大推进。

二、社会主义初级阶段的基本经济制度

社会主义初级阶段基本经济制度的确立,是由我国社会主义性质和初级阶段国情决定的。具体来说,表现有三个方面:

第一,我国是社会主义国家,必须坚持公有制作为社会主义经济制度的基础。历史唯物主义的基本原理告诉我们,任何一种社会经济制度都有一定的所有制基础。在任何一种社会形态中,占主体地位的所有制是决定社会性质的因素。社会主义经济制度的所有制基础是公有制。只有坚持公有制的主体地位,才能巩固和发展社会主义制度。否则,就不可能建设中国特色社会主义。

第二,我们处在社会主义初级阶段,需要在公有制为主体的条件下发展多种所有制经济。我国初级阶段生产力的状况具有发展不平衡性和多样性,比如在我国现阶段,大生产和小生产、机械化半机械化和手工劳动、现代化自动化设备和原始的生产工具同时并存。同这种多样化的生产力状况相适应,我国社会主义初级阶段的所有制结构必然是多种所有制经济共同发展。

第三,一切符合"三个有利于"的所有制形式都可以而且应该用来为社会主义服务。社会主义初级阶段的主要矛盾决定了现阶段我国的根本任务是解放和发展生产力,因此,必须按照"三个有利于"的生产力标准来检验和评价所有制结构。实践证明,我们现在所实行的所有制结构,比改革前那种公有制一统天下的所有制结构,更能适应并促进社会生产力的发展。

三、社会主义初级阶段的分配制度

社会主义初级阶段,我国个人收入分配必须坚持以按劳分配为主体、多种分配方式并存的个人收入分配制度。它是由我国公有制为主体、多种所有制经济共同发展的基本经济制度决定的,是由社会主义公有制的多种实现形式和多种经营方式决定的,是社会主义市场经济发展的必然结果。按劳分配是社会主义初级阶段分配方式的主体,而不是社会唯一的分配原则;等量劳动领取等量消费品的原则,还不可能在全社会范围内按统一标准实现;就全社会范围内的企业之间的关系来说,按劳分配还不能直接以每个劳动者的劳动时间为尺度,而只能以商品交换实现的价值量所计算的劳动量为尺度;按劳分配还必须通过商品货币形式来表现。

现阶段我国生产资料所有制结构是生产要素按贡献参与分配的制度前提;把按劳分配和按生产要素分配结合起来,是社会主义市场经济发展的必然要求,也是分配理论的重大突破。

四、把握经济发展新常态

认识经济发展新常态必须准确到位。要彻底抛弃用旧的思维逻辑和方式方法再现高增长

的想法,切实把思想和行动统一到党中央重大判断和决策部署上来。要坚持辩证法,一方面,我国经济发展基本面是好的;另一方面也面临着很多困难和挑战,特别是结构性产能过剩比较严重。这是一个绕不过去的历史关口,只有加快改革创新,抓紧做好工作,才能顺利过关。要解放思想、实事求是、与时俱进,按照创新、协调、绿色、开放、共享的发展理念,在理论上做出创新性概括,在政策上做出前瞻性安排,加大结构性改革力度,矫正要素配置扭曲,扩大有效供给,提高供给结构适应性和灵活性,提高全要素生产率。

把握经济发展新常态要注意克服几种倾向。其一,新常态不是一个事件,不要用好或坏来判断。新常态是一种客观状态,是一种内在必然性,并没有好坏之分,要因势而谋、因势而动、因势而进。其二,新常态不是一个筐子,不要什么都往里面装。新常态主要表现在经济领域,不要滥用新常态概念,甚至把一些不好的现象都归入新常态。其三,新常态不是一个避风港,不要把不好做或难做好的工作都归结于新常态,新常态不是不要干事,不是不要发展,不是不要国内生产总值增长,而是要更好地发挥主观能动性、更有创造精神地推动发展。

引领经济发展新常态要主动得力。推动经济发展,要更加注重提高发展质量和效益,从过去主要看增长速度有多快转变为主要看质量和效益有多好。稳定经济增长,要更加注重供给侧结构性改革,实现由低水平供需平衡向高水平供需平衡的跃升。实施宏观调控,要更加注重引导市场行为和社会心理预期,实现反周期目标。调整产业结构,要更加注重加减乘除并举,引导增量,主动减量,发挥创新引领发展第一动力作用,抓好职业培训。推进城镇化,要更加注重以人为核心,推动更多人口融入城镇。促进区域发展,要更加注重人口经济和资源环境空间均衡,着力塑造区域协调发展新格局,重点实施"一带一路"建设、京津冀协同发展、长江经济带建设三大战略。保护生态环境,要更加注重促进形成绿色生产方式和消费方式,促进人与自然和谐共生。保障和改善民生,要更加注重对特定人群特殊困难的精准帮扶,使他们有现实获得感。进行资源配置,要更加注重使市场在资源配置中起决定性作用,政府要集中力量办好市场办不了的事。扩大对外开放,要更加注重推进高水平双向开放,提高我国在全球治理中的制度性话语权。

【知识拓展】

经济发展进入新常态,是我国经济发展阶段性特征的必然反映,是不以人的意志为转移的必然趋势。习近平总书记指出,"'十三五'时期,我国经济发展的显著特征就是进入新常态","要把适应新常态、把握新常态、引领新常态作为贯穿发展全局和全过程的大逻辑"。这是做好经济工作的出发点。

全面认识和把握新常态,需要从时间和空间的大角度审视我国发展。这是因为,我国经济发展历程中新状态、新格局、新阶段总是在不断形成,经济发展新常态是这个长过程的一个阶段,这完全符合事物发展螺旋式上升的运动规律。

从时间上看,新常态是我国不同发展阶段更替变化的结果。我国古代以农业立国,农耕文明长期居于世界领先水平。工业革命发生后,我们就开始落伍了。新中国成立后,我们党领导人民开始大规模工业化建设,但未能顺利持续下去。改革开放以来,我们用几十年时间走完了发达国家几百年走过的发展历程,经济总量跃升为世界第二,制造业规模跃居世界第一,创造了世界发展的奇迹。然而随着经济总量不断增大,我们在发展中遇到一系列新情况新问题。当前,我国经济发展正处于增长速度换挡期、结构调整阵痛期和前期刺激政策消化期"三期叠加"阶段,面临着经济发展速度换挡节点,如同一个人10岁至18岁期间个子猛长,18岁之后长个子的速度就慢下来了;面临着经济发展结构调整节点,低端产业产能过剩要集中消化,中高端产业要加快发展,过去生产什么都赚钱、生产多少都能卖出去的情况不存在了;面临着经济发展动力转换节点,低成本资源和要素投入形成的驱动力明显减弱,经济增长需要更多驱动力创新。

从空间上看,我国出口优势和参与国际产业分工模式面临新挑战,经济发展新常态是这种变化的体现。改革开放以来,我们大踏步发展的一个重要特点就是对国际市场的充分有效利用,使我国快速成长为世界贸易大国。2008年国际金融危机爆发,世界经济进入深度调整期,全球贸易发展进入低迷期,导致我国出口需求增速放缓。同时,从一些世界贸易大国的实践看,当货物出口占世界总额的比重达到10%左右,就会出现拐点,增速要降下来。我国货物出口占世界总额的比重,2010年超过10%,2014年达到12.3%。这意味着我国出口增速拐点已经到来,今后再要维持出口高增长、出口占国内生产总值的高比例已不大可能。这就要求必须把经济增长动力更多放在创新驱动和扩大内需特别是消费需求上。

从时空两方面综合来看,我国发展的环境、条件、任务、要求等都发生了新的变化,经济发展进入新常态。新常态下,我国经济发展的主要特点是:增长速度要从高速增长转向中高速,发展方式要从规模速度型转向质量效率型,经济结构调整要从增量扩能为主转向调整存量、做优增量并举,发展动力要从主要依靠资源和低成本劳动力等要素投入转向创新驱动。这些变化,是我国经济向形态更高级、分工更优化、结构更合理的阶段演进的必经过程。实现这样广泛而深刻的变化,是一个新的巨大挑战。

经济发展新常态下,尽管经济面临较大下行压力,但我国仍处于发展的重要战略机遇期。经济发展长期向好的基本面没有变,经济韧性好、潜力足、回旋余地大的基本特质没有变,经济持续增长的良好支撑基础和条件没有变,经济结构调整优化的前进态势没有变。要把握这些大势,坚持以经济建设为中心,变中求新、新中求进、进中突破,推动我国发展不断迈上新台阶。

[摘录自中共中央宣传部编:《习近平总书记系列重要讲话读本(2016年版)》,学习出版社、人民出版社2016年版]

第二节 建设中国特色社会主义政治

一、坚持走中国特色社会主义政治发展道路

发展社会主义民主政治,建设社会主义政治文明,是全面建成小康社会的重要目标,是建设中国特色社会主义总体布局的重要组成部分。改革开放以来,我们党总结发展社会主义民主正反两方面经验,不断推进政治体制改革,成功开辟和坚持了中国特色社会主义政治发展道路,为实现最广泛的人民民主确立了正确方向。

继续推进中国特色社会主义民主政治建设,必须紧紧围绕坚持党的领导、人民当家做主、依法治国有机统一深化政治体制改革,加快推进社会主义民主政治制度化、规范化、程序化,建设社会主义法治国家,发展更加广泛、更加充分、更加健全的人民民主。第一,中

国共产党的领导是人民当家做主和依法治国的根本保证。第二，人民当家做主是社会主义民主政治的本质和核心要求，是社会主义政治文明建设的根本出发点和归宿。第三，依法治国是党领导人民治理国家的基本方略。依法治国与人民民主、党的领导是紧密联系、相辅相成、相互促进的。

二、发展社会主义民主

民主是国体和政体的统一。中国特色社会主义民主是人民民主专政的国体和中国特色社会主义根本政治制度、基本政治制度的统一。

人民民主专政作为一种国家政权的科学理论，是以毛泽东为代表的中国共产党人，在长期的革命政权建设过程中，总结自身实践和外国无产阶级革命政权建设经验的基础上提出来的，它经历了探索和升华的过程。

人民代表大会制度是我国的根本制度。人民代表大会制度与我国的国家性质相适应，直接体现我国人民民主专政的国家性质；它能保证人民当家做主的权利，在全部国家政治生活中处于首要地位；它在制定国家其他各种制度中起着决定性的作用。

共产党领导的多党合作和政治协商制度是我国的一项基本政治制度。这一制度是在共产党执政的前提下，各民主党派通过参加国家政权与国家事务管理的途径，与共产党实行政治合作、民主协商、互相监督的政党制度。中国共产党的领导是多党合作的首要前提和根本保障。中国共产党的领导是政治领导，即政治原则、政治方向和重大方针政策的领导。

民族区域自治是党解决民族问题的基本政策。民族区域自治就是在我国领土范围内，在中央政府集中统一领导下，遵循宪法的规定，国内各少数民族依照有关法律、法规，以聚居区为基础，建立自治地方政府，设立自治机关，行使自治权，管理本民族事务的自治制度。民族区域自治的核心，是保障少数民族当家做主、管理本民族、本地方事务的权利。

基层群众自治制度是中国的一项基本政治制度。它是依照宪法和法律的规定，由居民（村民）选举的成员组成居民（村民）委员会，实行自我管理、自我教育、自我服务、自我监督的制度。它是一种基层自治和民主管理制度，是社会主义民主广泛而深刻的实践，是人民当家做主最广泛、最有效的途径。

改革开放以来，随着中国的发展和进步，全国各地城乡基层民主不断扩大，公民有序的政治参与渠道增多，民主的实现形式日益丰富。目前，中国已经建立了以农村村民委员会、城市居民委员会和企业职工代表大会为主要内容的基层民主自治体系。广大人民在城乡基层群众性自治组织中，依法直接行使民主权利，实行民主自治，已经成为当代中国最直接、最广泛的民主实践。

三、全面依法治国

依法治国，就是广大人民群众在中国共产党的领导之下，依照宪法和法律的规定，通过各种途径和形式管理国家事务，管理经济文化事业，管理社会事务，保证国家各项工作都依法进行，逐步实现社会主义民主的制度化、法律化，使这种制度和法律不因领导人的改变而改变，不因领导人看法和注意力的改变而改变。

1997年党的十五大报告，将"依法治国"确立为治国基本方略，将"建设社会主义法治国家"确定为社会主义现代化的重要目标，并提出了建设中国特色社会主义法律体系的重大任务。1999年3月，第九届全国人民代表大会第二次会议通过的宪法修正案明确写上"中华人民共和国实行依法治国，建设社会主义法治国家"，正式把这一治国方略以国家根本大法的形式确定下来。中国的法治建设揭开了新篇章。进入21世纪，中国的法治建设继续向前推进。

依法治国是一个长期过程，它需要经济、社会、政治、文化等客观条件的发展，也需要人的思想认识的主观条件的发展。我国还处在社会主义初级阶段，建立起完备的法制并实行法治有一个逐步发展的历史过程。

依法治国要与以德治国相结合。依法治国是我们治理国家的基本方略，但是，法律不可能解决社会生活中的一切问题，而且法律的制定与实施也要以一定的道德规范为前提；依法治国要与以德治国相结合，也是建设中国特色社会主义经济、政治和文化的必然要求。

四、推进政治体制改革

政治体制，是指政治制度的具体表现和实现形式，主要是指党和国家的领导制度、组织制度、工作制度等具体制度。政治体制改革是完善我国社会主义制度的客观需要，是经济体制改革深入发展的客观要求，是建立社会主义民主政治、实现依法治国的客观要求，是建设中国特色社会主义文化的客观要求，政治体制改革能够推动着我们国家和社会的长治久安。

政治体制改革的目标。把党的领导、人民当家做主和依法治国有机地统一起来，按照民主化和法制化紧密结合的要求，建设社会主义民主政治，健全社会主义制度；发展社会主义社会的生产力；扩大社会主义民主，调动广大人民的积极性，巩固和发展民主团结、生动活泼、安定团结的政治局面。

政治体制改革的任务。第一，坚持和完善民主制度，扩大基层民主；第二，加强社会主义法制建设；第三，推进机构改革，建设廉洁高效的行政管理体制；第四，完善民主监督制度，加强对权力的制约与监督；第五，维护社会稳定。

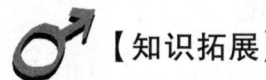
【知识拓展】

我国正处于社会主义初级阶段，全面建成小康社会进入决定性阶段，改革进入攻坚期和深水区，国际形势复杂多变，我们党面对的改革发展稳定任务之重前所未有、矛盾风险挑战之多前所未有，依法治国在党和国家工作全局中的地位更加突出、作用更加重大。面对新形势新任务，我们党要更好统筹国内国际两个大局，更好维护和运用我国发展的重要战略机遇期，更好统筹社会力量、平衡社会利益、调节社会关系、规范社会行为，使我国社会在深刻变革中既生机勃勃又井然有序，实现经济发展、政治清明、文化昌盛、社会公正、生态良好，实现我国和平发展的战略目标，必须更好发挥法治的引领和规范作用。

我们党高度重视法治建设。长期以来，特别是党的十一届三中全会以来，我们党深刻总结我国社会主义法治建设的成功经验和深刻教训，提出为了保障人民民主，必须加强法治，必须使民主制度化、法律化，把依法治国确定为党领导人民治理国家的基本方略，把依法执政确定为党治国理政的基本方式，积极建设社会主义法治，取得历史性成就。目前，中国特色社会主义法律体系已经形成，法治政府建设稳步推进，司法体制不断完善，全社会法治观念明显增强。

同时,必须清醒看到,同党和国家事业发展要求相比,同人民群众期待相比,同推进国家治理体系和治理能力现代化目标相比,法治建设还存在许多不适应、不符合的问题,主要表现为:有的法律法规未能全面反映客观规律和人民意愿,针对性、可操作性不强,立法工作中部门化倾向、争权诿责现象较为突出;有法不依、执法不严、违法不究现象比较严重,执法体制权责脱节、多头执法、选择性执法现象仍然存在,执法司法不规范、不严格、不透明、不文明现象较为突出,群众对执法司法不公和腐败问题反应强烈;部分社会成员尊法信法守法用法、依法维权意识不强,一些国家工作人员特别是领导干部依法办事观念不强、能力不足,知法犯法、以言代法、以权压法、徇私枉法现象依然存在。这些问题,违背社会主义法治原则,损害人民群众利益,妨碍党和国家事业发展,必须下大气力加以解决。

全面推进依法治国,必须贯彻落实党的十八大和十八届三中全会精神,高举中国特色社会主义伟大旗帜,以马克思列宁主义、毛泽东思想、邓小平理论、"三个代表"重要思想、科学发展观为指导,深入贯彻习近平总书记系列重要讲话精神,坚持党的领导、人民当家做主、依法治国有机统一,坚定不移走中国特色社会主义法治道路,坚决维护宪法法律权威,依法维护人民权益、维护社会公平正义、维护国家安全稳定,为实现"两个一百年"奋斗目标、实现中华民族伟大复兴的中国梦提供有力法治保障。

全面推进依法治国,总目标是建设中国特色社会主义法治体系,建设社会主义法治国家。这就是,在中国共产党领导下,坚持中国特色社会主义制度,贯彻中国特色社会主义法治理论,形成完备的法律规范体系、高效的法治实施体系、严密的法治监督体系、有力的法治保障体系,形成完善的党内法规体系,坚持依法治国、依法执政、依法行政共同推进,坚持法治国家、法治政府、法治社会一体建设,实现科学立法、严格执法、公正司法、全民守法,促进国家治理体系和治理能力现代化。

(摘录自《中共中央关于全面推进依法治国若干重大问题的决定》,新华网,2014年10月28日,http://news.xinhuanet.com/2014-10/28/c_1113015330.htm)

第三节 建设中国特色社会主义文化

一、坚持走中国特色社会主义文化发展道路

中国特色社会主义先进文化,是指由中国共产党领导和推动的、代表中国先进文化方向的、有着中国特色和中华民族个性的、面向现代化、面向世界、面向未来的、科学的、民族的、大众的社会主义文化。这种当代特有的社会主义文化形态,从文化结构上讲主要包含三个方面:

第一,社会主义的社会意识形态即马克思列宁主义及其同中国实际相结合的理论成果,毛泽东思想、邓小平理论、"三个代表"思想和科学发展观等,这是中国特色社会主义文化的核心。

第二,社会主义的主旋律文化,即体现社会主义道德标准和精神文明成果的文化,江泽民曾把它概括为"四个一切":一切有利于发扬爱国主义、集体主义、社会主义的思想和精神;一切有利于改革开放和现代化建设的思想和精神;一切有利于民族团结、社会进步、人民幸福的思想和精神;一切有利于用诚实劳动争取美好生活的思想和精神。这是中国特色社

会主义文化的集中反映。

第三，现代先进的科学技术文化、新科技革命的成果。这是中国特色社会主义文化重要的基础。

这三部分构成了中国特色社会主义文化，也就是当今中国的先进文化。

我们党在领导中国特色社会主义文化建设的过程中，积累了宝贵的经验，不断深化对文化发展规律的认识，形成了一系列指导文化建设的重要方针和原则。第一，坚持以马克思主义为指导，以为人民服务、为社会主义服务为方向；第二，坚持百花齐放、百家争鸣的方针；第三，坚持贴近实践、贴近生活、贴近群众，不断推进文化创新；第四，坚持立足当代又继承民族优秀文化传统，立足本国又充分吸收世界优秀文化成果；第五，坚持一手抓繁荣，一手抓管理。

二、弘扬社会主义核心价值体系和核心价值观

核心价值体系是社会意识的本质反应，决定着社会意识的性质和方向。一个国家、一个民族在长期的实践过程中，必然形成自己的核心价值体系，也就是这个社会大多数成员都应该倡导、推崇、遵循、践履的价值体系。这是社会系统得以运转、社会秩序得以维持的基本精神依托。核心价值体系，不仅作用于经济、政治、文化和社会生活的各个方面，而且对于每个社会成员的世界观、人生观、价值观都产生着深刻的影响。

社会主义核心价值观是社会主义核心价值体系的内核，体现社会主义核心价值体系的根本性质和基本特征，反映社会主义核心价值体系的丰富内涵和实践要求，是社会主义核心价值体系的高度凝练和集中表达。

培育和践行社会主义核心价值观，是推进中国特色社会主义伟大事业、实现中华民族伟大复兴中国梦的战略任务。党的十八大提出，倡导富强、民主、文明、和谐，倡导自由、平等、公正、法治，倡导爱国、敬业、诚信、友善，积极培育和践行社会主义核心价值观。这与中国特色社会主义发展要求相契合，与中华优秀传统文化和人类文明优秀成果相承接，是我们党凝聚全党全社会价值共识做出的重要论断。富强、民主、文明、和谐是国家层面的价值目标，自由、平等、公正、法治是社会层面的价值取向，爱国、敬业、诚信、友善是公民个人层面的价值准则，这24个字是社会主义核心价值观的基本内容，为培育和践行社会主义核心价值观提供了基本遵循。面对世界范围思想文化交流交融交锋形势下价值观较量的新态势，面对改革开放和发展社会主义市场经济条件下思想意识多元多样多变的新特点，积极培育和践行社会主义核心价值观，对于巩固马克思主义在意识形态领域的指导地位、巩固全党全国人民团结奋斗的共同思想基础，对于促进人的全面发展、引领社会全面进步，对于集聚全面建成小康社会、实现中华民族伟大复兴中国梦的强大正能量，具有重要现实意义和深远历史意义。

三、建设社会主义文化强国

所谓文化强国，是指这个国家具有强大的文化力量。这种力量既表现为具有高度文化素养的国民，也表现为发达的文化产业，还表现为强大的文化软实力。

建设社会主义文化强国，必须加快文化体制改革。以往国家间综合国力的竞争更多地体现在经济、政治、军事和科技方面，这些因素是综合国力中硬的一面，即所谓的硬实力。而人类社会发展到越来越文明的今天，国家间的综合国力的竞争中软的一面，即软实力也越发

重要了。最早提出软实力概念的是美国的约瑟夫·奈，他把软力量定义为，让其他人做你想让他们做的事情，及吸引和说服别人的能力而非恐吓他人的能力。软力量是相对于硬力量而言的，硬力量主要来源于一个国家的军事实力、经济实力和科技实力，软力量主要来自一个国家的文化和政治制度价值观念的吸引。加强中国的文化建设，深化文化体制改革是提高中国文化影响力和竞争力，提升中国软实力的必要途径。改革开放以来，我国文化建设打开了蓬勃发展的空间，文化基础设施不断地完善，文化市场日趋发展，群众文化生活越来越丰富多彩。但是随着社会主义市场经济的开展和对外开放的扩大，文化赖以生存和发展的经济基础、社会环境和社会条件都发生了深刻变化，我国的文化建设还远远不能适应时代发展的要求，为深化文化体制改革，进一步解放和发展文化生产力，是我们面临的一项重大而紧迫的任务。

当前我国文化体制改革的基本原则和方针是：第一，深化文化体制改革，以改革为动力，以体制机制创新为重点，以创造生产更多适应人民群众需求的精神文化产品为目标，促进文化事业全面繁荣和文化产业快速发展。积极适应社会主义市场经济发展的要求，积极推进文化领域的资产重组，优化文化资源配置，把文化事业和文化产业做强做大，大力发展我们的文化产业，并且还要积极参与文化产品的国际交流与竞争，把我们先进的具有中华民族风格和民族气派的优秀文化传扬到全世界。第二，深化文化体制改革，要坚持一手抓公益性文化事业，一手抓经营性文化产业。即一手加强政府对文化公益性事业的扶持力度，为人民群众提供良好的公共文化服务；一手加强文化产业的发展，加强市场机制对文化发展的促进作用，积极培育文化企业，完善文化政策，壮大文化产业，增强我国文化产业的整体实力和竞争力，使之成为繁荣文化艺术，满足人民群众精神文化需求的重要途径。第三，深化文化体制改革，要坚持以体制机制创新为重点，在关键环节上实现新突破。第四，深化文化体制改革，必须要办好报刊、广播电视等新闻媒体。要坚持党管新闻、党管媒体的原则，始终坚持把正确舆论导向放在首位，宣传科学理论，传播先进文化，塑造美好心灵，弘扬社会正气，提倡科学精神。要把体现党的意志同反映人民的心声结合起来，把坚定正确的政治方向同讲求宣传艺术统一起来，紧紧围绕经济建设这个中心，服从服务于全党全国工作的大局。第五，深化文化体制改革，就是要按照一手抓繁荣，一手抓管理的方针，健全文化市场体系，完善文化市场管理机制，我们要坚决贯彻百花齐放、百家争鸣的方针，以改革促繁荣。但同时，我们也要加强对文化事业的科学管理，特别是要建立科学的文化市场管理机制，健全文化市场体系，为繁荣社会主义文化创造良好的社会环境。

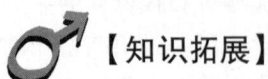

【知识拓展】

党的十八大以来，习近平总书记曾在多个场合提到文化自信，传递出他的文化理念和文化观，在建党 95 周年庆祝大会的重要讲话中再次强调要坚持文化自信，其语境更为庄严，观点更为鲜明，态度更为坚决，传递出的既是文化理念又是指导思想。文化自信于是成为继道路自信、理论自信和制度自信之后，中国特色社会主义的"第四个自信"。诚然，"四个自信"是一个相互联系而又不可分割的整体，而文化自信是更基础、更广泛、更深厚的自信，将文化自信与"三个自信"有机统一，既体现对文化自信的高度重视，又极大地拓展了"三个自信"的广度和深度。

文化是一个民族生生不息的血脉与灵魂。文化的繁荣是社会发展的标杆尺度，社会的发展最终以文化论输赢。从某种意义上来说，文化处在社会发展战略的轴心位置，经济、政治、教育、科技发展战略都应系于文化这个轴心而展开。文化的最大特质是具有较强的渗透性和持久性，它像空气一样无处不在，润物无声，能以无形的意识或观念影响有形的现实和存在，作用于社会的发展和实践。因此，强调文化自信，为民族凝聚力和创造力提供动力与支撑，就显得尤为关键。这不仅出于热情，而且更出于理性。中国道路是一个整体性概念，全方位地体现中国特色社会主义的理论与实践，中华文化则是其中的一个领域，更多属于精神层面。因此，讲道路不能不讲文化，讲文化则不能不指向道路。习近平总书记指出："中国有坚定的道路自信、理论自信、制度自信，其本质是建立在五千多年文明传承基础上的文化自信。"对中华文化的自信，根本上有助于增强和丰富对中国道路的自信。

文化自信是一个国家、一个民族、一个政党对自身文化价值的充分肯定，对自身文化生命力的坚定信念，是一种基于理性认识上的精神成熟度的表现。文化自信有两重基本含义：一是对主体而言，指文化主体要相信自己、要有一种积极健康的心理状态。只有具备这个心理基础，才可能积极能动地作为，才会认真反思自身文化之优劣，积极扬弃；才会开放地对待异族文化，以批判地吸纳不断发展和壮大自己。二是对文化自身基本内容而言，指因文化独特而自信、因文化强大而自信，既可以表现为对自身先进文化发扬光大，又不担心在进行传播交流中被"吞噬"；既能把自身的优秀文化传达到其他异国文化当中去，又能充满自信地去学习异国文化中的精髓，拥有"化腐朽为神奇"的能力。

中华文化之所以能够"自信"，是基于我们党"对人民赤子之心"的理念和信仰。习近平总书记在建党95周年庆祝大会的重要讲话中，尤其要求我们要永远保持建党时中国共产党人的奋斗精神，永远保持对人民的赤子之心。"对人民赤子之心"是一种政治理念，也是一种精神信仰，它是文化自信的坚实内核。这个自信也是文化自觉的持久动力和文化自强的牢固支撑。从这个意义上来说，没有"赤子之心"这一理念和信仰的认同，所谓"自信"只会是盲目、空洞的自信。"对人民赤子之心"，是一种理性坚守的自信，既不妄自菲薄也不妄自尊大，还是一种付诸实践的自信，既追求"以文化人"更追求"为民兴文"；"对人民赤子之心"，不仅承载着一种精神信仰，而且肩负起一种时代担当，更是实现中华民族伟大复兴的前途自信。"对人民赤子之心"抓住了"文化自信"的根本。

中华文化之所以值得"自信"，是源于其独一无二。一是在人类文明史上，多种文明已经湮灭，唯有中华文明五千年来生生不息，其所造就的文化传统未曾中断。二是它道法自然，天人合一，讲矛盾又讲和合，和而不同，以协和万邦、世界大同为境界。三是对于文学艺术来说，中华传统文化中的"意象思维"和"立象尽意"的审美方式，以及积极入世却又特立独行的人文操守，也是可以引以为自豪的。

（李鹏程：《学习习近平"七一"讲话：在文化自信中自觉自强》，《中国艺术报》2016年7月26日，有删改）

第四节　建设社会主义和谐社会

一、社会和谐是中国特色社会主义的本质属性

在人与自然的关系上，强调"天人调谐""天人合一"；人与社会的关系上，崇尚"合群济众"；在人与人的关系上，要求"和睦相处"；在各种文明的关系上，主张"善解能

容"。如孔子的"和而不同",墨子的"兼相爱""爱无差",孟子的"老吾老以及人之老,幼吾幼以及人之幼"。

两千多年来,人们从不同角度提出过对"小康""大同"社会的向往和追求。但是在存在私有制、存在阶级压迫和阶级剥削的旧制度下,这些设想是根本无法实现的。

所谓"和谐社会"就是指整个社会系统的全面和谐,这里既要达到人与自然的和谐,又要达到人与人、人自身的和谐;既要达到宏观上社会整个系统内经济、政治、文化等系统之间的和谐,又要达到中观上经济、政治、文化各子系统内部的和谐,还要达到微观上各子系统内部的和谐;既要达到社会内部各阶层、各利益团体之间的和谐,又要争取外部世界格局的和谐发展。

党的十六大以来,中央反复地强调,我们要把社会主义和谐社会建设,作为全面建成小康社会和中国未来发展的一个重要的任务。加强社会主义和谐社会的建设,其必要性在于:第一,这是我们抓住和用好重要战略机遇期、实现全面建成小康社会宏伟目标的必然要求;第二,这是我们把握复杂多变的国际形势,有力应对来自国际环境的各种挑战和风险的必然要求;第三,这是巩固党执政地位的社会基础、实现党执政历史任务的必然要求。

党的十八大围绕全面建成小康社会,提出了社会建设的目标。党的十八大报告指出,加强社会建设要在改善民生和创新社会管理的进程中实现。加快健全基本公共服务体系,以保障和改善民生为重点,要多谋民生之利,多解民生之忧,在学有所教、劳有所得、病有所医、老有所养、住有所居上持续取得新进展,开创社会和谐人人有责、和谐社会人人共享的生动局面,并提出社会建设六大目标:

(1)努力办好人民满意的教育。要坚持教育优先发展,全面实施素质教育,深化教育领域综合改革。大力促进教育公平,合理配置教育资源,支持特殊教育,提高家庭经济困难学生资助水平,积极推动农民工子女平等接受教育,鼓励引导社会力量兴办教育。

(2)推动实现更高质量的就业。要贯彻劳动者自主就业、市场调节就业、政府促进就业和鼓励创业的方针,实施就业优先战略,健全人力资源市场,完善就业服务体系,增强失业保险对促进就业的作用。健全劳动标准体系和劳动关系协调机制,加强劳动保障监察和争议调解仲裁。

(3)千方百计增加居民收入。深化收入分配制度改革,提高居民收入在国民收入分配中的比重,兼顾效率和公平。完善劳动、资本、技术、管理等要素按贡献参与分配的初次分配机制,加快健全以税收、社会保障、转移支付为主要手段的再分配调节机制。推行企业工资集体协商制度,多渠道增加居民财产性收入。规范收入分配秩序,保护合法收入,增加低收入者收入,调节过高收入,取缔非法收入。

(4)统筹推进城乡社会保障体系建设。改革和完善企业和机关事业单位社会保险制度,整合城乡居民基本养老保险和基本医疗保险制度,逐步做实养老保险个人账户,实现基础养老金全国统筹。建立社会保险基金投资运营制度,确保基金安全和保值增值。完善社会救助体系,健全社会福利制度,支持发展慈善事业。建立市场配置和政府保障相结合的住房制度,坚持男女平等基本国策,保障妇女儿童合法权益。大力发展老龄服务事业和产业。健全残疾人社会保障和服务体系。

(5)提高人民健康水平。重点推进医疗保障、医疗服务、公共卫生、药品供应、监管体制综合改革,完善国民健康政策,为群众提供安全有效方便价廉的公共卫生和基本医疗服务。健全全民医保体系,建立重特大疾病保障和救助机制,完善突发公共卫生事件应急和重大疾病防控机制。加强医德医风建设。改革和完善食品药品安全监管体制机制。坚持计划生

育的基本国策。

（6）加强和创新社会管理。改进政府提供公共服务方式，加强基层社会管理和服务体系建设，增强城乡社区服务功能。正确处理人民内部矛盾，建立健全党和政府主导的维护群众权益机制，完善信访制度，完善人民调解、行政调解、司法调解联动的工作体系。建立健全重大决策社会稳定风险评估机制。强化公共安全体系和企业安全生产基础建设，遏制重特大安全事故。

二、保障和改善民生

胡锦涛同志在党的十八大报告中提出，在改善民生和创新管理中加强社会建设。他指出，加强社会建设，必须以保障和改善民生为重点，必须加快推进社会体制改革。他说，这方面的重要任务包括：努力办好人民满意的教育，推动实现更高质量的就业，千方百计增加居民收入，统筹推进城乡社会保障体系建设，提高人民健康水平，加强和创新社会管理。

党的十六大以来，党和政府在改善民生方面做出了巨大努力，并且取得积极的成效。这些年来，因为国家免除农业税、推行惠农政策，不但免除了农民负担，还能够拿到种粮补贴、良种补贴、肥料补贴等；因为参加农村合作医疗，农民在县城住院可以报销60%以上的医药费，大病报销比例一年比一年增多；因为有了农村养老保险，年满60岁的农村老人，也开始每年可以拿到养老金了。这些补贴、养老金以及报销的标准，几千年来百姓不敢想的事情得以实现。人民群众反映强烈的一些民生难题正在逐步得到解决。党的十八大又将民生问题摆在重点位置。

党的十八届三中全会审议通过的《中共中央关于全面深化改革若干重大问题的决定》，用非常大的篇幅介绍了改善民生的措施，涉及教育、就业创业、收入分配、社会保障、医疗卫生、环境保护等方面，其主旨就是要下大力气解决好人民群众最关心、最直接、最现实的利益问题，让人民群众过上更加幸福的生活。

三、创新社会治理体制

党的十八大报告用完整的篇幅论述了社会管理创新，不仅充分肯定了已经取得的成绩，而且为今后加强和创新社会管理指明了方向。

创新社会管理，首先需要强化服务理念。党的十八大报告多次提及"人民"和"服务"，向服务型政府转变，是走向现代社会管理的开始。对社会管理来说，管理是手段，服务是目的。2004年3月8日，温家宝总理在参加全国人大会议期间，强调："管理就是服务，我们要把政府办成一个服务型的政府，为市场主体服务，为社会服务，最终是为人民服务。"基层直接面对群众，我们工作人员的服务群众意识强不强，一个重要的判断标准就是看我们的基层干部尤其是领导干部乐意不乐意与群众打交道，愿意不愿意做群众工作。"感人心者，莫先乎情。"基层干部的服务对象是广大人民群众，必须强化服务意识，深怀亲民爱民之心，真正做到在思想上尊重群众，在感情上贴近群众，在工作上依靠群众，在生活上关心群众。

创新社会管理，更重要的是切实维护群众利益。党的十八大报告提出，要建立健全党和政府主导的维护群众权益机制，畅通和规范群众诉求表达、利益协调、权益保障渠道。对当下的中国来说，最紧迫需要解决的问题并非政治改革，而是那些与人民群众的直接利益联系

非常密切的事情，如住房、医疗、教育、社保、土地、拆迁等，而这些民生问题基本属于社会建设和社会管理的范畴。近年来，在各级乡镇整合综治、公安、司法、民政、社会保障、信访、人民法庭等基层维护社会稳定资源和力量，建立综治信访维稳中心，就是多方合作创新社会管理的典范，对社会矛盾统一受理、直接处理，用"对话"来替代"对抗"，用"维权"来促进"维稳"。

创新社会管理，从根本上说需要依靠群众，让群众充分参与社会管理事务。党的十八大报告提出，要加强基层社会管理和服务体系建设，增强城乡社区服务功能，充分发挥群众参与社会管理的基础作用。党政无法包揽社会管理的全部事务和工作，还必须动员各类企事业单位、基层群众自治组织、人民团体、社会组织等参与社会管理，实现社会管理的共同治理。

党的十八届三中全会审议通过的《中共中央关于全面深化改革若干重大问题的决定》提出创新社会治理体制的重大战略任务，标志着我们党对社会治理的认识和要求从局部走向系统。

【知识拓展】

习近平说，刚才，我们召开了中国共产党第十八届中央委员会第一次全体会议，选举产生了新一届中央领导机构，选举我为中央委员会总书记。习近平逐一介绍了新当选的其他6位中央政治局常委，代表新一届中央领导机构成员感谢全党同志的信任，并表示定当不负重托，不辱使命。他说，全党同志的重托，全国各族人民的期望，是对我们做好工作的巨大鼓舞，也是我们肩上的重大责任。

习近平指出，这个重大责任，就是对民族的责任。我们的民族是伟大的民族。在五千多年的文明发展历程中，中华民族为人类文明进步作出了不可磨灭的贡献。近代以来，我们的民族历经磨难，中华民族到了最危险的时候。自那时以来，为了实现中华民族伟大复兴，无数仁人志士奋起抗争，但一次又一次地失败了。中国共产党成立后，团结带领人民前仆后继、顽强奋斗，把贫穷落后的旧中国变成日益走向繁荣富强的新中国，中华民族伟大复兴展现出前所未有的光明前景。我们的责任，就是要团结带领全党全国各族人民，接过历史的接力棒，继续为实现中华民族伟大复兴而努力奋斗，使中华民族更加坚强有力地自立于世界民族之林，为人类做出新的更大的贡献。

习近平指出，这个重大责任，就是对人民的责任。我们的人民是伟大的人民。在漫长的历史进程中，中国人民依靠自己的勤劳、勇敢、智慧，开创了各民族和睦共处的美好家园，培育了历久弥新的优秀文化。我们的人民热爱生活，期盼有更好的教育、更稳定的工作、更满意的收入、更可靠的社会保障、更高水平的医疗卫生服务、更舒适的居住条件、更优美的环境，期盼孩子们能成长得更好、工作得更好、生活得更好。人民对美好生活的向往，就是我们的奋斗目标。人世间的一切幸福都需要靠辛勤的劳动来创造。我们的责任，就是要团结带领全党全国各族人民，继续解放思想，坚持改革开放，不断解放和发展社会生产力，努力解决群众的生产生活困难，坚定不移走共同富裕的道路。

（摘录自《人民对美好生活的向往就是我们的奋斗目标》，《人民日报》2012年11月16日）

第五节 建设中国特色社会主义生态文明

生态文明的建设问题，不仅关系人民福祉、更关乎民族未来的长远大计。为此，党的十八大报告里正式把中国特色社会主义的总体布局从经济、政治、文化、社会这四位一体变为经济、政治、文化、社会、生态这五位一体总体格局。

一、树立社会主义生态文明新理念

20世纪90年代学者们提出生态文明，是以生产农业为基础和主导的生产方式，人类遵循人、自然、社会和谐共处、持续发展这一客观规律，综合应用物质、能量、信息与生物科学技术，进行的生产过程，是人与自然、人与人、人与社会和谐共生、良性循环、全面发展、持续繁荣为基本宗旨的文化和文明形态。其核心是正确处理人与自然的关系。生态文明反映的是人与自然之间的和谐程度。生态文明与物质文明、政治文明、精神文明等一样，都是历史范畴，伴随人类文明的发展经历着由低级向高级不断演进的过程。

生态文明建设是指人类在利用和改造自然的过程中，主动保护自然，积极改进和优化人与自然的关系，建设健康有序的生态运行机制和良好的生态环境。我国的生态文明建设必须立足于当前特殊的自然生态环境现状、经济发展水平、文化建设状况、社会政治条件以及人口素质等，走符合国情的社会主义生态文明建设道路。

中国特色社会主义生态文明的总体要求：树立尊重自然、顺应自然、保护自然的生态文明理念，把生态文明建设放在突出地位，融入经济建设、政治建设、文化建设、社会建设各方面和全过程，努力建设美丽中国，实现中华民族永续发展。

党的十八届三中全会进一步强调，紧紧围绕建设美丽中国深化生态文明体制改革，加快建立生态文明制度，健全国土空间开发、资源节约利用、生态环境保护的体制机制，推动形成人与自然和谐发展现代化建设新格局。建设社会主义生态文明，必须把节约资源放在首位，加大环境保护力度，做好生态保育工作，建设循环经济。

党的十八大提出，面对资源约束趋紧、环境污染严重、生态系统退化的严峻形势，必须树立尊重自然、顺应自然、保护自然的生态文明理念。

（1）尊重自然，是人与自然相处时应秉持的首要态度，要求人对自然怀有敬畏之心、感恩之情、报恩之意，尊重自然界的创造和存在，绝不能凌驾于自然之上。

（2）顺应自然，是人与自然相处时应遵循的基本原则，要求人顺应自然的客观规律，按自然规律办事。

（3）保护自然，是人与自然相处时应承担的重要责任，要求人发挥主观能动性，在向自然界索取生存发展之需的同时，呵护自然，回报自然，保护自然界的生态系统，把人类活动控制在自然能够承载的限度之内，给自然留下恢复元气、休养生息、资源再生的空间，实现人类对自然获取和给予的平衡，多还旧账，不欠新账，防止出现生态赤字和人为造成的不可逆的生态灾难。

二、坚持节约资源和保护环境的基本国策

良好生态环境是人和社会持续发展的根本基础，节约资源和保护环境是我国的基本

国策。

第一，坚持节约优先、保护优先、自然恢复为主的方针。在资源开发和利用中，把节约资源放在首位；在环保工作中，把预防为主、源头治理放在首位；在生态系统保护和修复中，把利用自然力修复生态系统放在首位。这三个方面形成一个统一的有机整体，是我国生态文明建设的方向和重点。

第二，着力推进绿色发展、循环发展、低碳发展。在经济发展中，要牢固树立保护生态环境就是保护生产力、改善生态环境就是发展生产力的理念，坚持在保护中发展、在发展中保护，更加自觉地推进绿色发展、循环发展、低碳发展。积极发展节能产业，推广高效节能产品；加快发展资源循环利用产业，推动矿产资源和固体废弃物综合利用；大力发展环保产业，壮大可再生能源规模。建立循环经济体系，发展循环经济，促进生产、流通、消费过程的减量化、再利用、资源化。

第三，形成节约资源和保护环境的空间格局、产业结构、生产方式、生活方式。在现代化建设中，要整体谋划国土空间开发，尽可能集中集约利用国土空间，减少对自然生态空间的占用，促进生产空间集约高效、生活空间宜居适度、生态空间山清水秀，给自然留下更多修复空间，给农业留下更多良田，给子孙后代留下天蓝、地绿、水净的美好家园。

第四，建立系统完整的生态文明制度体系，用制度保护生态环境。建立系统完整的生态文明制度体系，最重要的是要把资源消耗、环境损害、生态效益等体现生态文明建设状况的指标纳入经济社会发展评价体系，使之成为推进生态文明建设的重要导向和约束。还要建立国土空间开发保护制度，健全自然资源资产产权制度和用途管制制度，划定生态保护红线，实行资源有偿使用制度和生态补偿制度，改革生态环境保护管理体制，逐渐形成生态文明宣传教育的长效机制等，推动形成人与自然和谐发展的现代化建设新格局。

三、完善生态文明制度体系

建设生态文明，是一场涉及生产方式、生活方式、思维方式和价值观念的革命性变革。实现这样的变革，必须依靠制度和法治。习近平总书记指出："只有实行最严格的制度、最严密的法治，才能为生态文明建设提供可靠保障。"[①] 当前，我国生态环境保护中存在的突出问题，大都与体制不完善、机制不健全、法治不完备有关。深化生态文明体制改革，必须构建产权清晰、多元参与、激励约束并重、系统完整的生态文明制度体系，把生态文明建设纳入法治化、制度化轨道。

完善经济社会发展考核评价体系。科学的考核评价体系犹如"指挥棒"，在生态文明制度建设中是最重要的。要把资源消耗、环境损害、生态效益等体现生态文明建设状况的指标纳入经济社会发展评价体系，建立体现生态文明要求的目标体系、考核办法、奖惩机制，使之成为推进生态文明建设的重要导向和约束。要把生态环境放在经济社会发展评价体系的突出位置，如果生态环境指标很差，一个地方一个部门的表面成绩再好看也不行。

建立责任追究制度。资源环境是公共产品，对其造成损害和破坏必须追究责任。要建立环保督察工作机制，严格落实环境保护主体责任，完善领导干部目标责任考核制度。坚持依法依规、客观公正、科学认定、权责一致、终身追究的原则，针对决策、执行、监管中的责任，明确各级领导干部责任追究情形。强化环境保护"党政同责"和"一岗双责"要求，

---

① 中共中央宣传部编：《习近平总书记系列重要讲话读本》，学习出版社、人民出版社2006年版，第240页。

对问题突出的地方追究有关单位和个人责任。对领导干部实行自然资源资产离任审计,建立健全生态环境损害评估和赔偿制度,落实损害责任终身追究制度。对造成生态环境损害负有责任的领导干部,必须严肃追责。

建立健全资源生态环境管理制度。推动生态文明体制改革要搭好基础性框架,建立归属清晰、权责明确、监管有效的自然资源资产产权制度;以空间规划为基础、以用途管制为主要手段的国土空间开发保护制度;以空间治理和空间结构优化为主要内容,全国统一、相互衔接、分级管理的空间规划体系;覆盖全面、科学规范、管理严格的资源总量管理和全面节约制度;反映市场供求和资源稀缺程度、体现自然价值和代际补偿的资源有偿使用和生态补偿制度;以改善环境质量为导向,监管统一、执法严明、多方参与的环境治理体系;更多运用经济杠杆进行环境治理和生态保护的市场体系;探索实行耕地轮作休耕制度;实行省以下环保机构监测监察执法垂直管理制度。要完善生态环境监测网络,通过全面设点、全国联网、自动预警、依法追责,形成政府主导、部门协同、社会参与、公众监督的新格局,为环境保护提供科学依据。要加强生态文明宣传教育,增强全民节约意识、环保意识、生态意识,营造爱护生态环境的良好风气。

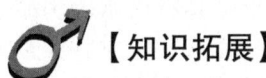

【知识拓展】

"生态兴则文明兴,生态衰则文明衰。"2013年5月24日,习近平在主持中共中央政治局第六次集体学习时指出:"生态环境保护是功在当代、利在千秋的事业。"这是对生态与文明关系的鲜明阐释,彰显了中国共产党人对人类文明发展规律、自然规律和经济社会发展规律的深刻认识。

2013年5月24日,习近平主持十八届中央政治局第六次集体学习时强调:"要正确处理好经济发展同生态环境保护的关系,绝不以牺牲环境为代价去换取一时的经济增长。"这充分表明了以习近平为核心的党中央加强生态文明建设的坚定意志和坚强决心。

2013年11月,习近平在党的十八届三中全会上指出:"我们要认识到,山水林田湖是一个生命共同体,人的命脉在田,田的命脉在水,水的命脉在山,山的命脉在土,土的命脉在树。""如果破坏了山、砍光了林,也就破坏了水,山就变成了秃山,水就变成了洪水,泥沙俱下,地就变成了没有养分的不毛之地,水土流失、沟壑纵横。"

"我们追求人与自然的和谐、经济与社会的和谐,通俗地讲就是要'两座山':既要金山银山,又要绿水青山,绿水青山就是金山银山。"2013年9月7日,习近平在哈萨克斯坦纳扎尔巴耶夫大学发表演讲后回答学生提问时说。在习近平心目中,任何再以绿水青山去换金山银山的做法,都是不被允许,也不能原谅的。

炽热的民生情怀,坚定的历史担当。2014年11月10日,习近平在APEC欢迎宴会上致辞时表示,希望北京乃至全中国都能够蓝天常在、青山常在、绿水常在,让孩子们都生活在良好的生态环境之中,这也是中国梦中很重要的内容。

(摘录自《习近平生态文明论奠基中国梦》,央视网,2015年8月7日,http://news.cntv.cn/2015/08/07/ARTI1438928669665/85.shtml,有删改)

【思考与练习】

1. 社会主义市场经济体制的基本特征是什么?
2. 在我国社会主义初级阶段,确立以公有制为主体、多种所有制经济长期共同发展这一基本经济制度,其基本根据是什么?
3. 为什么说坚持党的领导、人民当家做主和依法治国是有机统一的?
4. 如何认识社会主义核心价值体系和社会主义核心价值观?
5. 如何理解构建社会主义和谐社会的重要理论意义和现实意义?
6. 如何树立生态文明理念?

【参考文献】

［1］邓小平. 党和国家领导制度的改革［M］∥邓小平文选:第 2 卷. 北京:人民出版社,1994.

［2］江泽民. 坚持和完善人民代表大会制度［M］∥江泽民文选:第 1 卷. 北京:人民出版社,2006.

［3］习近平. 切实把思想统一到党的十八届三中全会精神上来［N］. 人民日报,2014-01-01(2).

［4］中共中央关于全面深化改革若干重大问题的决定［M］. 北京:人民出版社,2013.

［5］中共中央宣传部. 习近平总书记系列重要讲话读本:2016 年版［M］. 北京:学习出版社、人民出版社,2016.

［6］国务院新闻办公室,中央文献研究室,中国外文局. 习近平谈治国理政［M］. 北京:外文出版社,2014.

［7］毛泽东. 毛泽东选集:第 4 卷［M］. 北京:人民出版社,1991.

［8］邓小平. 邓小平文选:第 3 卷［M］. 北京:人民出版社,1993.

［9］中共中央文献研究室. 十七大以来重要文献选编:中［M］. 北京:中央文献出版社,2013.

第九章 实现祖国完全统一的理论

【教学目标】

通过本章的学习,帮助学生把握"和平统一、一国两制"构想的形成确立过程、基本内容和重要意义,了解"一国两制"科学构想在香港、澳门的成功实践及其对解决台湾问题的重大推动作用。了解我们党和人民对解决台湾问题的坚定信念和决心,认清实现祖国完全统一是中华民族的根本利益所在,学习我们党关于实现祖国完全统一的基本立场、战略策略和方针政策。

两岸关系和平发展是维护两岸和平、促进共同发展、造福两岸同胞的正确道路,也是通向和平统一的光明大道。坚持"九二共识"、反对"台独"是两岸关系和平发展的政治基础。我们坚决反对"台独"分裂势力。对任何人、任何时候,以任何形式进行的分裂国家活动,13亿多中国人民、整个中华民族都决不会答应!
——习近平:在庆祝中国共产党成立95周年大会上的讲话,2016年7月1日

第一节 实现祖国完全统一是中华民族的根本利益

一、维护国家统一是中华民族的优良传统

爱国主义是在长期历史发展过程中形成的对自己祖国的一种最深厚的感情,是一个国家民族意识和民族觉悟的集中体现。爱国主义是鼓舞中国人民团结奋斗的一面旗帜,是维护民族团结和国家统一、推动我国社会历史前进的巨大力量,是中国各民族人民的精神支柱。世界上各个国家的人民应该说都有其爱国主义的精神与传统,但是中华民族所具有的维护祖国统一的爱国主义传统十分强烈,富有特色的。爱国主义传统有一个形成、弘扬和发展的过程。中华民族历史的悠久性决定了这种维护祖国统一的爱国主义传统必然根深蒂固、源远流长。

中华民族在其悠久的历史发展进程中,尤其在近代饱尝被帝国主义侵略、奴役和宰割的痛苦,中国人民倍加珍惜和坚定发扬维护祖国统一的爱国主义传统。历史上正反两方面的经验教训充分证明,团结统一有利于经济社会的发展和进步,有利于各民族之间的亲密合作和交流,有利于人民安居乐业和创造幸福美满的生活,而分裂常常伴随着连绵不断的战争和破坏,伴随着外部势力的入侵和压迫,给民族造成了极大的痛苦和灾难,所以中华民族维护祖国统一的爱国主义传统是经过几千年历史长期积淀和血的惨痛历史事实教训而形成的,是不可动摇亦坚不可摧的。这就是说中华民族维护祖国统一的爱国主义传统是经过几千年历史的发展而形成的,是有血的惨痛教训的。所以,中华民族维护祖国统一的爱国主义传统是十分

强烈，富有特色的。

中国历史发展也都反复证明，只有国家的统一，社会的相对稳定，才有利于国家励精图治，有利于人民群众安居乐业和各地区经济文化的发展，中华民族也才能创造出令世人瞩目的中华文化。正因为如此，千百年来，对国家统一的不懈追求日渐发展成为中华民族高于一切的政治理念和道德情感。所以我们看到，在中华民族的发展史上，虽然曾几经分裂，但最后总是复归统一。在维护国家主权和统一的问题上，中华儿女从来不能容忍任何倒行逆施的败类，不屈服任何外来势力的压力。每当国家分裂的时候，无数中华儿女便以恢复和实现祖国的统一为己任，不达目的，绝不罢休；每当遇到外敌入侵时，中华民族便空前地团结起来，共赴国难，共御外侮，誓死保卫国家的主权独立和领土完整。新中国成立后，中国共产党和中国政府一直致力于推进祖国完全统一大业，顺利实现了香港、澳门的回归，有力地推动了海峡两岸关系的发展，使维护国家统一的中华民族优良传统得到更好的继承和发扬。

二、实现祖国完全统一是中华民族伟大复兴的历史任务

民族复兴，就是要改变民族因某种原因陷入停滞不前、贫穷落后、被动挨打的状况，是民族奋发自强、独立解放，实现繁荣昌盛以重振民族雄风、重展民族雄姿、重塑民族形象、重立民族地位、重现民族辉煌。

实现中华民族伟大复兴，就是在中国共产党领导下，通过广大人民的艰苦奋斗，彻底改变中国贫穷落后的状况，建设富强、民主、文明、和谐的社会主义现代化强国，创造幸福美好的生活，在维护世界和平与促进共同发展方面发挥重要用，做出重大贡献。实现中华民族伟大复兴，就是要在中国实现现代化，使国家繁荣富强，使社会进步，使人民幸福美满，使我国的综合国力进入世界先进行列。这就是中华民族的伟大复兴的基本要求，就是中华民族的伟大复兴的基本目标。

实现祖国完全统一，是中华民族伟大复兴的重要条件和基本保证。如果祖国没有完全统一，就无法调动全民族的所有积极性，无法实现全民族的团结一致联合对外，无法集中精力搞好现代化建设，就可能引发同胞之间的内战纷争，使人民陷于骨肉分离和自相残杀的痛苦，就要用相当的人力、物力、精力去解决国内的对抗与分裂问题，就可能使帝国主义挑拨离间、分化中国的图谋得逞。只有实现祖国完全统一，才能进一步凝聚中华的民族力量，充分发挥全民族的智慧，把社会主义现代化建设搞好，实现中华民族的伟大复兴。国家的完全统一，也是民族复兴的主要特征和主要标志。没有国家的完全统一，就没有完全意义上的民族复兴。一个实现伟大复兴的强大的中华民族，她的领土是不应该被分割的，她的骨肉同胞是不应该被分离的，她的民族是不应该被分裂的。中华民族的伟大复兴，既是一个走向现代化的、实现繁荣强盛的过程，同时也是一个走向祖国完全统一的过程。只有实现祖国的完全统一，才能更好地在国际上展现中华民族团结奋进、朝气蓬勃的雄姿，使中华民族真正屹立于世界民族之林。

三、实现祖国完全统一是中国人民不可动摇的坚强意志

第一，民族团结和国家统一是包括台湾同胞在内的所有海内外中华民族儿女的共同心愿。

民族团结和全国统一，符合中华民族的根本利益，符合中国社会发展的历史潮流。实现

第九章　实现祖国完全统一的理论

祖国完全统一是包括台湾同胞在内的所有海内外中华儿女的共同心愿。1986年9月，邓小平在回答美国记者迈克·华莱士关于台湾有什么必要同大陆统一的问题时指出，这首先是个民族问题，民族的感情问题。凡是中华民族子孙都希望中国能统一，分裂状况是违背民族意志的。中国共产党代表中国最广大人民的根本利益，始终高举爱国主义的伟大旗帜，把捍卫民族尊严、实现国家完全统一。维护国家主权和领土完整，作为自己神圣的历史使命，并带领中国人民为之英勇奋斗。

第二，党和人民在实现祖国的统一问题上是坚定不移的。

中国共产党在实现祖国的统一问题上的立场是坚定不移的。党领导中国人民同一切阻挠破坏中国统一的势力进行坚决的斗争，不断推动实现祖国统一的进程。毛泽东曾严正地指出，台、澎、金、马整个的收复回来，完成祖国统一，这是中国人民的神圣任务，这是中国人民的内政。邓小平指出，如果到1997年后中国还不能收回香港，人们就没有理由信任我们。江泽民也指出，中国人民将坚定不移地完成祖国的统一大业，这是中华儿女不可动摇的愿望和决心。胡锦涛强调，实现祖国的完全统一是海内外中华儿女的共同心愿，是中国政府和人民不可动摇的意志和决心，符合包括2300万台湾同胞在内的全中国人民的共同利益。习近平指出，两岸长期存在的政治分歧问题终归要逐步解决，总不能将这些问题一代代传下去。

总之，无论在祖国统一的道路上遇到多大艰难和险阻，无论国内外敌对势力如何阻挠和破坏，都动摇不了党和人民实现祖国完全统一的坚定信念和坚强决心。

【知识拓展】

新华社北京7月2日电（记者查文晔　赵博）中共中央总书记习近平1日在庆祝中国共产党成立95周年大会上发表重要讲话。多位大陆涉台专家表示，总书记站在民族复兴的高度阐述了解决台湾问题、实现祖国统一是中国共产党的历史使命。讲话所体现出的中国共产党和中国人民反对"台独"分裂活动的决心和信心十分强烈，必将对未来两岸关系发展带来深远影响。

全国台联副会长杨毅周表示，总书记讲话的涉台部分晓之以理，动之以情，内涵十分丰富。当前两岸关系再度处于十字路口，"台独"分裂势力是对两岸关系的最大现实威胁，对这条道路我们是坚决反对的。习近平总书记在"七一"重要讲话中指出，坚决反对"台独"分裂势力。对任何人、任何时候，以任何形式进行的分裂国家活动，13亿多中国人民、整个中华民族都决不会答应！

"在中国共产党的领导下，我们比历史上任何时候都更接近中华民族伟大复兴这个目标。这为我们反对'台独'分裂活动提供了强大的后盾。"杨毅周表示，国家统一是民族复兴的必然选择。"台独"道路不可能走通，只会是一条给台湾人民带来灾难，以失败告终的绝路。

上海台研所常务副所长倪永杰表示，习总书记重要讲话具有很强的针对性，不仅是讲给全体党员，更是讲给两岸同胞听的。讲话重申了两岸关系和平发展的道路，以及坚持"九二共识"、反对"台独"的共同政治基础，表明大陆对台大政方针坚定不移、一以贯之，并不因岛内政局变化而改变。总书记站在民族振兴，实现"两个一百年"奋斗目标，实现中国梦的战略高度谈台湾问题，可以看出对台工作在党中央议事日程中的重要地位。

此外，总书记在讲话中对"台独"分裂势力作出了严正警告。"话的分量非常重，上升到整个中华民族都决不会答应的高度，这是以对国家、民族高度负责的态度做出的郑重宣示。"倪永杰表示，如果"台独"分裂势力还是要小聪明，低估大陆方面对"台独"活动的辨识能力和"反独"的决心意志，只会碰得头破血流。

专家们表示，将台湾问题放到中国共产党95年波澜壮阔的奋斗历程的大背景来看，更能加深我们对中国共产党实现祖国统一的决心和信心的认知。希望台湾同胞和社会各界对此仔细体会，多用"同理心"去理解，更积极地参与到两岸关系和平发展的进程中来，携手实现中华民族的伟大复兴。

南京大学台湾研究所所长刘相平表示，台湾问题最早源于列强以武力悍然侵占我国领土，实际形成于国共内战时期，是两党选择不同历史发展道路的产物。中国共产党领导的革命，宗旨就是要把帝国主义赶出中国，实现国家统一、民族独立、人民当家做主的梦想。台湾问题是祖国统一大业最后未完成的部分。中国共产党要带领全国人民实现中华民族伟大复兴的中国梦，实现"两个一百年"奋斗目标，就必须解决台湾问题，实现国家统一。

杨毅周表示，总书记的讲话回顾了中国共产党的历史，指出了未来的发展方向，值得台湾社会仔细体会。中国共产党不仅是中华民族五千年文明的继承者，更是率领中华民族摆脱近代屈辱地位的亲历者和领导者。"在历史的竞争中，中国共产党脱颖而出，带领中国人民走出了一条创造人类奇迹的发展道路。我们有信心为人类对更好社会制度的探索提供中国方案，'和平统一、一国两制'更是中国方案的重要内容。"

杨毅周说，中国共产党的信心来自历史，更来自实践。当前，中国正逐渐走向世界舞台的中央，中国共产党积累了更加丰富的治国理政经验，在制度、理论、道路上更加自信，更加成熟，更加有能力主导两岸关系。长期以来，台湾社会的一些人受到"反共"和"去中国化"思想的影响，对中国共产党和中国大陆取得的巨大成就视而不见，甚至故意歪曲抹黑，并以此为基础编织"台独"的幻想，这种掩耳盗铃的伎俩不可能成功。要看到，台湾未来的希望在大陆，台湾当局应该跟上时代潮流，乘着民族复兴的东风与大陆携手前行，共享民族兴盛的荣耀。如果逆潮流而动，只会被时代所淘汰。

（摘录自《解决台湾问题，实现祖国完全统一是中国共产党的历史使命——专家解读习近平总书记"七一"讲话》，新华网，2016年7月2日，http://news.xinhuanet.com/tw/2016-07/02/c_1119153366.htm）

第二节 "和平统一、一国两制"的科学构想及其实践

一、"和平统一、一国两制"构想的形成和发展

"和平统一、一国两制"基本方针的确立，有一个逐步提出、形成和确立的过程。

第一，1979年，全国人大常委会发表《告台湾同胞书》。1978年12月，中国共产党十一届三中全会公报首次以"台湾回到祖国怀抱、实现统一大业"来代替"解放台湾"的提法。1979年元旦，全国人大常委会发表《告台湾同胞书》，郑重宣布关于台湾回归祖国、实现祖国统一的大政方针。

第二，邓小平提出对台湾实行"三个不变"。1979年年底，邓小平在会见日本首相大平正芳时指出，对台湾我们的条件是简单的，那就是台湾的制度不变，生活方式不变，台湾与外国的民间关系不变，包括外国在台湾的投资、民间交往照旧。条件只有一条，那就是台湾要作为中国不可分的一部分。

第三，叶剑英发表《关于台湾回归祖国、实现和平统一的方针政策》。1981年9月30日，时任全国人大常委会委员长的叶剑英对新华社记者发表讲话，进一步阐明了解决台湾问题的方针政策，后来被称为"叶九条"。概括起来，"叶九条"有四个要点：一是建议举行中国共产党和中国国民党两党对等谈判，实行第三次国共合作；二是提出通邮、通商、通航、探亲、旅游以及开展学术、文化、体育交流的主张；三是提出国家统一后台湾可作为特别行政区享有高度的自治权，并可保留其军队，台湾现行的社会经济制度不变，生活方式不变，同国外经济、文化关系不变，私人财产、房屋、土地、企业所有权、合法继承权和外国投资不受侵犯；四是提出台湾当局和各界代表人士可担任全国政治机构的领导职务，参与国家管理。这四个要点是"叶九条"的主要内容。

第四，邓小平同志提出"一个国家，两种制度"。1982年1月11日，邓小平在会见美国华人协会主席李耀滋时说："九条方针是以叶副主席的名义提出来的，实际上是一个国家两种制度。"这是邓小平也是党的领导人首次提出"一个国家，两种制度"的概念。

第五，"设立特别行政区"写入宪法。1982年12月，全国人大五届五次会议通过《中华人民共和国宪法》。其中第31条规定："国家在必要时得设立特别行政区。在特别行政区内实行的制度按照具体情况由全国人民代表大会以法律规定。"这一条所载明的"设立特别行政区"，指的就是实行"一国两制"。这就表明，实行"一国两制"有了宪法的保证。

第六，邓小平提出实现中国大陆和台湾和平统一的具体构想。1984年6月，邓小平明确指出："我们的政策是实行'一个国家，两种制度'，具体说，就是在中华人民共和国内，十亿人口的大陆实行社会主义制度，香港、台湾实行资本主义制度。"

1985年3月，六届全国人大三次会议正式把"一国两制"确定为中国的一项基本国策。

二、"和平统一、一国两制"构想的基本内容和重要意义

1. "和平统一、一国两制"构想的基本内容

"和平统一、一国两制"是我们党解决祖国统一的伟大构想、对台工作基本方针，是一个完整的体系。其基本内容就是在祖国统一的前提下，国家的主体坚持社会主义制度，同时在香港、澳门、台湾保持原有的资本主义制度长期不变。其中，一个中国是"和平统一、一国两制"的核心，是发展两岸关系和实现和平统一的基础。在祖国统一的前提下，国家的主体部分实行社会主义制度，同时在香港、澳门、台湾保持原有的社会制度和生活方式长期不变。两岸统一后，台湾作为特别行政区享有不同于中国其他省市自治区的高度自治权。尽最大努力争取和平统一，但不承诺放弃使用武力。不承诺放弃使用武力，不是针对台湾同胞的，而是针对外国势力干涉中国统一和台湾分裂势力搞分裂图谋的。积极促进两岸"三通"和各项交流，增进两岸同胞的相互了解和感情，密切两岸经济文化关系，为实现和平统一创造条件。坚决反对任何"台独"的言行。"台独"活动与国际反华力量的支持是分不开的，"台独"将使台湾沦为外国的附庸。维护祖国统一事关中华民族的根本利益，中国人民将义无反顾地捍卫国家主权和领土完整，决不允许任何人以任何方式把台湾从中国分割出去。坚决反对外国势力插手和干涉台湾问题。解决台湾问题是中国的内政，任何国家无权干

涉。中国解决所有问题的关键是靠自己的发展。解决台湾问题、实现祖国统一，归根到底还是要把自己的事情搞好。

2. "和平统一、一国两制"构想的重要意义

第一，"和平统一、一国两制"构想创造性地发展了马克思主义的国家学说。"和平统一、一国两制"构想创造性地把和平共处原则用于解决一个国家的统一问题，体现了既坚持祖国统一，维护国家主权的原则坚定性，也体现了照顾历史实际和现实可能的策略灵活性，避免了武力统一可能造成的不良后果。第二，"和平统一、一国两制"构想有利于争取社会主义现代化建设事业所需要的和平的国际环境与国内环境。第三，"和平统一、一国两制"构想为解决国际争端和历史遗留问题提供了新的思路。

三、"一国两制"构想在香港、澳门的成功实践

"一国两制"的构想最早是针对台湾问题提出来的，首先运用于解决香港和澳门问题。香港问题和澳门问题是历史上殖民主义侵略遗留下来的问题，是中国处在落后挨打状况下被割占的。随着我国社会主义现代化建设事业的发展、综合国力的增强和国际地位的提高，香港、澳门的回归问题被提到议事日程上来了。

党的十一届三中全会以后，随着国际形势的变化和我国现代化建设新局面的开创，和平解决香港问题的条件已经成熟。根据"一国两制"的构想，我国政府和英国政府从1982年9月到1984年9月，就解决香港问题进行了22轮艰苦的谈判。1984年9月，中英双方终于达成协议，草签了《中英联合声明》及三个附件。同年12月19日，中英两国政府领导人在北京正式签署了《中华人民共和国和大不列颠及北爱尔兰联合王国政府关于香港问题的联合声明》及三个附件，决定从1997年7月1日起，中国在香港成立特别行政区，开始对香港岛、界限街以南的九龙半岛、新界等土地重新行使主权和治权。

在中英就解决香港问题开始谈判后，澳门回归祖国的各项准备工作也开始积极有序地进行。1987年4月13日，《中华人民共和国政府和葡萄牙共和国政府关于澳门问题的联合声明》在北京正式签署，宣布中国政府将于1999年12月20日对澳门恢复行使主权并设立澳门特别行政区，实行高度自治和澳人治澳。

香港、澳门的回归具有非常重要的意义：第一，香港、澳门的顺利回归，彻底结束了殖民主义在港、澳的统治，标志着外国占据和统治中国领土的历史彻底结束，体现了社会主义中国综合国力的增强和国际地位的提高，体现了社会主义制度的优越性，是祖国统一大业进程中重要的里程碑，是中国共产党对中华民族的重大历史性贡献；第二，香港、澳门的顺利回归，使"一国两制"由科学的构想变成生动的现实；第三，香港、澳门的顺利回归，对解决台湾问题具有重要的示范作用和促进作用。

四、新形势下对台湾的工作方针

进入新世纪对台工作面临的新形势：第一，从国内形势来看，祖国大陆改革开放和现代化建设取得显著成就，海峡两岸的实力对比进一步发生重大变化，我国国民经济持续保持良好的发展势头，顺利完成现代化建设三步走中的前两步目标，综合国力大幅提升，香港、澳门顺利回归，并保持社会稳定，经济繁荣，对两岸关系和台湾问题的解决起到了积极促进作用；第二，从国际形势来看，我们坚持贯彻独立自主的和平外交政策，广泛开展双边和多边

外交，积极参与国际交流和合作；第三，从两岸关系来看，两岸人员往来和经济文化交流也不断加强，共同利益不断增多，两岸"三通"出现新的有利形势。

党的十八大以来，两岸关系和平发展取得丰硕成果。习近平总书记就对台工作提出一系列重要理念和重要思想，指导对台工作迈上新台阶，引领两岸关系不断取得新进展。2015年，习近平总书记会见台湾地区领导人马英九，实现两岸领导人66年来首次会面，将两岸关系提升到新高度，为两岸关系未来开辟了新前景。当前两岸关系正处在重要节点，两岸同胞高度关注海峡两岸关系未来发展。坚持"九二共识"政治的基础，继续走和平发展道路，就可以不断开辟两岸关系新前景。不承认"九二共识"的历史事实，不认同两岸同属一中的核心意涵，就是改变两岸关系和平发展和台海和平稳定的现状，必将遭受两岸同胞共同反对。我们维护国家主权和领土完整的立场坚定不移，态度始终如一。我们愿意在坚持"九二共识"政治基础上，继续推动两岸协商谈判，促进两岸经济、社会等各领域交流合作，增进两岸同胞亲情和福祉，携手构建两岸命运共同体。

2015年5月，习近平提出了新形势下推进两岸关系发展的五点重要主张。第一，坚持"九二共识"、反对"台独"是两岸关系和平发展的政治基础，其核心是认同大陆和台湾同属一个中国。否认"九二共识"，挑战两岸同属一个中国的法理基础，搞"一边一国""一中一台"，就会损害民族、国家、人民的根本利益，动摇两岸关系发展的基石，就不可能有和平，也不可能有发展。我们始终把坚持"九二共识"作为同台湾当局和各政党开展交往的基础。第二，深化两岸利益融合，共创两岸互利双赢，增进两岸同胞福祉，是推动两岸关系和平发展的宗旨。第三，两岸交流，归根到底是人与人的交流，最重要的是心灵沟通。两岸同胞要以心相交、尊重差异、增进理解，不断增强民族认同、文化认同、国家认同。中华文化是两岸同胞共同的精神财富，也是两岸同胞血脉相连的精神纽带。第四，国共两党和两岸双方要着眼大局，本着相互尊重的精神，不仅要求同存异，更应努力聚同化异，不断增进政治互信。第五，中华民族伟大复兴要大家一起来干。只要两岸同胞、全世界的中国人团结起来，心往一处想，劲往一处使，实现中华民族伟大复兴必定是指日可待的。

【知识拓展】

"我们对台工作的大政方针没有改变，还是继续坚持'九二共识'政治基础来维护台海的和平稳定和推进两岸关系和平发展。"5日，走出会场的中共中央台办、国务院台办主任张志军接受记者采访时表示。当日上午，十二届全国人大四次会议在北京开幕，国务院总理李克强向大会做政府工作报告。

在谈及两岸关系时李克强指出，我们要继续坚持对台工作大政方针，坚持"九二共识"政治基础，坚决反对"台独"分裂活动，维护国家主权和领土完整，维护两岸关系和平发展和台海和平稳定。推进两岸经济融合发展。促进两岸文教、科技等领域交流，加强两岸基层和青年交流。我们将秉持"两岸一家亲"的理念，同台湾同胞共担民族大义，共享发展机遇，携手构建两岸命运共同体。

张志军说，政府工作报告中涉台内容虽然不是很长，但他觉得非常重要，"阐述了我们对台工作的大政方针和基本态度，讲得非常明确"。

张志军说，"我们在维护国家主权和领土完整上的态度是非常鲜明的，是坚定不移的"。

张志军表示，政府工作报告也强调要进一步推进两岸各个领域，特别是在经济如何发展、文教科技等各个领域的交流方面,也表明了我们的积极态度。还特别强调了要加强基层和青年的交流,最后是呼吁两岸同胞携手同心,来为民族的复兴共同打拼。

(陈林、陈小愿:《张志军:对台工作大政方针没有改变》,中国新闻网,2016 年 3 月 5 日,http://www.chinanews.com/tw/2016/03-05/7785233.shtml)

【思考与练习】

1. "和平统一、一国两制"构想的基本内容是什么?
2. 如何理解"和平统一、一国两制"的重要意义?
3. 谈谈香港、澳门成功回归的重要意义?

【参考文献】

[1] 邓小平. 一个国家,两种制度 [M]//邓小平文选:第 3 卷. 北京:人民出版社,1993.

[2] 江泽民. 为促进祖国统一大业的完成而继续奋斗 [M]//江泽民文选:第 1 卷. 北京:人民出版社,2006.

[3] 胡锦涛. 携手推动两岸关系和平发展 同心实现中华民族伟大复兴——在纪念《告台湾同胞书》发表 30 周年座谈会上的讲话 [N]. 人民日报,2009-01-01(12).

[4] 反分裂国家法 [M]//中共中央文献研究室. 十六大以来重要文献选编:中. 北京:中央文献出版社,2006.

[5] 中共中央总书记习近平会见中国国民党荣誉主席吴伯雄 [N]. 人民日报,2013-06-14(1).

[6] 中央档案馆. 中共中央文件选集:第 14 册 [M]. 北京:中共中央党校出版社,1987.

[7] 中共中央文献研究室. 毛泽东年谱(1949—1976):第 3 卷 [M]. 北京:中央文献出版社,2013.

[8] 中共中央文献研究室. 邓小平年谱(1975—1997):下 [M]. 北京:中央文献出版社,2004.

[9] 中共中央文献研究室. 十七大以来重要文献选编:上 [M]. 北京:中央文献出版社,2013.

[10] 国务院新闻办公室,中央文献研究室,中国外文局. 习近平谈治国理政 [M]. 北京:外文出版社,2014.

第十章　中国特色社会主义外交和国际战略

【教学目标】

通过本章的教学,帮助学生了解我国外交思想的主要内容,包括无产阶级国际主义和爱国主义相结合、独立自主、平等互利、和平共处和对外开放等原则,珍惜来之不易的和平环境;全面认识国际形势的发展变化,深刻领会我国的外交政策与和平发展道路,认识中国的迅速崛起在促进世界和平与发展中的作用。

中国不认同"国强必霸论"……中国坚持不干涉别国内政原则,不会把自己的意志强加于人,即使再强大也永远不称霸。
——习近平在和平共处五项原则发表60周年纪念大会上的讲话,2014年6月28日

亚洲国家应该坚持联合自强,互利合作,包容开放,实现共同发展繁荣。中国坚定不移走和平发展道路,践行亲、诚、惠、容的周边外交理念,奉行开放的区域主义。
——习近平在北京人民大会堂会见博鳌亚洲论坛理事会工作会议代表讲话,2014年10月29日

第一节　外交和国际战略形成的依据

一、和平与发展是当今时代的主题

和平与发展成为当今时代的主题,这是世界各种矛盾发展变化和世界抑制战争因素不断增长的合力作用的结果。和平一直成为人类世世代代追求的理想和目标。和平与发展是相辅相成的,世界和平是促进各国共同发展的前提条件,各国的共同发展则是保持世界和平的重要基础。我国的独立自主、和平共处五项原则的初步思想是在抗日战争时期基本形成的。

20世纪60年代毛泽东清醒看到美国同其他发达资本主义国家的矛盾,进一步提出两个中间地带理论。提出亚洲、非洲、拉丁美洲是第一个中间地带,欧洲、北美加拿大、大洋洲是第二个中间地带,日本也属于第二个中间地带。20世纪70年代毛泽东把中间地带思想发展为三个世界战略。1974年2月,毛泽东在会见赞比亚总统卡翁达时提出三个世界理论,指出"美国、苏联是第一世界。中间派,日本、欧洲、澳大利亚、加拿大,是第二世界。咱们是第三世界"①。他还指出,第三世界人口多,"亚洲除了日本,都是第三世界。整个非洲都是第三世界,拉丁美洲也是第三世界"②。三个世界划分战略对我们团结世界人民反抗霸权,改变世

---

① 中共中央文献研究室编:《毛泽东文集》第8卷,人民出版社1999年版,第441页。
② 中共中央文献研究室编:《毛泽东文集》第8卷,人民出版社1999年版,第442页。

界政治力量对比,改善我们的国际环境,提高我国的国际威望起了很大的作用。

随着国际形势的进一步发展,邓小平对时代主题的判断发生转变。时代主题是对一个时期内世界上带全局性、战略性的基本问题或中心任务所作的理论概括。邓小平在1985年指出:"现在世界上真正大的问题,带全球性的战略问题,一个是和平问题,一个是经济问题或者说发展问题。和平问题是东西问题,发展问题是南北问题。概括起来,就是东西南北四个字。南北问题是核心问题。"① 1987年10月,党的十三大根据邓小平的论述,提出了和平与发展是当今世界的两大主题这一深刻论断。

当今世界正在发生深刻复杂的变化,但和平与发展仍是时代主题,和平、发展、合作、共赢的时代潮流更加强劲。国际力量对比继续朝着有利于世界和平与发展的方向发展,保持国际形势总体稳定、促进各国共同发展具备更多有利条件。同时,世界仍很不安宁,人类依然面临诸多难题和挑战,影响和平与发展的不确定因素在增加。传统安全威胁和非传统安全威胁的因素相互交织,恐怖主义危害上升。霸权主义和强权政治有新的表现。民族、宗教矛盾和边界、领土争端导致的局部冲突时起时伏,南北差距进一步扩大,维护世界和平、促进共同发展依然任重道远。总体和平、局部战争,总体缓和、局部紧张,总体稳定、局部动荡,是当前和今后一个时期国际局势发展的基本态势。

二、世界多极化和经济全球化趋势在曲折中发展

1. 世界多极化在曲折中发展

世界多极化是指在一定时期内对国际关系有突出影响的国家和国家集团等世界战略力量相互作用而趋向于形成多极格局的一种发展趋势,是对主要力量在全球实力分布状态的一种反映。世界格局多极化是国际关系发展的必然结果,是不以人的意志为转移的客观趋势。冷战结束以来,世界各种力量此消彼长,世界格局走向多极化的趋势越来越清晰。一个超级大国和多种力量并存,是多极化格局最终形成前的较长过渡时期内世界力量对比的基本态势。

国际格局走向多极化,是时代进步的要求,符合各国人民的利益。多极化格局使世界各种力量逐渐形成既相互借重又相互制约与制衡的关系,有利于避免新的世界大战的爆发,有利于遏制霸权主义和强权政治,有利于推动建立公正合理的国际政治经济新秩序,有利于实现各国人民对和平、稳定、繁荣的新世界的美好追求,也有利于广大发展中国家抓住机遇、发展自己。

但也要看到,世界多极化的最终形成将经历一个漫长、曲折、复杂的演进过程。在这个过程中,单极与多极的矛盾,称霸与反霸的斗争,将成为相当长一个时期内国际斗争的焦点。合作中的竞争和竞争中的合作成为世界格局多极化趋势发展过程中的重要特征。

在世界格局多极化与单边主义的斗争中,军事力量仍然是关键因素。世界上的大国强国,都把建立强大的国防力量作为抢占新的国际格局制高点的突破口,强化军事力量在维护和扩展国家利益中的职能和作用,谋求在世界格局多极化进程中占据优势地位,争夺21世纪国际社会中的战略主动权。

在日趋激烈的综合国力竞争中,经济技术的地位越来越重要。强大的经济技术力量是成为世界一极的根本条件。因此,各国都把发展经济摆在优先地位。世界格局多极化能否成为现实,归根到底,取决于世界各大力量中心的经济能否迅速发展,取决于发展中国家的经济

---

① 邓小平:《邓小平文选》第3卷,人民出版社1993年版,第105页。

能否实现腾飞。

2. 经济全球化趋势深入发展

世界格局演变的一个重要背景是经济全球化，经济全球化趋势和世界多极化趋势相互关联，相互影响。20世纪90年代以来，世界经济加快了由集团化、区域化朝着全球化发展的趋势，经济全球化趋势加快发展。经济全球化使各种生产要素在全球范围内优化组合和资源优化配置，从而促进全球经济的迅速发展。经济全球化在本质上是资本的跨国流动。新科技革命是当代经济全球化浪潮的物质基础和重要推动力。

但经济全球化是一把"双刃剑"，它在推动全球生产力大发展、加速世界经济增长的同时，也带来了各国和全球共同面临的社会经济问题，加剧了国际竞争，增多了国际投机，增加了国际风险，并对国家主权和发展中国家的民族工业造成了严重冲击。经济全球化是在不公正不合理的国际经济旧秩序没有根本改变的情况下发生和发展的，西方发达国家力图主导经济全球化。对发展中国家来说，经济全球化是一个难得的历史机遇，也意味着是一个巨大的挑战：国民经济对外依赖程度日益提高，将使发展中国家经济容易受国际经济波动的影响；迅速开放国内市场，外国商品大量涌入会强烈冲击发展中国家的民族工业，国际短期资本大量涌入，也增加了发展中国家的金融风险；大量引进外资和技术，发展中国家的主要产业乃至整个国民经济有被跨国公司和国际经济组织控制的危险等。

经济全球化趋势使各国经济的相互依存、相互影响日益加深。因此，全球化的经济需要全球性的合作。各国应本着责任与风险共担的精神，加强国际合作，共同维护国际经济稳定发展。国际社会还应共同努力，推动建立公正合理的国际经济新秩序，推动经济全球化向平等、互惠、共赢、共存的方向发展，以有利于各国共同发展。我们需要的是世界各国平等、互惠、共赢、共存的经济全球化。

三、抓住和用好重要战略机遇期

胡锦涛同志在党的十八大报告中指出，综观国际国内大势，我国发展仍处于可以大有作为的重要战略机遇期。我们要准确判断重要战略机遇期内涵和条件的变化，全面把握机遇，沉着应对挑战，赢得主动，赢得优势，赢得未来，确保到2020年实现全面建成小康社会的宏伟目标。

胡锦涛关于重要战略机遇期的科学判断，把我们对机遇的认识提高到了一个新境界。一个国家的战略机遇期是否出现和能否持续，总是和一定的国际国内形势联系在一起的。当前和今后一个时期，我国发展重要战略机遇期存在的基本条件和机遇大于挑战的基本面，并没有因为国内外形势的新变化而发生根本性改变。从国际看，虽然国际金融危机对全球经济造成严重冲击，世界经济增长速度减缓，国际和地区热点问题增多，但和平、发展、合作仍是时代潮流，世界多极化、经济全球化深入发展，国际环境总体上有利于我国和平发展。从国内看，我国发展中的不平衡、不协调、不可持续的问题依然突出，但市场潜力巨大，劳动力资源丰富，科技创新能力增强，各方面体制机制不断完善，社会政治大局稳定，完全有条件推动经济社会发展和综合国力再上新台阶。综合起来，对我国来说确实是千载难逢、可以大有作为的重要战略机遇期。

机遇总是与挑战并存。当今世界，许多国家都把21世纪初期作为发展的战略机遇期，都在争夺战略主动权，围绕把握和利用战略机遇期引发的国际竞争十分激烈。我国发展的重要战略机遇期，也是改革的攻坚期、发展的关键期、矛盾的凸显期。我们既要珍惜机遇、抓

住机遇、用好机遇,又要认清挑战、应对挑战、战胜挑战,宁可把挑战因素看得重一些,也不可忽视挑战。只有这样,才能化挑战为机遇,变危机为契机。

战略机遇期稍纵即逝,只有紧紧抓住和用好了才有意义。抓住和用好重要战略机遇期,关键在于能善于发掘和充分利用一切有利于我们发展的资源和关系,对内坚持科学发展、对外坚持和平发展,统筹国内国际两个大局,统筹发展、安全两件大事,树立世界眼光,加强战略思维,从国际形势发展变化中紧紧把握发展机遇、应对风险挑战,营造良好国际环境。

【知识拓展】

习近平表示,今天,我们在这里隆重集会,纪念和平共处五项原则发表60周年。这是中国、印度、缅甸和国际社会共同的盛会,对弘扬和平共处五项原则、增进各国人民友好合作、促进世界和平与发展,具有重要意义。60年前,中国、印度、缅甸顺应历史潮流,共同倡导了互相尊重主权和领土完整、互不侵犯、互不干涉内政、平等互利、和平共处五项原则。这是国际关系史上的重大创举,为推动建立公正合理的新型国际关系做出了历史性贡献。抚今追昔,我们对共同倡导和平共处五项原则的三国老一辈领导人表示深切缅怀,对长期以来坚持弘扬和平共处五项原则的各国有识之士,致以崇高的敬意。

习近平强调,和平共处五项原则传承了亚洲人民崇尚和平的思想传统,生动反映了联合国宪章宗旨和原则并赋予可见、可行、可依循的内涵,体现了各国权利、义务、责任相统一的国际法治精神。60年来,和平共处五项原则走向亚洲、走向世界,历经国际风云变幻的考验,具有强大生命力。和平共处五项原则作为一个开放包容的国际法原则,集中体现了主权、正义、民主、法治的价值观,已经成为国际关系基本准则和国际法基本原则,有力地维护了广大发展中国家权益,为推动建立更加公正合理的国际政治经济秩序发挥了积极作用。

习近平指出,当今世界正在发生深刻复杂的变化,和平、发展、合作、共赢的时代潮流更加强劲,维护世界和平、促进共同发展,依然任重道远。新形势下,和平共处五项原则的精神历久弥新,意义历久弥深,作用历久弥坚。我们共同纪念和平共处五项原则发表60周年,就是要探讨新形势下如何更好弘扬这五项原则,推动建立新型国际关系,共同建设合作共赢的美好世界。

(摘录自《习近平出席和平共处五项原则发表60周年纪念大会并发表主旨讲话》,2014年6月28日,http://news.xinhuanet.com/world/2014-06/28/c_1111364117.htm,有删改)

第二节 坚持走和平发展道路

一、坚持走和平发展道路的根据和重要意义

实现和平发展,是中国人民的真诚愿望和不懈追求,是中国根据时代发展潮流和国家根本利益做出的战略抉择。自20世纪70年代末实行改革开放以来,中国成功地走上了一条与本国国情和时代特征相适应的和平发展道路。通过这条道路,中国人民正努力把自己的国家建设成富强、民主、文明、和谐的现代化国家,并以自身的发展不断对人类进步事业做出新

的更大的贡献。

走和平发展道路,就是要把中国国内发展与对外开放统一起来,把中国的发展与世界的发展联系起来,把中国人民的根本利益与世界人民的共同利益结合起来。中国的和平发展道路是人类追求文明进步的一条全新道路,是中国现代化建设的必由之路。

中国和平发展的道路,是一条统筹国内发展和对外开放的发展道路。我们对内将毫不动摇地坚持以经济建设为中心,把发展作为第一要务;对外将毫不动摇地坚持和平与合作,与世界人民一道,共同推进人类和平与发展的崇高事业。

中国和平发展的道路,是一条勇于参与经济全球化而又坚持广泛合作、互利共赢的发展道路。中国实行对内改革从一开始就是同对外开放联系在一起的。在实行对外开放的同时,坚持独立自主、自力更生。

中国坚持走和平发展道路,是基于中国国情的必然选择。近代以来,中国受尽了列强的欺辱。建设独立富强、民生幸福的国家,是自近代以来中国人民孜孜以求的目标。中国人民深知民族不能独立、国家不能自主对一个国家的危害。因此,在谋求中国发展强大的进程中,中国决不会将自己过去遭受的苦难强加于他国人民。改革开放以来,虽然中国发展很快,但是人口多、底子薄、不发达仍然是我国的基本国情,这一国情决定推动经济社会发展、不断改善人民生活始终是我国的中心任务。习近平总书记指出,党的十八大明确提出了"两个百年"的奋斗目标,我们还明确提出了实现中华民族伟大复兴的中国梦的奋斗目标。实现我们的奋斗目标,必须有和平国际环境。只有坚持走和平发展道路,只有同世界各国一道维护世界和平,中国才能实现自己的目标,才能为世界做出更大的贡献。

中国坚持走和平发展道路,是基于中国历史文化传统的必然选择。一个国家和民族的历史文化传统对一个国家发展道路的选择产生重大影响。苏联是社会主义国家,但20世纪50年代后就违反社会主义原则走上了对外扩张的道路。中华民族历来就是热爱和平的民族。中华文化是一种和平文化,渴望和平、追求和谐,始终是中国人民的精神特征。在我们国家过去五千年的历史中,当我们强大的时候,中国没有对他国进行侵略掠夺,在近代中国受到外国帝国主义的侵略,深知和平弥足珍贵。新中国成立以来,我们一直奉行独立自主的和平外交政策,从来都是维护世界和平、促进共同发展的坚定力量。

中国坚持走和平发展道路,是基于当今世界发展潮流的必然选择。求和平、促发展、谋合作是世界各国人民的共同心愿,也是不可阻挡的历史潮流。任何国家要实现自己的发展目标都必须顺应世界发展的大趋势。世界上仍存在诸多不稳定不确定的因素,人类还面临许多严峻挑战,和平与发展两大问题还没有解决。维护世界和平,促进共同发展是中国对外政策的宗旨,是中国的国家意志。中国坚持走和平发展道路既顺应世界潮流,又为推动和平与发展做出自己的贡献。

世界繁荣稳定是中国的机遇,中国发展也是世界的机遇。走和平发展道路,对中国有利,对亚洲有利,对世界也有利。中国坚持走和平发展道路,既积极争取和平的国际环境发展自己,又以自身发展促进世界和平;既让中国更好地利用世界的机遇,又让世界更好地分享中国的机遇,促进中国和世界各国良性互动、互利共赢。中国将坚定不移地走和平发展道路,并且希望世界各国共同走和平发展道路。

二、坚持独立自主的和平外交政策

第一,独立自主是马克思主义的重要原则。马克思、恩格斯认为无产阶级反对资产阶级、实现共产主义具有世界性。因此,在反对资产阶级的斗争中,在为共产主义奋斗的进程中,需要各国无产阶级进行国际联合。但国际的联合决不能否定各个国家和民族的独立,也不能否定各国党的独立自主。国际主义的共同利益也绝不是否定各国无产阶级所代表的民族利益。

列宁在领导俄国革命过程中,顶住各种供给和压力,根据俄国的具体情况,独立自主地开创了一条成功的革命道路。他也非常尊重别国革命的独立自主性。列宁明确指出:"各国共产主义工人运动国际策略的统一,就不是要求消除多样性,消除民族差别(这在目前是荒唐的幻想),而是要求运用共产主义的基本原则(苏维埃政权和无产阶级专政)时,把这些原则在某些细节上正确地加以改变,使之正确地适应共产党人于民族的和民族国家的差别。"①

第二,独立自主也是我国取得革命和建设胜利的宝贵经验之一。中共把马克思主义基本原理同中国实际相结合,解放思想,实事求是,独立思考,走自己的路,取得了中国新民主主义革命的胜利。中国特色社会主义建设事业不断取得进展,也是我党领导中国人民独立自主探索中国社会主义建设路线、独立自主建设社会主义的结果。早在新中国成立初期,毛泽东就指出:"中国必须独立,中国必须解放,中国的事情必须由中国人民自己作主张,自己来处理,不容许任何帝国主义国家再有一丝一毫的干涉。"② 1982年邓小平郑重声明:"独立自主,自力更生,无论过去、现在和将来,都是我们的立足点。中国人民珍惜同其他国家和人民的友谊和合作,更加珍惜自己经过长期奋斗而得来的独立自主权利。任何外国不要指望中国做他们的附庸,不要指望中国会吞下损害我们利益的苦果。"③

第三,坚持独立自主地处理一切国际事务原则的内涵。就是坚持从我国实际情况和需要出发,依靠自己的力量,独立自主地发展与世界各国关系;就是根据事物本身的是非曲直,独立自主地决定中国对国际事务的态度和立场,不屈从任何外来的压力。中国珍惜一切已经建立起来的同外国的友好关系,但这决不意味着中国会为了维持某种关系而放弃自己的原则立场,更不容许让这种关系损害自己的主权、安全和尊严。

三、推动建立以合作共赢为核心的新型国际关系

中国外交政策的宗旨是维护世界和平、促进共同发展。建设一个持久和平、共同繁荣的和谐世界,是世界各国人民的共同心愿,是中国走和平发展道路的崇高目标。

构建以合作共赢为核心的新型国际关系。这是习近平总书记总揽世界大势提出的一个重要理念,既是对联合国宪章宗旨原则的继承和弘扬,也是对传统国际关系理论的超越和创新,必将对未来国际关系的发展产生重要和深远的影响。

现在是全球化时代,国与国之间的相互依存空前紧密,利益共生不断深化,各国都在全球供应链、产业链、价值链的相互联系当中,任何一个环节出了问题,各方都会受到影响。同时,世界和平与发展面临的挑战越来越具有全局性、综合性和长远性,没有哪一国能够独善其身,也没有哪一国可以包打天下。需要各国同舟共济,携手共进。这是我们面对的国际关系的现实,也是提出构建新型国际关系的时代背景。

中国率先提出构建以合作共赢为核心的新型国际关系,是中华民族传统文化和新中国外

---

① 中共中央马克思恩格斯列宁斯大林著作编译局编译:《列宁选集》第4卷,人民出版社1960年版,第246页。
② 中华人民共和国外交部、中共中央文献研究室编:《毛泽东外交文选》,中央文献出版社1994年版,第78页。
③ 邓小平:《邓小平文选》第3卷,人民出版社1993年版,第3页。

交实践的厚积薄发。中华文明蕴含着博大精深的立身处世之道，至今仍在滋养着中国人的精神。如"己欲立而立人，己欲达而达人"的思想境界，"丈夫贵兼济，岂独善一身"的道德情怀，这些理念与基于人性本恶、物竞天择的西方政治哲学有着明显不同。30多年前，中国开始推行改革开放。我们把中国的市场和劳动力优势与发达国家的资金和技术优势结合起来，不断扩大各国的共同利益。践行互利共赢的理念，使中国在短短几十年内快速成长为全球120多个国家的最大贸易伙伴，为世界经济的稳定与发展做出了不可替代的重要贡献。

总之，中国人民从自身的经历中深深体会到，得道才能多助，合作才能共赢。今天，中国朋友遍天下，隔山拒海不能限，中国外交更有信心践行合作共赢，更有能力行稳致远。

【知识拓展】

2015年9月，习近平总书记在纽约联合国总部出席第七十届联合国大会一般性辩论时发表重要讲话指出："当今世界，各国相互依存、休戚与共。我们要继承和弘扬联合国宪章的宗旨和原则，构建以合作共赢为核心的新型国际关系，打造人类命运共同体。"

世界格局正处在一个加快演变的历史性进程之中，和平、发展、进步的阳光足以穿透战争、贫穷、落后的阴霾，经济全球化、社会信息化极大地解放和发展了社会生产力，创造了前所未有的发展机遇；同时，恐怖主义、金融动荡、环境危机等问题愈加突出，给我们带来了前所未有的挑战。面对全球性挑战，没有哪个国家可以置身事外、独善其身，世界各国需要以负责任的精神同舟共济、协调行动。人类生活在同一个地球村，各国相互联系、相互依存、相互合作、相互促进的程度空前加深，国际社会日益成为一个你中有我、我中有你的命运共同体。

打造人类命运共同体，要建立平等相待、互商互谅的伙伴关系，营造公道正义、共建共享的安全格局，谋求开放创新、包容互惠的发展前景，促进和而不同、兼收并蓄的文明交流，构筑尊崇自然、绿色发展的生态体系。世界各国一律平等，不能以大欺小、以强凌弱、以富欺贫；要坚持多边主义，建设全球伙伴关系，走出一条"对话而不对抗、结伴而不结盟"的国与国交往新路。要树立共同、综合、合作、可持续安全的新观念，充分发挥联合国及其安理会的核心作用，坚持通过对话协商和平解决分歧争端。推进各国经济全方位互联互通和良性互动，完善全球经济金融治理，减少全球发展不平等、不平衡现象，使各国人民公平享有世界经济增长带来的利益。促进不同文明、不同发展模式交流对话，在竞争比较中取长补短，在交流互鉴中共同发展。解决好工业文明带来的矛盾，以人与自然和谐相处为目标，实现世界的可持续发展和人的全面发展，创造一个各尽所能、合作共赢、奉行法治、公平正义、包容互鉴、共同发展的未来。

中国将始终做世界和平的建设者、全球发展的贡献者、国际秩序的维护者。要共同营造对亚洲、对世界都更为有利的地区秩序，通过迈向亚洲命运共同体，推动建设人类命运共同体。坚持亚太大家庭精神和命运共同体意识，共同致力于亚太繁荣进步，共建面向未来的亚太伙伴关系。

（摘录自《推动构建以合作共赢为核心的新型国际关系——关于国际关系和我国外交战略》，中共中央宣传部编：《习近平总书记系列重要讲话读本（2016年版）》，学习出版社、人民出版社2016年版，第264－266页）

毛泽东思想和中国特色社会主义理论体系概论

第三节 坚持外交理论与实践创新

当前我国正按照"五位一体"总体布局①和"四个全面"战略布局②协调推进各方面工作，实现中华民族伟大复兴的中国梦展现出良好前景，国际地位和影响力达到新高度。国际社会普遍看好我国发展势头，加强对华合作与借重的意愿更加强烈。同时也要看到，作为社会主义发展中大国，我国仍面临诸多外部风险和挑战，需要妥善有效应对。

以习近平为核心的党中央准确把握世界格局变化和中国发展大势，深入推进外交理论和实践创新，全面统筹国内国际两个大局，引领中国外交实现一系列重要新突破，取得一系列重要新成果，开创了中国外交新局面。进一步引导全球经济议程，致力于构建创新、活力、联动、包容的世界经济，推动国际治理体系改革完善，为促进世界经济增长和全球经济治理改革提供中国方案、贡献中国力量。

一、当前国际体系变革调整步伐进入关键期

世界经济复苏曲折缓慢，变革调整步伐明显加快。世界经济总体延续了国际金融危机以来的低速增长态势。发达国家经济复苏势头普遍较弱，新兴市场国家经济下行压力加大，西方国家货币政策分化增大新兴市场国家的金融市场风险。新一轮科技和产业革命深入推进，大国战略经济竞争上升，地缘政治风险对经济影响增大。各国既立足当前，又着眼长远，加快经济结构调整，寻求新增长动力。中国全面深化改革，转变发展方式，经济总体保持中高速增长，继续对世界经济增长做出重要贡献。

习近平总书记指出："我们参与全球治理的根本目的，就是服从服务于实现'两个一百年'奋斗目标、实现中华民族伟大复兴的中国梦。要审时度势，努力抓住机遇，妥善应对挑战，统筹国内国际两个大局，推动全球治理体制向着更加公正合理方向发展，为我国发展和世界和平创造更加有利的条件。"③

推动全球治理体系朝着更加公正合理方向发展，符合世界各国的普遍需求。新兴市场国家和一大批发展中国家快速发展，国际影响力不断增强，是近代以来国际力量对比中最具革命性的变化。经济全球化深入发展，把世界各国利益和命运更加紧密地联系在一起，很多问题不再局限于一国内部，很多挑战也不再是一国之力所能应对的。世界上的事情越来越需要各国共同商量着办，建立国际机制、遵守国际规则、追求国际正义成为多数国家的共识。

全球治理体系是由全球共建共享的，不可能由哪一个国家独自掌握，全球治理结构如何完善应该由各国共同来决定。推进全球治理体制变革并不是推倒重来，也不是另起炉灶，而是创新完善，使全球治理体制更好地反映国际格局的变化，更加平衡地反映大多数国家特别是新兴市场国家和发展中国家的意愿和利益。要坚定维护以联合国宪章宗旨和原则为核心的国际秩序和国际体系，维护和巩固第二次世界大战的胜利成果，积极维护开放型世界经济体制，提高国际法在全球治理中的地位和作用，推动建设和完善区域合作机制，加强国际社会应对资源能源安全、粮食安全、网络信息安全，应对气候变化，打击恐怖主义，防范重大传

---

① "五位一体"总体布局：经济建设、政治建设、文化建设、社会建设和生态文明建设。
② "四个全面"战略布局：全面建成小康社会、全面深化改革、全面推进依法治国、全面从严治党。
③ 习近平：《推动全球治理体制更加公正更加合理 为我国发展和世界和平创造有利条件》，《人民日报》2015年10月14日。

染性疾病等全球性挑战的能力。

中国是现行国际体系的参与者、建设者、贡献者，是国际合作的倡导者和国际多边主义的积极参与者，要推动全球治理理念创新发展，积极发掘中华文化中积极的处世之道和治理理念同当今时代的共鸣点，努力为完善全球治理贡献中国智慧、中国力量。坚持从我国国情出发，坚持权利和义务相平衡，不仅要看到我国发展对世界的要求，也要看到国际社会对我国的期待。坚持发展中国家定位，把维护我国利益同维护广大发展中国家共同利益结合起来。保持开放、透明、包容姿态，同二十国集团各成员加强沟通和协调，共同把二十国集团维护好、建设好、发展好，促使二十国集团顺利完成从危机应对机制向长效治理机制转变，巩固作为全球经济治理主要平台的地位。

二、开辟中国外交的崭新境界

面对深刻复杂的国际形势，以习近平为核心的党中央始终从战略和全局的高度，通盘谋划和亲自引领对外工作，开展一系列重大外交行动，推进一系列重大倡议举措，不断开辟中国外交的崭新境界。

对外开放是我国的基本国策。开放带来进步，封闭导致落后，这已为世界和我国发展实践所证明。习近平总书记多次指出，发展依然是当代中国的第一要务，中国发展的根本出路在于改革，中国开放的大门永远不会关上。

开放是国家繁荣发展的必由之路。以开放促改革、促发展，是我国发展不断取得新成就的重要法宝。关起门来搞建设不可能成功。经过30多年的改革开放，我国经济正在实行从引进来到引进来和走出去并重的重大转变，只有坚持对外开放，深度融入世界经济，才能实现可持续发展。准确把握经济全球化新趋势和我国对外开放新要求，妥善应对我国经济社会发展中面临的困难和挑战，更加需要扩大对外开放。实现"两个一百年"奋斗目标，实现中华民族伟大复兴的中国梦，也要推进更高水平的对外开放，以对外开放的主动赢得经济发展的主动、赢得国际竞争的主动。

我国同世界的互动越来越紧密，机遇共享、命运与共的关系日益凸显。中国将坚定不移提高开放型经济水平，坚定不移引进外资和外来技术，坚定不移完善对外开放体制机制，为经济发展注入新动力、增添新活力、拓展新空间。中国将实行更加积极主动的开放战略，完善互利共赢、多元平衡、安全高效的开放型经济体系，促进沿海内陆沿边开放优势互补，形成引领国际经济合作和竞争的开放区域，培育带动区域发展的开放高地。中国将以更加开放的胸襟、更加包容的心态、更加宽广的视角，大力开展中外文化交流，在学习互鉴中，为推动人类文明进步作出应有贡献。

【知识拓展】

国家主席习近平于2015年9月28日在纽约联合国总部出席第70届联合国大会一般性辩论并发表题为《携手构建合作共赢新伙伴　同心打造人类命运共同体》的重要讲话。习近平强调，和平、发展、公平、正义、民主、自由，是全人类的共同价值，也是联合国的崇高目标。当今世界，各国相互依存、休戚与共，我们要继承和弘扬联合国宪章宗旨和原则，构建以合作共赢为核心的新型国际关系，打造人类命运共同体。

习近平指出，70年前，我们的先辈经过浴血奋战，取得了世界反法西斯战争的胜利，以远见卓识，建立了联合国这一最具普遍性、代表性、权威性的国际组织，集各方智慧，制定了联合国宪章，奠定了现代国际秩序基石，确立了当代国际关系基本准则。

习近平指出，9月3日，中国人民同世界人民一道，隆重纪念了中国人民抗日战争暨世界反法西斯战争胜利70周年。中国的抗战，不仅实现了国家和民族的救亡图存，而且有力支援了在欧洲和太平洋战场上的抵抗力量，为赢得世界反法西斯战争胜利做出了历史性贡献。历史无法改变，但未来可以塑造。铭记历史，不是为了延续仇恨，而是要共同引以为戒。传承历史，不是为了纠结过去，而是要开创未来，让和平的薪火代代相传。

习近平强调，站在新的历史起点上，联合国需要深入思考如何在21世纪更好回答世界和平与发展这一重大课题。当今世界，各国相互依存、休戚与共。我们要继承和弘扬联合国宪章的宗旨和原则，构建以合作共赢为核心的新型国际关系，打造人类命运共同体。

我们要建立平等相待、互商互谅的伙伴关系，要坚持多边主义，不搞单边主义；要奉行双赢、多赢、共赢的新理念，扔掉我赢你输、赢者通吃的旧思维。要倡导以对话解争端、以协商化分歧。要在国际和区域层面建设全球伙伴关系，走出一条"对话而不对抗，结伴而不结盟"的国与国交往新路。大国之间相处，要不冲突、不对抗、相互尊重、合作共赢。大国与小国相处，要平等相待，践行正确义利观，义利相兼，义重于利。

我们要营造公道正义、共建共享的安全格局。要摒弃一切形式的冷战思维，树立共同、综合、合作、可持续安全的新观念，充分发挥联合国及其安理会的核心作用，化干戈为玉帛。要推动经济和社会领域的国际合作齐头并进，统筹应对传统和非传统安全威胁。

我们要谋求开放创新、包容互惠的发展前景，要用好"看不见的手"和"看得见的手"，形成市场作用和政府作用有机统一、相互促进，打造兼顾效率和公平的规范格局。大家一起发展才是真发展，可持续发展才是好发展。要秉承开放精神，推进互帮互助、互惠互利。要将刚刚闭幕的联合国发展峰会制定的2015年后发展议程变为行动，共同营造人人免于匮乏、获得发展、享有尊严的光明前景。

习近平强调，13亿多中国人民正在为实现中华民族伟大复兴的中国梦而奋斗。中国人民圆梦必将给各国创造更多机遇，更好促进世界和平与发展。中国将始终做世界和平的建设者，坚定走和平发展道路，永不称霸，永不扩张，永不谋求势力范围。中国将始终做全球发展的贡献者，坚持走共同发展道路，欢迎各国搭乘中国发展"顺风车"。中国将始终做国际秩序的维护者，坚持走合作发展的道路，继续维护以联合国宪章宗旨和原则为核心的国际秩序和国际体系，继续同广大发展中国家站在一起，坚定支持增加发展中国家特别是非洲国家在国际治理体系中的代表性和发言权。

习近平最后强调，在联合国迎来又一个10年之际，让我们更加紧密地团结起来，携手构建合作共赢新伙伴，同心打造人类命运共同体。让铸剑为犁、永不再战的理念深植人心，让发展、繁荣、公平、正义的理念践行人间。

（摘录自：《习近平出席第70届联合国大会一般性辩论并发表重要讲话》，人民网2015年9月29日，http://politics.people.com.cn/n/2015/09/29/c1024-276444094.html)

【思考与练习】

1. 中国为什么要坚持走和平发展道路?
2. 如何认识中国坚持走和平发展道路的重要意义?

【参考文献】

[1] 毛泽东. 关于三个世界划分问题 [M]//毛泽东文集：第 8 卷. 北京：人民出版社，1999.

[2] 邓小平. 中国的对外政策 [M]//邓小平文选：第 2 卷. 北京：人民出版社，1994.

[3] 邓小平. 和平和发展是当代世界的两大问题 [M]//邓小平文选：第 3 卷. 北京：人民出版社，1993.

[4] 中共中央宣传部. 习近平总书记系列重要讲话读本：2016 年版 [M]. 北京：学习出版社、人民出版社，2016.

[5] 中共中央文献研究室. 毛泽东文集：第 8 卷 [M]. 北京：人民出版社，1999.

[6] 江泽民. 江泽民文选：第 3 卷 [M]. 北京：人民出版社，2006.

[7] 中共中央文献研究室. 十六大以来重要文献选编：中 [M]. 北京：中央文献出版社，2011.

[8] 中共中央马克思恩格斯列宁斯大林著作编译局. 列宁选集：第 4 卷 [M]. 北京：人民出版社，1960.

[9] 中华人民共和国外交部，中共中央文献研究室. 毛泽东外交文选 [M]. 北京：中央文献出版社，1994.

第十一章 建设中国特色社会主义的根本目的和依靠力量

【教学目标】

通过本章的教学，使学生懂得人民群众是建设中国特色社会主义的基本力量，实现好维护好发展好最广大人民群众的根本利益，是马克思主义执政党的根本政治立场和一切工作的出发点和归宿。深入地了解中国革命、建设和改革都是伟大而艰巨的事业，完成这些事业，必须坚定地依靠广大的人民群众，必须依靠广泛的爱国统一战线，必须依靠人民军队。帮助学生认识到人民群众是历史的创造者，是建设中国特色社会主义事业的基本力量；帮助学生树立群众观点、群众路线，把自己融入建设中国特色社会主义的伟大进程当中。

我们的人民热爱生活，期盼有更好的教育、更稳定的工作、更满意的收入、更可靠的社会保障、更高水平的医疗卫生服务、更舒适的居住条件、更优美的环境，期盼孩子们能成长得更好、工作得更好、生活得更好。人民对美好生活的向往，就是我们的奋斗目标。

——习近平当选中共中央总书记在北京人民大会堂第一次接见中外记者见面会，2012年11月15日

第一节 建设中国特色社会主义的根本目的

一、一切为了人民

人民是一个历史范畴。"人民这个概念在不同的国家和各个国家的不同的历史时期，有着不同的内容。"① 在我国，抗日战争时期，一切参加抗日的阶级、阶层和社会集团都属于人民的范围；在解放战争时期，一切反对国民党反动统治的阶级、阶层和社会集团，都属于人民的范围。在当代中国，一切赞成、拥护和参加中国特色社会主义建设事业的阶级、阶层和社会力量，都属于人民的范畴，都是建设中国特色社会主义的依靠力量。在我国，包括知识分子在内的工人阶级、农民阶级，始终是推动我国先进生产力发展和社会全面进步的根本力量，是不断发展人民群众根本利益的坚定力量，是维护社会安定团结的中坚力量。

社会主义事业是人民群众的事业。在《共产党宣言》中，马克思和恩格斯就鲜明地指出："过去的一切运动都是少数人或为少数人利益的运动。无产阶级的运动是绝大多数人的、为绝大多数人谋利益的独立的运动。"② 他们明确指出人民群众在历史中的重大作用，

---

① 中共中央文献研究室编：《毛泽东文集》第7卷，人民出版社1999年版，第205页。
② 中共中央马克思恩格斯列宁斯大林著作编译局编译：《马克思恩格斯选集》第1卷，人民出版社1995年版，第283页。

认为"历史活动是群众的事业，随着历史活动的深入，必将是群众队伍的扩大"。中国共产党作为马克思主义的忠实实践者，在革命、建设和改革的伟大实践中，始终坚持团结和依靠最广大的人民群众，同群众保持密切的联系，始终把人民群众作为党的事业的力量源泉。毛泽东强调指出："人民，只有人民，才是创造世界历史的动力。"① 相信人民群众、依靠人民群众、和群众打成一片，既是党战胜困难、取得胜利的最重要经验，也是党的最根本政治优势。建设中国特色社会主义是一项前无古人的艰巨而伟大的事业，能不能团结一切可以团结的力量，凝聚全民族的意志和智慧，这是我们的事业能否成功的关键。

习近平强调人民是创造历史的动力，我们共产党人任何时候都不要忘记这个历史唯物主义最基本的道理。人民是历史的创造者，群众是真正的英雄。人民群众是我们力量的源泉。我们深深知道，每个人的力量是有限的，但只要我们万众一心、众志成城，就没有克服不了的困难；每个人的工作时间是有限的，但全心全意为人民服务是无限的。责任重于泰山，事业任重道远。我们一定要始终与人民心心相印、与人民同甘共苦、与人民团结奋斗，夙夜在公，勤勉工作，努力向历史、向人民交出一份合格的答卷。

二、实现共同富裕

共同富裕，是马克思主义的一个基本目标，也是自古以来我国人民的一个基本理想。在改革之初，邓小平就提出，讲社会主义就必须把发展生产力和增加人民收入这两大实际目标作为压倒一切的标准。"要建设对资本主义具有优越性的社会主义，首先必须摆脱贫穷。"② 在改革初步展开时，他又把这两大目标概括为社会主义的两大原则——发展生产力和共同富裕。在改革深入之时，他又进一步提出了社会主义本质论断。"解放生产力，发展生产力，消灭剥削，消除两极分化，最终达到共同富裕"作为一个整体，就是社会主义优越性的集中体现，也是社会主义能够存在和发展的内在依据，成为邓小平社会主义观中最高层次的核心内容。

消灭剥削，消除两极分化，最终达到共同富裕，是社会主义的价值目标，也是社会主义和资本主义的本质区别。社会主义与资本主义不同的特点就是共同富裕。消灭剥削，消除两极分化，最终达到共同富裕，只有社会主义才能做到。消灭剥削，是指消灭剥削制度和剥削现象。这种剥削，主要指资本主义剥削，同时也包括其他形式的剥削。消灭剥削，实质是消灭不劳而获，消除少数人无偿占有他人劳动的不合理的社会现象等。消除两极分化，是指消除在财富的占有和使用上的严重不平等：一极为人数甚少、十分富有的阶级和集团；一极为人数众多、十分贫穷的阶级、阶层和群体。人们对社会财富的占有过于悬殊，致使贫困的一极无法承受起而反抗，就会导致社会危机以致社会动乱。在社会主义条件下发生这类事情，就会使社会整体利益受损，社会发展受阻。因此，必须消除两极分化。显然这同绝对平均主义、不允许适度差别存在的主张是不同的。消灭剥削、消除两极分化与共同富裕是联系在一起的。在生产力不断发展的条件下，消灭剥削、消除两极分化的过程就是实现共同富裕的过程。邓小平明确指出："共同致富，我们从改革一开始就讲，将来总有一天要成为中心课题……社会主义最大的优越性就是共同富裕，这是体现社会主义本质的一个东西。""社会主义的目的就是要全国人民共同富裕"，③ 走向共同富裕，首先要靠人们自己努力，国家、社

---

① 毛泽东：《毛泽东选集》第3卷，人民出版社1991年版，第1031页。
② 邓小平：《邓小平文选》第3卷，人民出版社1993年版，第225页。
③ 邓小平：《邓小平文选》第3卷，人民出版社1993年版，第364页。

会和先富的部分地区和人民也有责任和义务帮助其他部分地区和人民富裕起来，防止贫富悬殊、两极分化。在社会主义发展的各个阶段上，只要是历史地、最大限度地、尽可能地体现了共同富裕的原则，那就是体现了社会主义本质的要求。

共同富裕，是马克思主义的一个基本目标，也是自古以来我国人民的一个基本理想。按照马克思、恩格斯的构想，共产主义社会将彻底消除阶级之间、城乡之间、脑力劳动和体力劳动之间的对立和差别，实现各尽所能、按需分配，真正实现社会共享、实现每个人自由而全面的发展。实现这个目标需要一个漫长的历史过程。我国正处于并将长期处于社会主义初级阶段，我们不能做超越阶段的事情，但也不是说在逐步实现共同富裕方面就无所作为，而是要根据现有条件把能做的事情尽量做起来，一步步落实好以人民为中心的发展，积小胜为大胜，不断朝着全体人民共同富裕的目标前进。

三、坚持经济社会发展与人的全面发展的统一

马克思始终认为，每个人的全面而自由的发展是社会主义、共产主义所包含的最高目的和终极价值。所以必须坚持经济社会发展与人的全面发展相统一。经济社会发展与人的全面发展的关系：二者互相促进、互为条件。经济社会发展是人的全面发展的前提和条件；人的全面发展是经济社会发展的根本目的。二者相互促进，永无止境。

把人的全面发展与社会主义经济社会发展统一起来是继承马克思关于人的全面发展思想的必然要求。人的全面发展与经济社会发展在我国价值目标上具有高度统一性，在我国历史进程上具有高度契合性。要把人的全面发展与我国经济社会发展统一起来，就必须坚持以人为本，把教育摆在优先发展的战略地位，全面推进素质教育，统筹教育发展，在推动经济社会发展的进程中促进人的全面发展。

在这样的社会里所有人能够获得符合社会发展需要的个人发展条件，同时，每个人的全面发展又促进了全社会一切人的发展，个人发展是他人发展的条件，他人发展为个人发展创造了机会，个人利益与他人利益以及整个社会的利益达到了和谐完美的统一。资本主义"在产生出个人同自己和同别人的普遍异化的同时，也产生出个人关系和个人能力的普遍性和全面性"，① 社会主义作为共产主义初级阶段必然产生出个人关系和个人能力的普遍性和全面性，必然是以每个人的全面发展为基本原则的社会形式。

【知识拓展】

党的十八大报告中"人民"出现了145次，人们从报告的字里行间读出了人民的分量。必须始终把人民放在心中最高位置，是党的十八大报告其中真意。厚达64页、近3万字的报告，以人为本的理念、执政为民的情怀，犹如一条红线贯穿始终。"顺应人民共同愿望""使我国人民生活水平快速提高起来"。党的十八大报告通篇洋溢着中国共产党人的为民情怀。

媒体关注度分析：党的十八大报告中提及"人民"145次引起媒体的广泛关注。综观此

---

① 中共中央马克思恩格斯列宁斯大林著作编译局编译：《马克思恩格斯全集》第46卷，上册，人民出版社1979年版，第109页。

第十一章　建设中国特色社会主义的根本目的和依靠力量

次媒体对"十八大报告中提及'人民'145次"的关注,多数媒体都是以新闻的形式给予报道及转载,截至11月11日11时,传统媒体报道量已达94篇。值得注意的是,台湾地区的"中央日报"对"十八大报告中提及'人民'145次"的报道排在传统媒体关注的首位。网络媒体中对新闻报道及转载已达401条,搜狐网排在网络媒体关注度的首位,表明媒体对此新闻的转载率非常高。同时,在论坛、博客中也是最热门的话题之一。

网友关注度分析:党的十八大报告"人民"出现145次,不仅引起新闻媒体的关注,网友的关注度也非常高。从人民网舆情监测平台上可以看出,搜狐转载这条新闻后,有1028人参与互动,相关新闻跟帖评论已达百余条。有网友认为"人民"多次出现充分体现了政府"以人为本"的理念,认为人民是我党的群众基础,人民是创造历史的动力。不过也有网友认为这是政府在喊口号,希望政府不只停留在说的层面,而要体现在实际行动中。

网友建言:网友"骆驼":共产党来自老百姓,一切为了人民,一切也要依靠人民,以前依靠人民,推翻了三座大山;现在,更要依靠人民全面建成小康社会。

网友"天外来客":为人民服务不光只是口号,要切实做到为人民办实事,办好事,惩治腐败,加强廉政建设,心中想着人民,人民才会拥护和爱戴。

网友"sanbasuo":全心全意为人民服务是我党的宗旨,立党为公、执政为民是我党的执政理念。党的十八大报告145次提及人民,足见党把人民的利益放在至高无上的位置。脱离了人民,违背人民的意愿,那就将一事无成。

网友"发哥":人民,只有人民,才是推动历史发展的动力。

网友"小草":要真正联系人民群众,必须讲实话,办实事,达到实际效果,一切从"实"字出发,密切和人民群众的关系,这才是经济发展的基础保证,是党坚而不摧的力量源泉。

(摘录自《十八大报告"人民"出现145次引热议 彰显"人本"理念》,人民网,2012年11月12日,http://cpc.people.com.cn/18/n/2012/1112/c350825-19547337.html,有删改)

第二节　建设中国特色社会主义的依靠力量

人民群众是建设中国特色社会主义事业的依靠力量。在建设中国特色社会主义的事业中,必须紧紧依靠广大工人、农民、知识分子和人民军队。工人阶级是我国的领导阶级,是先进生产力和生产关系的代表,是我国社会主义建设和改革开放事业最基本的动力,是保持社会稳定的强大而集中的社会力量。农民是我国人数最多的依靠力量。知识分子是先进生产力的开拓者和教育科学文化工作的基本力量。人民军队是人民民主专政的坚强柱石,是捍卫社会主义祖国的钢铁长城,是建设中国特色社会主义的重要力量。

一、工人、农民和知识分子是建设中国特色社会主义事业的根本力量

在当代中国,一切赞成、支持和参加中国特色社会主义建设的阶级、阶层和社会力量,都属于人民的范畴,都是建设中国特色社会主义事业的依靠力量。包括知识分子在内的工人阶级和农民阶级,始终是推动我国先进生产力、先进文化发展和社会全面进步的根本力量。

1. 工人阶级是中国的领导阶级

习近平在2015年庆祝"五一"国际劳动节暨表彰全国劳动模范和先进工作者大会上的

讲话,指出:"我国工人阶级是我们党最坚实最可靠的阶级基础。我国工人阶级从来都具有走在前列、勇挑重担的光荣传统,我国工人运动从来都同党的中心任务紧密联系在一起。在当代中国,工人阶级和广大劳动群众始终是推动我国经济社会发展、维护社会安定团结的根本力量。那种无视我国工人阶级成长进步的观点,那种无视我国工人阶级主力军作用的观点,那种以为科技进步条件下工人阶级越来越无足轻重的观点,都是错误的、有害的。"① 建设中国特色社会主义必须坚持全心全意依靠工人阶级的方针,这是由党和国家的性质、工人阶级的特质及其历史地位决定的。

第一,是由党的性质和国家的性质决定的。工人阶级是党的阶级基础和国家的领导阶级。中国共产党从成立之日起,就把自己定位为中国工人阶级的政党。党要依靠最广大的人民群众,首先就要依靠本阶级的人民群众。中华人民共和国是工人阶级领导的、以工农联盟为基础的、人民民主专政的社会主义国家。毛泽东在《论人民民主专政》一文中明确指出:"人民民主专政需要工人阶级的领导。因为只有工人阶级最有远见,大公无私,最富于革命的彻底性。整个革命历史证明,没有工人阶级的领导,革命就要失败,有了工人阶级的领导,革命就胜利了。"② 在中国革命、建设和改革的全部实践和整个历史进程中,党必须始终不渝地全心全意依靠工人阶级,这是我们事业取得胜利的根本保证。

第二,是由工人阶级的性质和特点决定的。中国工人阶级是中国最先进的阶级。中国工人阶级同社会化大生产相联系,是先进生产力和先进生产关系的代表。正如邓小平指出的:"工人阶级最重要的特点之一就是同社会化的大生产相联系,因此它的觉悟最高,纪律性最强,能在现时代的经济进步和社会政治进步中起领导作用。"③ 工人阶级在长期的革命斗争和建设实践中,表现出了坚定的政治立场和自我牺牲精神、艰苦创业精神及历史主动精神,能够始终站在历史发展的前列,引领时代潮流,保持自身的先进性,不愧为我们国家的领导阶级和社会主义事业的中坚。

第三,是由工人阶级在社会主义现代化建设中的历史地位决定的。工人阶级是改革开放和现代化建设的基本动力。工人阶级是对国民经济起决定作用的主要生产力,是我国社会主义现代化建设的主导力量;工人阶级由于在国民经济中的主导地位和高度集中统一等特点,构成了维护社会稳定的强大而集中的社会力量。实行改革开放,进行现代化建设,解放和发展生产力,符合工人阶级的根本利益,因而工人阶级也是改革开放和现代化建设的最基本动力。改革开放和现代化建设的全过程和全部活动,都必须全心全意地依靠工人阶级,这在任何情况下都不能动摇。

改革和发展的新形势,给工人阶级队伍的自身素质提出了新的更高的要求。工人阶级要能够担负起领导这场改革的责任,就必须着力提高自身素质。要通过宣传教育,增强工人群众的主人翁责任感和建设中国特色社会主义的历史使命感,发扬工人阶级的优良传统和新时期的创业精神,为现代化建设再立新功;要适应时代的要求,努力提高工人阶级队伍的政治觉悟和业务素质,增强其对现代化建设事业的领导、组织和管理的总体驾驭能力和实际操作能力;要以强烈的主人翁责任感,大力发扬艰苦创业和开拓创新精神,要始终站在推动社会生产力发展的前列;要加强社会公德和职业道德教育,培养正确的世界观、人生观和文明健康的生活方式。真正使工人阶级成为社会主义现代化建设和发展社会主义市场经济的高素质

---

① 习近平:《在庆祝"五一"国际劳动节暨表彰全国劳动模范和先进工作者大会上的讲话》,《人民日报》2015年4月29日。
② 毛泽东:《毛泽东选集》第4卷,人民出版社1991年版,第1479页。
③ 邓小平:《邓小平文选》第2卷,人民出版社1994年版,第136页。

的领导阶级和建设大军。

2. 农民阶级是基本依靠力量

我国是个农业大国，农民占全国人口的绝大多数的这一国情，决定了广大农民不仅是我国新民主主义革命的主力军，而且是我国现代化建设和改革开放中人数最多的基本依靠力量。

第一，农民是中国革命和建设的主力军。中国革命和建设的实践证明，巩固的工农联盟是党的事业取得胜利的前提条件和根本保证。在革命战争年代，我们党长期战斗在农村，正是有了巩固的工农联盟，中国共产党才掌握了民主革命的领导权，战胜了强大的敌人，完成了中国革命的历史任务。民主革命胜利后，我们党又依靠工农联盟，完成了对农业、手工业和资本主义工商业的社会主义改造，走向社会主义。随着国家工业化的发展，农民的状况发生了巨大的变化，但农民仍占全国人口的多数，是社会主义建设的主要依靠力量之一。

第二，农民是社会主义现代化建设和改革的基本力量。建设中国特色社会主义必须依靠广大农民，这是由农业、农村、农民问题的重要地位和作用决定的。农业问题是建设中国特色社会主义的基础问题。农业是国民经济和社会发展的基础，它在我国有着特殊重要的意义。我国人口多、耕地少，占世界7%的耕地要养活占世界22%的人口。十几亿人口的吃饭问题，只能靠我们自己解决。农业不仅为我国提供粮食和其他农副产品，而且为工业和其他产业提供原料和广阔市场。农村现代化是建设中国特色社会主义的关键问题。全面建成小康社会，实现中国特色社会主义现代化，最艰巨、最繁重，也是最关键的任务在农村，在农业，在农民问题上。没有农村的现代化，就没有全国的现代化；没有农村的发展，就没有全国的大发展；没有农村的稳定，就没有全国的稳定。农民是我国社会主义现代化建设和改革开放中人数最多的依靠力量。改革开放以来，农民表现了可贵的创业革新精神。他们勇于探索，大胆创新，实行了以家庭联产承包为主的责任制，使我国农村发生了历史性的变化，带动了整个改革和建设事业。改革开放和现代化建设符合广大农民的根本利益，也使农民得到了实惠，因而他们衷心拥护党的路线、方针和政策。随着国家工业化进程，农民的状况也有了很大变化，但农村人口仍占我国人口的绝大多数。中国要想实现现代化在很大程度上取决于农村的现代化，因此，必须坚定不移地充分依靠广大农民。

3. 知识分子是中国工人阶级的一部分

知识分子是工人阶级中具有较高文化水平、主要从事脑力劳动的社会阶层。在民主革命时期，先进的知识分子是首先觉悟的成分。没有知识分子的参加，革命的胜利是不可能的。社会主义建设同样需要知识分子的积极参与。毛泽东曾经在《中国革命和中国共产党》中指出，在半殖民地半封建社会里的知识分子，"除去一部分接近帝国主义和大资产阶级并为其服务而反对民众的知识分子外，一般的是受帝国主义、封建主义和大资产阶级的压迫，遭受着失业和失学的威胁。因此，他们有很大的革命性。他们或多或少地有了资本主义的科学知识，富于政治感觉，他们在现阶段的中国革命中常常起着先锋的和桥梁的作用"①。新中国成立后，毛泽东进一步指出："我国的艰巨的社会主义建设事业，需要尽可能多的知识分子为它服务。"② 在当代中国，知识分子在工人阶级中的比重越来越大，成为工人阶级的重要组成部分，在社会主义现代化建设中发挥着重要作用。

科学技术作为第一生产力，是先进生产力的集中体现和主要标志，科学技术的这一重要

---

① 毛泽东：《毛泽东选集》第2卷，人民出版社1991年版，第641页。
② 中共中央文献研究室编：《毛泽东文集》第7卷，人民出版社1999年版，第225页。

地位,决定了知识分子在经济发展和社会进步中的重要作用。知识分子是人类科学文化知识的重要创造者、继承者和传播者。科学技术是第一生产力,而且是先进生产力的集中体现和主要标志。在生产力诸要素中,掌握了现代科学技术和管理经验的知识分子,始终是最活跃的因素。正如邓小平指出的那样:"我们国家,国力的强弱,经济发展后劲的大小,越来越取决于劳动者的素质,取决于知识分子的质量和数量。"① 知识分子也是精神文明建设的先锋,是推动我国教育、科学文化事业发展的主力军,在提高劳动者素质,特别是在培养"四有"新人中担负着重要的职责。知识分子在推进社会主义民主和法制建设、推进整个社会和谐中同样有着不可替代的作用。知识分子为中国特色社会主义的发展提供着强有力的智力支持,他们将对社会主义事业的发展将起着越来越重要的作用。

依靠知识分子,充分发挥其作用,就必须认真贯彻党的知识分子政策,努力创造一个有利于知识分子施展才华的良好的社会环境。要加强"科学技术是第一生产力"思想的宣传教育,在全社会形成"尊重知识、尊重人才"的氛围。要建立有利于人才脱颖而出的体制机制,为广大科技人员和知识分子提供施展才华的广阔舞台。要制定相关的政策和措施,积极改善知识分子的工作、学习和生活条件,提供有利于知识分子施展聪明才智的良好环境。同时,还要对知识分子加强教育和培养,促使其不断提高觉悟,确立正确的世界观、人生观和价值观,牢固树立为人民服务、为社会主义服务的思想,以便更好地承担起工人阶级的历史使命,发挥其应有的重要作用,为建设中国特色社会主义贡献自己的智慧和力量。

二、新的社会阶层是中国特色社会主义事业的建设者

改革开放以来,我国出现的新的社会阶层有:民营科技企业的创业人员和技术人员、受聘于外资企业的管理技术人员、个体户、私营企业主、中介组织的从业人员和自由职业人员等。包括个体户、私营企业主在内的新的社会阶层中的广大人员是中国特色社会主义事业的建设者。

新的社会阶层是在改革开放以来我国社会的巨大变革中出现的,符合社会主义初级阶段生产力发展的要求。习近平在2015年5月举行的中央统战工作会议上强调,要进一步加强留学人员、新媒体中的代表人士和非公有制经济人士特别是年青一代的工作。上述三类人中,新媒体中的代表人士是新纳入统战工作范围的,目前已经被明确为新的社会阶层人士统战工作的重点对象。2015年5月施行的《中国共产党统一战线工作条例(试行)》将"新的社会阶层人士"单列为统战工作对象,更加表明新的社会阶层人士统战工作已经成为统战工作新的增长点。新的社会阶层人士包括4类人,即私营企业和外资企业的管理人员和技术人员、中介组织和社会组织从业人员、自由职业人员、新媒体从业人员。这些人具有流动性大、分散性强、思想活跃、观点多样等特点。当前首先要加强调查研究、摸清底数、掌握情况,在此基础上建立健全政策制度、完善工作机制、创新工作方法载体,同时还要加强与有关行业主管部门和行业协会的协调配合力度,最大限度地形成工作合力。中共中央统战部正在对新的社会阶层人士的基本状况、他们在创业发展中面临的困难和需求、如何为他们更好发挥作用创造条件等问题进行深入研究,为中央研究部署新的社会阶层人士统战工作提供参考。

新的社会阶层是建设中国特色社会主义的重要依靠力量,新的社会阶层中的广大人员在

---

① 邓小平:《邓小平文选》第3卷,人民出版社1993年版,第120页。

改革开放和社会主义现代化建设中做出了积极贡献。新社会阶层的主要贡献：推动了经济发展，增加了国家税收；扩大了就业门路，缓解了就业压力；为社会公益事业作出了贡献。从总体上看，新的社会阶层拥护党的领导和社会主义制度，拥护党的路线方针政策，遵纪守法，热爱祖国。他们勇于开拓，敢冒风险，敢为天下先，走出了一条创业之路，在发展社会主义市场经济的过程中，起到了一定的带头和示范作用。他们中间的大部分人，属于改革开放以来先富起来的一批人，是改革开放的受益者，也是改革开放的支持者，是当代中国社会和谐和稳定的重要力量。把新的社会阶层中的广大人员作为中国特色社会主义事业的建设者，是从实际出发、尊重实践得出的科学结论，并不是排斥工人、农民、知识分子、干部和解放军指战员在建设中国特色社会主义事业中的主体地位。包括知识分子在内的我国工人阶级和农民阶级，始终是推动我国生产力发展和社会全面进步的根本力量。

从总体上看，新的社会阶层中的广大人员，拥护共产党的领导和社会主义制度，拥护党的路线方针政策，遵守国家法律，热爱祖国。伟大而艰巨的中国特色社会主义建设事业，需要全社会各方面共同努力，把新的社会阶层中的广大人员作为中国特色社会主义事业的建设者，是从实际出发、尊重实践、尊重群众得出的科学结论。坚持全心全意依靠工人阶级，发挥我国工人阶级、农民阶级和其他劳动群众推动我国生产力发展基本力量的作用，又支持新的社会阶层发挥中国特色社会主义事业建设者的作用，使全体人民都满腔热情地投身改革开放伟大实践，这就必将使中国特色社会主义建设获得强大的力量源泉。

三、巩固和发展全国各族人民的大团结

民族团结是各族人民的生命线。做好民族工作，最关键的是搞好民族团结，最管用的是争取人心。要正确认识我国民族关系的主流，多看民族团结的光明面，善于团结群众、争取人心，全社会一起做交流、培养、融洽感情的工作。加强各民族交往交流交融，尊重差异、包容多样，让各民族在中华民族大家庭中手足相亲、守望相助。用法律来保障民族团结，增强各族群众的法律意识，坚决反对大汉族主义和狭隘民族主义，自觉维护国家最高利益和民族团结大局。要对边疆地区、贫困地区、生态保护区实行差别化的区域政策，优化转移支付和对口支援体制机制，加快少数民族地区全面建成小康社会进程。要重视做好城市民族工作，尊重少数民族的风俗习惯和宗教信仰，注重保障各民族合法权益，推动建立相互嵌入式的社会结构和社区环境，引导进入城市的少数民族群众自觉遵守国家法律和城市管理规定，让城市更好地接纳少数民族群众，让少数民族群众更好地融入城市。

【知识拓展】

当代中国，新经济组织、新社会组织等新兴业态以及新的社会群体大量出现，后者被统称为"新的社会阶层人士"。中共中央统战部微信账号"统战新语"4日发出解读文章，指这一概念已发生新变化，专指自由择业知识分子。

这篇署名"润智"的文章回顾"新的社会阶层人士概念"的提出过程，述及2013年中共中央总书记习近平曾指出，一切非公有制经济人士和其他新的社会阶层人士，要发扬劳动创造精神和创业精神，回馈社会，造福人民，做合格的中国特色社会主义事业的建设者。解读文章分析，在此一讲话中，"其他新的社会阶层人士"与"自由择业知识分子"基本一

致,作为独立群体与"非公有制经济人士"并列提出。

这篇官方文章介绍,最近颁布的《中国共产党统一战线工作条例(试行)》中,正式将"新的社会阶层人士"作为统战工作12个方面的对象之一。习近平在今年5月举行的中央统战工作会议中,还专门就如何做好"律师、会计师、评估师、税务师等专业人士""新媒体从业人员"等群体的团结工作提出了明确要求。

文章指:"至此,'新的社会阶层人士'概念发生了新的变化,专指自由择业知识分子。或者说,'新的社会阶层人士'有广义与狭义之分,广义的包括非公有制经济人士和自由择业知识分子,狭义的仅指自由择业知识分子。"

文章表示,随着中国经济转型和科技发展,新兴业态不断出现,新的社会阶层人士所涵盖的范围将不断扩充,数量持续增长;团结凝聚广大新的社会阶层人士"具有重要意义"。

据介绍,"新的社会阶层人士"主要包括四大群体:私营企业和外资企业的管理人员和技术人员(指受聘于私企和外企,掌握企业核心技术和经营管理的专门知识者)、社会组织从业人员(包括律师、会计师、评估师、税务师、专利代理人等提供知识性产品服务的社会专业人士,以及社会团体、基金会、民办非企业单位从业者)、自由职业人员(指不供职于任何经济组织、事业单位或政府部门,在国家法律、法规、政策允许的范围内,凭借自己的知识、技能与专长,为社会提供某种服务并获取报酬者)、新媒体从业人员(指以新媒体为平台或对象,从事或代表特定机构从事投融资、技术研发、内容生产发布以及经营管理活动者)。

(摘录自《官方解读中国"新的社会阶层人士"》,中国新闻网,2015年8月4日,http://www.chinanews.com/gn/2015/08-04/7447147.shtml)

第三节 巩固和发展爱国统一战线

一、新时期爱国统一战线的内容和基本任务

统一战线是中国共产党的一大法宝。在革命、建设、改革各个历史时期,我们党始终把统一战线和统战工作摆在全党工作的重要位置,努力团结一切可以团结的力量、调动一切可以调动的积极因素,为党和人民事业不断发展创造了十分有利的条件。

在不同的历史时期,统一战线随着阶级关系、阶层关系和中心任务的变化而有不同的性质和内容。新时期爱国统一战线与以往的统一战线相比,其阶级结构和内部关系发生了重大变化。新时期爱国统一战线已经发展成为由工人阶级领导的,以工农联盟为基础的,有各民主党派和各人民团体参加的,包括全体社会主义劳动者、社会主义事业的建设者、拥护社会主义的爱国者和拥护祖国统一的爱国者的最广泛联盟。新的历史时期的爱国统一战线包括两个范围的联盟:一个是中国内地范围内以爱国主义和社会主义为政治基础的,团结全体劳动者和爱国者的联盟,这是统一战线的主体和基础;一个是中国内地范围外以爱国和拥护祖国统一为政治基础的团结台湾同胞、港澳同胞和海外侨胞的联盟,这是统一战线的重要组成部分。这两个范围的联盟互相结合、互相促进,共同构成了一个整体,体现了中华民族的大团结,体现了新时期统一战线空前的广泛性。

新时期爱国统一战线的基本任务是:高举爱国主义、社会主义旗帜,坚持大团结大联合的主题,坚持正确处理一致性和多样性关系的方针,积极促进政党关系、民族关系、宗教关

系、阶层关系、海内外同胞关系和谐，巩固和发展最广泛的爱国统一战线，为实现"两个一百年"奋斗目标、实现中华民族伟大复兴的中国梦服务，为维护社会和谐稳定、维护国家主权安全发展利益服务，为保持香港澳门长期繁荣稳定、实现祖国完全统一服务。

二、加强党对统一战线的领导

党的领导问题是统一战线中的核心问题。中国共产党对统一战线实行坚强正确的领导，是中国统一战线的根本特点，也是中国统一战线得以在长期的革命和建设实践中发挥重大作用的根本保证。在新的历史时期，爱国统一战线同样离不开共产党的领导。坚持党的领导仍然是我国统一战线巩固、扩大的核心问题，也是各民族、各党派和各界人士的共同愿望和共同利益。历史已经证明，统一战线必须在中国共产党的坚强领导下，才有正确的方向、蓬勃的生机和光明的前途。如果没有一个坚强的领导核心，统一战线必然涣散无力，不会有协调一致的步伐。共产党的领导越坚强，统一战线就会团结得越紧密，发挥的作用也越大。

在爱国主义旗帜下，实现最广泛的团结。在当代中国，爱国主义和社会主义在本质上是统一的。爱国主义是民族强大的凝聚力，是统一祖国、振兴中华的强大动力。新时期的统一战线成员，大多数是社会主义劳动者和拥护社会主义的爱国者，统一战线的主体是社会主义的。不论哪一个阶级、阶层，哪一个党派、团体，也不论祖国内地同胞、台湾同胞、港澳同胞、海外侨胞，只要有利于我国的现代化建设，有利于祖国统一，有利于民族团结，有利于社会进步，有利于反对霸权主义、维护世界和平，都是我们团结的对象。在爱国主义旗帜下，这种团结越广泛，对建设中国特色社会主义事业就越有利。

坚持新时期统一战线方针，巩固和发展中国共产党同各民主党派的合作。1956年我国社会主义改造基本完成后，毛泽东提出"长期共存、互相监督"的方针，随后中国共产党第八次全国代表大会正式确定了这一方针。1982年，中国共产党第十二次全国代表大会明确提出了"长期共存、互相监督、肝胆相照、荣辱与共"的方针。这一方针成为中国共产党同各民主党派长期合作的基本指导方针。

中国人民政治协商会议是我国最广泛的爱国统一战线组织，是中国共产党领导的多党合作和政治协商制度的重要机构，是社会主义民主政治的重要形式，必须充分发挥人民政协的重要作用。高举爱国主义和社会主义伟大旗帜，发挥统一战线在促进社会和谐中的独特优势，支持人民政协围绕团结和民主两大主题履行政治协商、民主监督、参政议政的职能，发挥协调关系、汇集力量、建言献策、服务大局的作用，加强各党派、各团体、各民族、各阶层、各界人士的团结和谐。努力把统一战线建设成为坚持以人为本、具有强大凝聚力的统一战线，建设成为具有空前广泛性和巨大包容性的统一战线，不断巩固全体社会主义劳动者、社会主义事业的建设者、拥护社会主义的爱国者和拥护祖国统一的爱国者的最广泛的联盟，共创我们的幸福生活和美好未来。

三、全面贯彻党的民族宗教政策

1. 全面贯彻党的民族宗教政策，正确处理民族问题

新中国成立以后，随着社会主义制度的建立和剥削制度的消灭，我国民族问题的性质发生了根本的变化。各民族之间已经不存在压迫与被压迫、统治与被统治的关系，它们之间的关系是各族劳动人民之间的平等关系。但由于过去长期遗留下来的民族偏见和民族隔阂还在

一定程度上存在,又由于各民族政治、经济和文化发展的不平衡性,由于民族传统、语言、文字、习惯的差别,再加上国内外反动势力的挑拨离间等因素,我国的民族关系仍然会出现这样或那样的问题。这就需要我们认真对待、妥善处理。社会主义时期民族问题的实质,已经不是阶级矛盾和阶级斗争问题,而是各民族人民的内部矛盾,是各民族人民在根本利益一致基础上的矛盾,应该用正确处理人民内部矛盾的方法加以解决。

我国解决民族问题的基本原则是:维护祖国统一,反对民族分裂,坚持民族平等、民族团结、各民族共同繁荣。

民族平等是民族团结和各民族共同繁荣的政治前提和基础。民族平等是指各民族不论人口多少,经济社会发展程度高低,风俗习惯和宗教信仰异同,都是中华民族的一部分,具有同等的地位,在国家和社会生活的一切方面,依法享有相同的权利,履行相同的义务,反对一切形式的民族压迫和民族歧视。其实质就是各民族在政治权利、社会地位等方面一律平等。实行真正的民族平等,要在重视少数民族政治权利的同时,十分重视保障少数民族的经济文化权利,要加快少数民族地区经济文化的发展,逐步缩小民族间的发展差距,逐步实现各民族的共同繁荣。

民族团结是维护国家统一、实现各民族共同发展的根本保证。民族团结是指各民族在社会生活和交往中的和睦、友好和互助、联合的关系。民族团结要求在反对民族压迫和民族歧视的基础上,维护和促进各民族之间和民族内部的团结,各民族人民齐心协力,共同促进国家的发展繁荣,反对民族分裂,维护国家统一。民族团结是社会主义民族关系的基本特征和核心内容之一,也是中国共产党和国家所追求的目标。民族团结是社会安定、国家昌盛和民族进步繁荣的必要条件。民族团结与国家统一有着内在联系,民族团结的原则要求各族人民热爱祖国、维护统一,反对一切破坏团结、分裂祖国的活动。各民族的共同团结奋斗,共同繁荣发展,是新世纪新阶段民族工作的主题。

各民族的共同繁荣是各民族人民的共同愿望和迫切要求,也是解决民族问题的根本出发点和归宿。发展是解决现阶段我国民族问题的根本途径。必须把加快少数民族和民族地区经济社会发展摆在突出的战略位置,坚持以科学发展观统领经济社会发展全局,科学制定发展思路和发展目标,进一步完善扶持少数民族和民族地区发展的各项政策措施,加大民族地区扶贫开发工作的力度,着力解决少数民族和民族地区发展中遇到的困难和问题;采取更加有力的措施,发展民族地区文化、教育、科技、卫生等各项事业,不断提高各族群众的思想道德素质、科学文化素质和健康素质;大力培养少数民族干部和各类人才,不断壮大少数民族干部队伍,加强民族地区人才资源开发。只有加快各民族的发展,只有各民族都实现现代化,才能够达到各民族平等、团结、互助、和谐和共同繁荣发展的目标。

坚持民族平等、民族团结和各民族共同繁荣,必须全面贯彻党的民族政策。加强马克思主义民族观和党的民族政策教育,牢固树立"汉族离不开少数民族,少数民族离不开汉族,少数民族之间也相互离不开"的思想;牢牢把握经济发展这个中心,巩固和完善民族区域自治,实行民族区域自治,不把经济搞好,自治就是空谈;坚决反对大民族主义、地方民族主义和民族分裂主义,警惕国际国内的一些敌对势力,防止他们利用我们国内存在的一些民族和宗教矛盾,挑起事端,挑拨我们的民族关系,进行政治渗透和分裂活动。通过贯彻落实党的民族政策,不断巩固和发展中华民族的大团结,使各族人民和睦相处、和衷共济、和谐发展。

2. 全面贯彻党的宗教政策,正确处理宗教问题

宗教作为一种意识形态,是人类社会发展到一定阶段的历史现象,其存在有复杂的自然

根源、社会根源和认识根源。在建设中国特色社会主义的长期历史过程中,宗教仍将长期存在。中国共产党人是唯物主义者,不信仰宗教,但尊重公民宗教信仰自由,同时坚持以科学的观点和方法对待宗教,努力认识和掌握宗教自身规律。党依据马克思主义关于宗教问题的基本观点和我国宗教的实际情况,确定了尊重和保护宗教信仰自由这一长期的基本政策,并载入宪法。在处理宗教问题上,强调既不能用行政的力量去消灭宗教,也不能用行政的力量去发展宗教。我们实行宗教信仰自由政策的根本出发点和落脚点,就是要坚持独立自主自办的原则,积极引导宗教与社会主义社会相适应,大力加强广大信教和不信教群众的团结,把他们的力量和意志凝聚到建设中国特色社会主义共同目标上来。

全面正确地贯彻党的宗教政策,尊重和保护公民的宗教信仰自由权利,既是尊重和保护人权的重要体现,也是最大限度团结人民群众的需要。每个公民既有信仰宗教的自由,也有不信仰宗教的自由;有信仰这种宗教的自由,也有信仰那种宗教的自由。依据我国宪法,信教的公民与不信教的公民享有同等的权利和义务,任何国家机关、社会团体和个人不得限制公民信仰宗教或者不信仰宗教,不得歧视信仰宗教的公民和不信仰宗教的公民。全面正确贯彻宗教信仰自由政策,一方面要求尊重每个公民信仰宗教的自由和不信仰宗教的自由;另一方面要求宗教必须在宪法、法律和政策范围内活动,依法管理宗教事务。

我国实行政教分离的原则。任何宗教都没有超越宪法和法律的特权,都不得利用宗教干预国家的行政、司法和教育等国家职能的实施。同时,国家政权也不能被用来推行或禁止某种宗教。在我国,要积极引导宗教与社会主义社会相适应,鼓励和支持宗教界发扬爱国爱教、团结进步、服务社会的优良传统,为民族团结、社会发展和祖国统一做贡献。坚持独立自主自办的原则,不受外国势力的干涉和控制,反对宗教极端势力,反对和取缔邪教。加强爱国宗教团体和爱国宗教教职人员队伍的建设,培养爱国爱教的合格人才。坚持团结一切可以团结的力量,调动一切积极因素,努力提高宗教工作水平,不断增强中华民族的凝聚力。

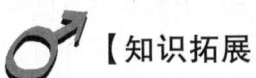

【知识拓展】

习近平在讲话中表示,这些年来,在党中央领导下,统一战线高举爱国主义、社会主义旗帜,牢牢把握大团结大联合的主题,增进对中国特色社会主义的道路自信、理论自信、制度自信,促进政党关系、民族关系、宗教关系、阶层关系、海内外同胞关系和谐,巩固和发展团结、奋进、开拓、活跃的局面,为推动经济社会发展、维护社会和谐稳定、促进祖国统一做出了重要贡献。

习近平指出,在革命、建设、改革各个历史时期,我们党始终把统一战线和统战工作摆在全党工作的重要位置,努力团结一切可以团结的力量、调动一切可以调动的积极因素,为党和人民事业不断发展营造了十分有利的条件。现在,我们党所处的历史方位、所面临的内外形势、所肩负的使命任务发生了重大变化。越是变化大,越是要把统一战线发展好、把统战工作开展好。

习近平强调,做好新形势下统战工作,必须掌握规律、坚持原则、讲究方法,最根本的是要坚持党的领导,实行的政策、采取的措施都要有利于坚持和巩固党的领导地位和执政地位。做好新形势下统战工作,必须正确处理一致性和多样性关系,不断巩固共同思想政治基础,同时要充分发扬民主、尊重包容差异,尽可能通过耐心细致的工作找到最大公约数。做好新形势下统战工作,必须善于联谊交友,统一战线是做人的工作,搞统一战线是为了壮大共同奋斗的力量。

习近平指出，统战工作是全党的工作，必须全党重视，大家共同来做。各级党委要把统战工作摆在重要位置，各级党政领导干部要带头学习宣传和贯彻落实统一战线政策法规，带头参加统一战线重要活动，带头广交深交党外朋友。要坚持党委统一领导、统战部牵头协调、有关方面各负其责的大统战工作格局，形成工作合力。要加强统战干部队伍建设，统战干部要发扬优良作风，做到诚恳谦和、平等待人、廉洁奉公，真正赢得党外人士尊重和认同，团结他们同我们党一起奋斗。

（摘录自《习近平：巩固发展最广泛的爱国统一战线》，人民网，2015年5月20日，http://politics.people.com.cn/n/2015/0521/c70731-27035472.html，有删改）

第四节 建设巩固国防和强大军队

一、巩固国防和强大军队是国家安全的重要保障

国防和军队建设是国家现代化的组成部分，是构成国家发展战略的重要内容。习近平强调指出，国防和军队建设是国家安全的坚强后盾。没有一个巩固的国防，没有一支强大的军队，和平发展就没有保障，强国梦就难以实现。

建设强大的人民军队是我们党的不懈追求。在各个历史时期，我们党都提出明确的目标要求，引领我军建设不断向前发展。党的十八大以来，习近平总书记鲜明提出党在新形势下的强军目标，就是建设一支听党指挥、能打胜仗、作风优良的人民军队，强调"全军要准确把握这一强军目标，用以统领军队建设、改革和军事斗争准备，努力把国防和军队建设提高到一个新水平"。[①]

强军目标是在把握国防和军队建设历史方位和阶段性特点的基础上提出来的。当今世界正在发生前所未有之大变局，国际战略格局、全球治理体系、全球地缘政治棋局、综合国力竞争发生重大变化。我国正处于由大向强发展的关键阶段，前所未有地走近世界舞台中心，发展前行中的阻力和压力也在增大。我国周边安全风险呈累积态势，特别是海上安全威胁日益突出，家门口生乱生战可能性增大。中华民族伟大复兴绝不是轻轻松松、顺顺当当就能实现的。没有一个巩固的国防，没有一支强大的军队，和平发展就没有保障。我国国防实力上了一个大台阶，但我军现代化水平与国家安全需求相比差距还很大，与世界先进军事水平相比差距还很大，必须以只争朝夕的精神抓起来、赶上去。在这种复杂的安全态势中，军事能力处于特殊而重要的地位，只有加快推进国防和军队现代化，抓紧做好军事斗争准备，才能有效维护国家领土完整和主权安全，才能确保一旦有事能够断然出手、决战决胜。

二、建设一支听党指挥、能打胜仗、作风优良的人民军队

对于新时期的军队建设，有两个最重要的问题必须始终加以关注：一个是在复杂的国际环境中，我军能不能跟上世界军事发展的趋势，打赢未来可能发生的高技术战争；一个是在社会主义市场经济和对外开放条件下，我军能不能保持人民军队的性质、本色和作风，始终

[①] 中共中央宣传部编：《习近平总书记系列重要讲话读本》，学习出版社、人民出版社2014年版，第132—145页。

成为党绝对领导下的人民军队。"打得赢""不变质"这两个问题,是当前和今后很长一个时期我军建设所面临的两大历史性课题。新时期的军队和国防建设,必须紧紧围绕着解决这两大历史性课题。2013年3月,在十二届全国人大一次会议解放军代表团全体会议上,习近平指出,建设一支听党指挥、能打胜仗、作风优良的人民军队,是党在新形势下的强军目标。

第一,听党指挥是灵魂,决定军队建设的政治方向。党对军队的绝对领导,是我军的军魂和命根子,永远不能变,永远不能丢。要扭住坚持党对军队绝对领导这个根本不放松,从思想上政治上建设和掌握部队,按照"绝对"标准固根铸魂,坚持从政治上考察和使用干部,提高坚持党对军队绝对领导的政治自觉和实际能力,确保党指挥枪的原则落地生根。认真贯彻落实军委主席负责制,强化政治意识、大局意识、核心意识、看齐意识,经常、主动、坚决向党中央和中央军委看齐,始终在思想上、政治上、行动上同党中央和中央军委保持高度一致,坚决维护党中央和中央军委权威,坚决听从党中央和中央军委指挥。大力加强意识形态工作,掌控网络意识形态主导权,增强思想工作和理论工作的说理性、战斗性,批驳抵制"军队非党化、非政治化"和"军队国家化"等错误观点,维护以政权安全、制度安全为核心的国家政治安全。

第二,能打胜仗是核心,反映军队的根本职能和军队建设的根本指向。军事斗争准备是维护和平、遏制危机、打赢战争的重要保证。习近平总书记指出:"能战方能止战,准备打才可能不必打,越不能打越可能挨打,这就是战争与和平的辩证法。"① 军事力量是维护国家安全的保底手段。必须坚持底线思维,强化随时准备打仗的思想,更加坚定自觉地抓备战谋打赢,确保一旦有事上得去、打得赢。军事斗争准备是军队的基本实践活动,要牢牢扭住,须臾不能松懈。坚持把日常战备工作提到战略高度,强化官兵当兵打仗、带兵打仗、练兵打仗思想,保持部队箭在弦上、引而待发的高度戒备态势。抓备战必须通盘考虑,统筹推进维护国家主权和安全、海上维权、边境维权维稳等各方向各领域军事斗争准备,不能顾此失彼。打仗在某种意义上讲就是打保障,要围绕实现全面建设现代后勤总体目标,努力建设保障打赢现代化战争的后勤、服务部队现代化建设的后勤和向信息化转型的后勤。武器装备是军队现代化的重要标志,必须坚持信息主导、体系建设,坚持自主创新、持续发展,坚持统筹兼顾、突出重点,加快构建适应信息化战争和履行使命要求的武器装备体系。搞现代化建设、抓军事斗争准备,最核心的问题是人才。要大力实施人才战略工程,特别要把联合作战指挥人才、新型作战力量人才培养作为重中之重,培养造就能够担当强军重任的优秀军事人才。

第三,作风优良是保证,关系军队的性质、宗旨、本色。要继承和发扬我军光荣传统和优良作风。要自觉践行人民军队的根本宗旨,带头牢记和落实与人民心心相印、与人民同甘共苦、与人民团结奋斗的要求。大力弘扬艰苦奋斗的光荣传统。作为党领导下的人民军队,如果不提倡艰苦奋斗,贪图享乐,不可能成为一支具有强大战斗力的军队。坚持勤俭办一切事业,反对大手大脚、讲排场比阔气、公款吃喝,坚决抵制享乐主义和奢靡之风。要重点在解决"四风"问题、纠治发生在士兵身边的不正之风方面下功夫,旗帜鲜明地反对腐败、反对特权,着力在纠治官兵反映强烈的突出问题上见到成效,在解决深层次矛盾和问题上见到成效,在构建规范化、制度化的长效机制上见到成效,保持人民军队长期形成的良好形象。

---

① 中共中央宣传部编:《习近平总书记系列重要讲话读本》,学习出版社、人民出版社2014年版,第132-145页。

习近平总书记在十二届全国人大一次会议解放军代表团全体会议上的讲话，指出要为建设一支听党指挥、能打胜仗、作风优良的人民军队而奋斗。这是总结我们党建军治军成功经验、适应国际战略形势和国家安全环境发展变化、着眼于解决军队建设所面临的突出矛盾和问题提出来的，是党在新形势下的强军目标。这一目标明确了加强军队建设的聚集点和着力点，听党指挥是灵魂，决定军队建设的政治方向；能打胜仗是核心，反映军队的根本职能和军队建设的根本指向；作风优良是保证，关系军队的性质、宗旨、本色。这三者相互联系、密不可分，与我军一以贯之的建军治军指导思想和方针原则是一致的，与革命化、现代化、正规化建设相统一的全面建设思想是一致的。全军要准确把握这一强军目标，用以统领军队建设、改革和军事斗争准备，努力把国防和军队建设提高到一个新水平。

三、构建中国特色现代军事力量体系

2013年11月28日，习近平总书记在听取济南军区工作汇报后的讲话，指出军区部队必须具备多种能力和广泛作战适应性。这就需要我们合理划分部队类型，科学确定部队编成，使部队编成向充实、合成、多能、灵活的方向发展。军旅营体制下，营作为基本作战单元的地位突出了，要把营的作战要素配齐，实行模块化编组，提高合成化程度。陆军要转型，必须插上信息化的翅膀。要以信息系统集成建设为重要抓手，贯彻统一的体系架构，建成能够融入三军、实用好用的信息系统。

当前，世界主要国家都在加快推进军队改革，谋求军事优势地位的国际竞争加剧。在这场世界新军事革命的大潮中，谁思想保守、故步自封，谁就会错失宝贵机遇，陷于战略被动。我们必须到中流击水。军事上的落后一旦形成，对国家安全的影响将是致命的。国防和军队改革是系统工程，必须加强统筹谋划。对牵一发而动全身的改革任务，要扭住不放，以重点突破带动整体推进。同时，要学会弹钢琴，把握好各项改革任务的关联性和耦合性，避免畸轻畸重、顾此失彼，避免各行其是、相互掣肘。要正确处理改革发展稳定的关系，胆子要大，步子要稳，掌握好改革节奏，控制好改革风险，有力有序地推进改革，确保部队高度稳定和集中统一，确保部队随时能够完成各项任务。

要深化军队政策制度改革。军事人力资源政策制度，是军队政策制度改革的重头戏，关系广大官兵切身利益。在这方面，我们采取了很多举措。然而，由于多方面原因，干部考评、选拔、任用、培训制度还不够健全，征兵难、军人退役安置难、伤病残人员移交地方难等问题依然存在。要适应军队职能任务需求和国家政策制度创新，加大政策制度改革力度，构建三位一体的新型军事人才培养体系，盘活军事人力资源，吸引和集聚更多优秀人才。

实现强军目标，必须抓住战略契机深化国防和军队改革，解决制约国防和军队建设的体制性障碍、结构性矛盾、政策性问题，深入推进军队组织形态现代化。要坚持正确政治方向，坚持贯彻能打仗、打胜仗要求，坚持以军事战略创新为先导，进一步解放思想、更新观念，进一步解放和发展战斗力，进一步解放和增强军队活力，为实现强军目标提供体制机制和政策制度保障。要破除思维定式，树立与强军目标要求相适应的思维方式和思想观念。必须坚持问题导向，坚持战斗力标准，深入研究现代战争特点规律和制胜机理，抓住制约战斗力建设的重难点问题，以重点突破带动整体推进，让一切战斗力要素的活力竞相迸发，让一切军队现代化建设的源泉充分涌流。要有针对性地做好思想教育工作，营造有利于改革的良好氛围，凝聚起改革的正能量，确保部队高度稳定和集中统一，确保改革顺利推进和各项任务圆满完成。

四、推动军民融合深度发展

军民融合,源于党的"军民结合、寓军于民"的思想,其目的就是在更广范围、更高层次、更深程度上把国防和军队现代化建设有机地融入经济社会发展体系之中,做到一笔投资、双重效益。

2014 年 3 月,习近平总书记在十二届全国人大二次会议解放军代表团全体会议上的讲话,强调实现强军目标,必须同心协力做好军民融合深度发展这篇大文章,既要发挥国家的主导作用,又要发挥市场的作用,努力形成全要素、多领域、高效益的军民融合深度发展格局。军队要遵循国防经济规律和信息化条件下战斗力建设规律,自觉将国防和军队建设融入经济社会发展体系。地方要注重在经济建设中贯彻国防需求,自觉把经济布局调整同国防布局完善有机结合起来。要深入做好新形势下"双拥"工作,加强国防教育,健全国防动员体制机制。各级党委和政府要支持军队建设和改革,配合军队完成多样化军事任务,为实现强军目标提供有力保障。

军政军民团结是我军特有的政治优势。人民离不开军队,军队更离不开人民。军政一致、军民一致,军民鱼水情深、患难与共,是人民军队无往而不胜的重要保证。要坚持人民战争的战略思想,不断发展高科技条件下人民战争的战略战术,创新人民战争的内容和形式,积极探索和发展人民群众参战支前的新途径新方法;深入开展国防教育,大力弘扬爱国主义精神,增强民族自信心、自豪感,使关心国防、热爱国防、建设国防、保卫国防成为全社会的思想共识和自觉行动;大力弘扬军爱国、民拥军的光荣传统,巩固发展坚如磐石的军政军民关系,为实现中国梦、强军梦凝聚强大力量。

【知识拓展】

当前,世界主要国家都在加快推进军队改革,谋求军事优势地位的国际竞争加剧。在这场世界新军事革命的大潮中,谁思想保守、故步自封,谁就会错失宝贵机遇,陷于战略被动。我们必须到中流击水。军事上的落后一旦形成,对国家安全的影响将是致命的。我经常看中国近代的一些史料,一看到落后挨打的悲惨情景就痛彻肺腑!

——在一次重要会议上的讲话(2013 年 12 月 27 日)

"法与时变,礼与俗化。"这些年来,我们积极推进中国特色军事变革,在体制编制和政策制度调整改革上采取了一系列举措,但领导管理体制不够科学、联合作战指挥体制不够健全、力量结构不够合理、政策制度改革相对滞后等深层次矛盾和问题还没有得到有效解决。这些问题从根本上制约了军队建设和军事斗争准备。大家都有这方面的感受,都认为不改革是打不了仗、打不了胜仗的。

——在一次重要会议上的讲话(2013 年 12 月 27 日)

国防和军队改革进入了攻坚期和深水区,要解决的大都是长期积累的体制性障碍、结构性矛盾、政策性问题,推进起来确实不容易。越是难度大,越要坚定意志、勇往直前,决不能瞻前顾后、畏首畏尾。难易是相对的。"天下事有难易乎?为之,则难者亦易矣;不为,

则易者亦难矣。"只要全军统一意志,敢于啃硬骨头,敢于涉险滩,就没有过不去的火焰山。

——在一次重要会议上的讲话(2013年12月27日)

全党全国对国防和军队改革非常关注、非常支持,全军上下对改革期望很高、呼声很大,这是推进改革的有利条件。经过多年实践探索,我们对改革规律性的认识不断深化,大家在一些重大改革问题上是有共识的。深化国防和军队改革正面临一个难得的机会窗口,一定要把握好。这是我们回避不了的一场大考,军队一定要向党和人民、向历史交出一份合格答卷。

——在一次重要会议上的讲话(2013年12月27日)

正确把握深化国防和军队改革的目标和指导原则。这次深化国防和军队改革,就是要解决制约国防和军队建设的突出矛盾和问题,构建中国特色现代军事力量体系。我们要加快重要领域和关键环节改革步伐,进一步解放和发展战斗力,进一步解放和增强军队活力,为实现强军目标提供体制机制和政策制度保障。要坚持用战斗力标准衡量和检验改革成效,使各项改革同军事战略方针的指向和要求一致起来,提高改革筹划和实施的科学性。

——在一次重要会议上的讲话(2013年12月27日)

国防和军队改革是系统工程,必须加强统筹谋划。对牵一发而动全身的改革任务,要扭住不放,以重点突破带动整体推进。同时,要学会弹钢琴,把握好各项改革任务的关联性和耦合性,避免畸轻畸重、顾此失彼,避免各行其是、相互掣肘。要正确处理改革发展稳定的关系,胆子要大,步子要稳,掌握好改革节奏,控制好改革风险,有力有序推进改革,确保部队高度稳定和集中统一,确保部队随时能够完成各项任务。

——在一次重要会议上的讲话(2013年12月27日)

深化国防和军队改革,必须坚持正确政治方向。党对军队的绝对领导,是我国的基本军事制度和中国特色社会主义政治制度的重要组成部分,全心全意为人民服务是我军的根本宗旨。无论怎么改,这些都绝对不能变。

——在一次重要会议上的讲话(2013年12月27日)

(摘录自《习近平:构建中国特色现代军事力量体系》,人民网,2014年8月18日,http://military.people.com.cn/n/2014/0818/c1011-25483787.html)

【思考与练习】

1. 为什么说新的社会阶层也是中国特色社会主义事业的建设者?
2. 如何理解新时期爱国统一战线的内容和任务?

【参考文献】

[1] 毛泽东. 毛泽东选集:第3卷 [M]. 北京:人民出版社,1991.

[2] 邓小平. 邓小平文选：第3卷［M］. 北京：人民出版社，1993.
[3] 中共中央文献研究室. 毛泽东文集：第7卷［M］. 北京：人民出版社，1999.
[4] 以改革创新精神开拓国防和军队建设新局面　为实现党在新形势下的强军目标而努力奋斗［N］. 人民日报，2014-03-12（1）.
[5] 习近平. 建设一支听党指挥能打胜仗作风优良的人民军队［N］. 人民日报，2014-07-14（16）.
[6] 习近平. 在庆祝"五一"国际劳动节暨表彰全国劳动模范和先进工作者大会上的讲话［N］. 人民日报，2015-04-29（2）.
[7] 习近平. 建设一支听党指挥、能打胜仗、作风优良的人民军队［M］//习近平谈治国理政. 北京：外文出版社，2014.
[8] 中共中央宣传部. 习近平总书记系列重要讲话读本：2016年版［M］. 北京：学习出版社、人民出版社，2016.
[9] 中共中央马克思恩格斯列宁斯大林著作编译局. 马克思恩格斯选集：第1卷. 北京：人民出版社，2012.
[10] 邓小平. 邓小平文选：第2卷. 北京：人民出版社，1994.
[11] 江泽民. 江泽民文选：第2卷. 北京：人民出版社，2006.
[12] 中共中央文献研究室. 十七大以来重要文献选编：中［M］. 北京：中央文献出版社，2013.
[13] 国务院新闻办公室，中央文献研究室，中国外文局. 习近平谈治国理政［M］. 北京：外文出版社，2014.
[14] 中共中央马克思恩格斯列宁斯大林著作编译局. 马克思恩格斯选集：第1卷［M］. 北京：人民出版社，1995.
[15] 中共中央马克思恩格斯列宁斯大林著作编译局. 马克思恩格斯全集：第46卷［M］. 北京：人民出版社，1979.
[16] 毛泽东. 毛泽东选集：第4卷［M］. 北京：人民出版社，1991.
[17] 毛泽东. 毛泽东选集：第2卷［M］. 北京：人民出版社，1991.

第十二章 建设中国特色社会主义的领导核心

【教学目标】

　　通过本章的教学，帮助学生加深对党的认识，坚定在党的领导下为中国特色社会主义事业而奋斗的决心和信念。中国共产党是中国特色社会主义的领导核心，是社会主义现代化建设的根本保证。坚持党的领导必须加强和改善党的领导，全面提高党的建设科学化水平，全面从严治党。

　　面对复杂多变的国际形势和艰巨繁重的国内改革发展任务，实现党的十八大确定的各项目标任务，进行具有许多新的历史特点的伟大斗争，关键在党，关键在人。
　　　　　　　　　——习近平在全国组织工作会议上的讲话，2013年6月28日

　　我们党是一个拥有8600多万党员、在一个13亿多人口的大国长期执政的党，党的形象和威望、党的创造力凝聚力战斗力不仅直接关系党的命运，而且直接关系国家的命运、人民的命运、民族的命运。
　　　　　　——习近平在党的群众路线教育实践活动总结大会上的讲话，2014年10月8日

第一节 党的领导是社会主义现代化建设的根本保证

一、中国共产党的性质和宗旨

　　《中国共产党章程》规定：中国共产党是中国工人阶级的先锋队，同时是中国人民和中华民族的先锋队，是中国特色社会主义事业的领导核心，代表中国先进生产力的发展要求，代表中国先进文化的前进方向，代表中国最广大人民的根本利益。

　　中国共产党是中国工人阶级的政党，是工人阶级的先锋队，这一性质从党成立之日起就已确定，且其阶级基础在党的成长过程中不断增强。第一，中国共产党是中国工人阶级的政党，是马克思列宁主义与中国工人运动相结合的产物。工人阶级的产生和发展是中国共产党建立的前提和根本。中国工人阶级是近代以来社会化大生产的产物，始终与最先进的生产方式相联系，代表先进生产力和先进生产关系，具有以全局为重的集体主义精神，严格的组织纪律性和革命的坚定性彻底性，是中国共产党坚定的阶级基础。第二，中国共产党党员是工人阶级先进的觉悟阶层，是具有共产主义理想和信念的先进分子。这清楚地说明，中国共产党的阶级基础是工人阶级。但党员队伍的构成，并不仅仅局限于工人阶级成分，还包括拥护党的纲领具有共产主义理想信念，并愿意为之奋斗的非工人阶级出身的先进分子。吸收他们加入到党的队伍中，并不会改变党的工人阶级先锋队性质。第三，中国共产党是以马克思主

义为理论基础和行动指南,这是工人阶级的先锋队的决定性因素和根本标志。马克思主义是无产阶级根本利益的科学体现,是无产阶级及其政党严密而完整的世界观,是世界共产主义运动的伟大旗帜。党成立以来很长时间里,能够在非工人出身的党员人数占优的情况下,始终保持了工人阶级先锋队性质,关键在于党高度重视从思想上建党。党的三代领导集体,坚持用马克思主义理论教育和武装全体党员,不仅要求党员在组织上入党,而且要求党员首先在思想上入党,用先进的指导思想,凝聚全党的意志和灵魂,指导党员为党的纲领和任务而奋斗,因而使中国共产党始终保持了党的工人阶级先锋队性质。

中国共产党不但是工人阶级的先锋队,同时还是中国人民和中华民族的先锋队。党必须代表中国人民和中华民族的根本利益,根据中国的国情和人民的意愿,发奋图强,为国家独立、民族振兴、人民幸福而不懈奋斗,始终是中国人民和中华民族的主心骨,是社会主义大厦的顶梁柱。

中国工人阶级的先锋队、中国人民和中华民族的先锋队是不可分割的统一整体。一方面,始终成为中国工人阶级的先锋队,是党真正成为中国人民和中华民族先锋队的政治前提。马克思主义认为,无产阶级只有解放全人类,才能最后解放自己。无产阶级只有依靠了自己的政党,工人阶级先锋队的领导,才有可能解放全人类。党只有成为工人阶级的先锋队,自觉做到以马克思主义为根本指导思想,以实现共产主义为最终奋斗目标,才能真正拥有当好中国人民和中华民族先锋队的科学指南、政治远见和博大胸襟。另一方面,自觉成为中国人民和中华民族的先锋队,是党真正成为中国工人阶级先锋队的必然要求。党只有始终代表中国人民和中华民族的根本利益,不断地实现好、维护好、发展好这些利益,才能使工人阶级先锋队性质得以充分体现。改革开放以来,我国社会阶层结构发生了重大变化,出现了新的社会阶层。党继续在工人、农民中发展党员的同时,也把新的社会阶层中的优秀分子吸收到党的队伍中,这有利于充分发挥工人阶级先锋队所应有的领导核心作用。坚持党是工人阶级的先锋队,同时是中国人民和中华民族的先锋队,就能不断增强党的阶级基础,扩大党的群众基础,提高党在全社会的影响力,把全国各族人民紧密地团结在党的周围,为完成中华民族伟大复兴的历史使命而努力奋斗。

党的性质决定了党的宗旨是全心全意为人民服务。中国共产党具有的"两个先锋队"性质,使党代表工人阶级的利益,同时也代表着中国人民和中华民族的利益。党除了工人阶级和最广大人民的根本利益,没有自己的特殊利益,也不追求特殊利益。马克思主义唯物史观认为,人民群众是历史的创造者,是推动历史发展进步的动力。全心全意为人民服务正是马克思主义唯物史观的根本要求和具体体现。

中国共产党自成立之日起,就以实现民族复兴、国家富强、人民的利益和幸福为己任,一代又一代共产党人为之前仆后继、浴血奋斗。建党初期,党领导工人运动、土地革命,是为了实现中国广大劳苦大众的切身利益;抗日战争时期,党领导八路军、新四军和广大抗日武装力量,广泛团结所有爱国进步势力,进行艰苦卓绝的抗战,是为了实现中华民族救亡图存的根本利益;解放战争时期,党领导中国人民赶走帝国主义,推翻剥削阶级反动统治,成立新中国,更是实现了近代以来,中国人民渴望民族独立、人民民主、生活幸福的梦想;此后进行的社会主义革命和社会主义建设,为实现人民群众长远的、现实的利益开辟了道路,取得了巨大成就。

改革开放以来,党全心全意领导全国人民大力发展社会生产力,发展经济,在鼓励一部分人、一部分地区率先富裕起来的同时,带领人民走共同富裕的道路,经过20余年的艰苦创业,我们实现了总体小康目标,开始向全面小康社会迈进,综合国力居于世界前列。

党的历史证明,在任何历史阶段,只要党坚持全心全意为人民服务的宗旨,真正代表了广大人民群众的根本利益,中国的事情就好办,党就无往而不胜。人民的拥护是确立党的领导地位的基础。一切从人民的利益出发,全心全意为人民服务,是中国共产党的本质特征。

二、中国共产党的执政地位是历史和人民的选择

中国共产党的执政地位是在长期革命斗争中形成的,是近代中国历史发展的必然,是人民的选择。历史的主体是人民,历史的选择要通过人民的选择来实现。人民群众之所以信任、选择、拥护和支持中国共产党,就是因为中国共产党是为人民服务的,只有中国共产党,才能代表最广大人民群众的根本利益,才能够满足人民群众的愿望和要求。

中国是有 5000 多年历史的文明古国,自 1840 年以后,由于西方列强的入侵,中国逐渐沦为半殖民地半封建社会。民族危机和社会危机空前严重。为挽救民族危亡、实现国家富强,中国的各个阶级、各种政治力量相继登上历史舞台,但都因没有先进思想的指导和先进政党的领导而终归失败。俄国十月革命后,马克思主义与中国工人运动相结合产生了中国共产党。从此,领导反帝反封建的革命斗争,争取民族独立和人民解放,实现振兴中华的伟大使命,历史地落在中国共产党身上。

中国共产党成立以后,坚持把马克思主义普遍原理与中国革命具体实际相结合,探索中国革命的正确道路。在艰难的实践中不断丰富和发展马克思主义,在中国实现了第一次历史性飞跃,形成了毛泽东思想。在理论和实践上为中国人民的独立解放开辟了正确的革命道路,最终推翻了三座大山,建立了中华人民共和国。没有共产党,就没有新中国,这是中国近代历史的结论。

新中国成立后,已经站起来的中国人民希望国家繁荣昌盛,人民生活幸福。中国共产党适应人民的要求,想尽千方百计恢复和发展国民经济,坚持马克思主义基本原理与中国具体实际相结合,创造性地完成了生产资料私有制的社会主义改造,全面确立了社会主义基本制度,实现了中国历史上最广泛、最深刻的社会变革,从此,中国人民开始了伟大的社会主义建设事业,并取得了巨大的历史成就,这是人民拥护、支持党的路线、方针、政策的直接结果。

以党的十一届三中全会为标志,我国进入了社会主义事业发展的新时期。新时期广大人民群众的需要,从根本上说,就是解放生产力和发展生产力,实现国家富强和人民共同富裕,以及社会安定和谐。党总结中国社会主义建设和世界社会主义建设的经验教训,领导中国人民经过艰苦探索,开辟了建设中国特色社会主义道路,走上了改革开放的伟大历史进程,并且使现代化建设取得了举世瞩目的伟大成就,使社会主义在中国展现出蓬勃生机和活力。

在新的历史条件下,广大人民的根本利益,从根本上说,就是要解放和发展生产力,实现国家的繁荣富强和人民的共同富裕,实现中华民族的伟大复兴。在中国能够团结和带领全国各族人民实现这个宏伟目标的政治理论,只有中国共产党。第一,坚持中国现代化建设的正确方向需要党的领导;第二,维护国家统一、社会和谐稳定需要党的领导;第三,正确处理各种矛盾,凝聚亿万人民力量,需要党的领导;第四,应对复杂的国际环境需要党的领导。

三、坚持党的领导必须改善党的领导

在新的历史条件下,只有改善党的领导,才能坚持和加强党的领导,这是因为:

第一,从国际上看,当今世界正在发生广泛而深刻的变化,为适应国际环境的变化,必

须改善党的领导。当今世界,形势复杂,竞争激烈,和平与发展面临诸多难题和挑战。只有改善党的领导,党才能够更好地应对日趋激烈的国际竞争带来的严峻挑战,团结和带领人民实现社会主义现代化的宏伟目标,使中华民族以崭新的姿态屹立于世界民族之林。

第二,从国内看,当代中国正在发生广泛而深刻的变革,新形势、新任务对我们党提出了新的要求。如果党的领导方式、工作方法和具体制度不加改进和完善,党就难以适应新的要求。党长期以来形成的一套好的领导制度、方法和优良工作作风,都是应该继承和继续发扬的,但有的要随着任务、环境、条件的变化而改进、补充和更新。如果墨守成规、不思进取,势必脱离实际、脱离群众,党的领导和战斗力必然会受到削弱,坚持党的领导也就成为空洞的、没有感召力的口号。

第三,从党的自身状况看,目前,我们党的实际状况同党肩负的领导社会主义现代化的光荣使命还有许多不相适应的地方。比如,党的执政能力同新形势新任务不完全适应;一些基层党组织软弱涣散;少数党员干部作风不正,形式主义、官僚主义问题比较突出,奢侈浪费、消极腐败现象仍然比较严重。所有这些,都需要通过改善党的领导加以解决。

党的十八届四中全会进一步提出加强和改善党的领导,必须加强和改进党对法治工作的领导,把党的领导贯彻到全面推进依法治国全过程。第一,充分发挥党总揽全局、协调各方的领导核心作用;第二,正确处理党的领导和依法治国的关系,提高依法执政水平;第三,要不断提高党的领导水平和执政水平、提高拒腐防变和抵御风险能力。

【知识拓展】

在同黄炎培的一次谈话中,毛泽东问他有什么感想?黄炎培回答:我生六十多年,耳闻的不说,所亲眼看到的,真所谓"其兴也浡焉""其亡也忽焉",一人,一家,一团体,一地方,乃至一国,不少单位都没有能跳出这周期率的支配力。大凡初时聚精会神,没有一事不用心,没有一人不卖力,也许那时艰难困苦,只有从万死中觅取一生。既而环境渐渐好转了,精神也就渐渐放下了。有的因为历时长久,自然地惰性发作,由少数演为多数,到风气养成;虽有大力,无法扭转,并且无法补救。也有为了区域一步步扩大了,它的扩大,有的出于自然发展,有的为功业欲所驱使,强求发展,到干部人才渐见竭蹶、艰于应付的时候,环境倒越加复杂起来了,控制力不免趋于薄弱了。一部历史,"政怠宦成"的也有,"人亡政息"的也有,"求荣取辱"的也有,总之没有能跳出这周期率。他说:"中共诸君从过去到现在,我略略了解的了。就是希望找出一条新路,来跳出这周期率的支配。"

听了黄炎培的这番见解后,毛泽东对他说:"我们已经找到新路,我们能跳出这周期率。这条新路,就是民主。只有让人民来监督政府,政府才不敢松懈。只有人人起来负责,才不会人亡政息。"黄炎培认为:"这话是对的。""只有大政方针决之于公众,个人功业欲才不会发生。只有把每一地方的事,公之于每一地方的人,才能使地地得人,人人得事。把民主来打破这周期率,怕是有效的。"

[摘录自金冲及:《毛泽东》(下),中央文献出版社1996年版,第719—720页]

第二节　全面提高党的建设科学化水平

一、以改革创新精神推进党的建设新的伟大工程

世情、国情、党情的发展变化，决定了以改革创新精神加强党的建设既十分重要又十分紧迫。时代在发展，形势在变化。在机遇和挑战并存的条件下，中国共产党要带领全国各族人民全面建成小康社会，实现推进现代化建设、完成祖国统一、维护世界和平与促进共同发展这三大历史任务，就必须大力加强执政能力建设和先进性建设。

第一，这是中国共产党正确应对面临的机遇和挑战、顺利完成肩负的历史使命的现实需要。当今时代是改革创新的时代，中国特色社会主义事业是改革创新的事业。党领导的改革开放既给党注入巨大活力，也给党带来了许多前所未有的新课题、新考验。党要站在时代前列带领人民不断开创事业发展新局面，必须以改革创新精神加强自身建设。中国共产党已经成立90多年，执政60多年，积累了治国理政和加强自身建设的宝贵经验，但也容易使一些党员、干部脱离群众。新党员数量大量增加，新老干部队伍交替不断进行，这给党不断增添了新鲜血液，也使党的自身建设任务比过去任何时候都更为繁重。要适应新变化、经受新考验、解决新课题，就必须大力倡导改革创新精神，不断推进党的建设制度、机制和工作方式等方面的创新。

第二，这是世界上一些长期执政的大党、老党相继丧失政权的惨痛教训给我们的历史警示。20世纪80年代末90年代初以来，世界上一些执政几十年甚至上百年的大党、老党，先后失去政权，有的甚至走向衰亡。出现这种情况，原因是复杂的，从根本上说，是因为这些政党不注重执政能力建设，执政成绩不能令人民满意。这些事实告诉人们，党的执政地位不是与生俱来的，也不是一劳永逸的，无产阶级政党夺取政权不容易，执掌好政权尤其是长期执掌好政权更不容易。因此，中国共产党必须居安思危，增强忧患意识，坚持用发展的眼光审视和要求自己，以改革的精神加强和完善自己，永不自满，永不懈怠，不断把马克思主义中国化和中国特色社会主义事业推向前进。

第三，这是进一步提高中国共产党的领导水平和执政水平的迫切需要。中国共产党执政60多年以来，执政成就有目共睹，执政能力同中国共产党肩负的重任和使命总体上是相适应的。同时也必须看到，在领导方式和执政方式、领导体制和工作机制、领导干部和领导班子的素质及能力等方面，还存在与社会主义现代化建设事业不相适应的问题，严重影响中国共产党的执政形象和执政成效。因此，只有不断加强先进性建设和执政能力建设，中国共产党才能保持强大的创造力、凝聚力、战斗力，始终成为中国特色社会主义事业的坚强领导核心。

在新的发展阶段，把党的建设作为一个新的伟大工程来抓，就是要把党的执政能力建设和先进性建设作为主线，坚持党要管党、从严治党，贯彻为民、务实、清廉的要求，以坚定的理想信念为重点加强思想建设，以造就高素质党员、干部队伍为重点加强组织建设，以保持党同人民群众的血肉联系为重点加强作风建设，以健全民主集中制为重点加强制度建设，以完善惩治和预防腐败体系为重点加强反腐倡廉建设，使党始终成为立党为公、执政为民，求真务实、改革创新、艰苦奋斗、清正廉洁，富有活力、团结和谐的马克思主义执政党。世情、国情、党情的发展变化，决定了以改革创新精神加强党的建设新的伟大工程既十分重要又十分紧迫。党的十七大强调，党要站在时代前列带领人民不断开创事业发展新局面，必须

以改革创新精神加强自身建设，始终成为中国特色社会主义事业的坚强领导核心。这是党深刻把握时代条件变化、我国经济社会发展要求、党的建设状况提出的重大战略思想和战略任务，是新形势下加强党的建设的根本要求。这其中的关键，就是大力弘扬改革创新精神。第一，当今世界广泛而深刻的变化，要求大力弘扬改革创新精神。第二，中国特色社会主义事业的蓬勃发展，要求大力弘扬改革创新精神。第三，加强党的执政能力建设和先进性建设，要求大力弘扬改革创新精神。

二、加强党的执政能力建设

以新中国成立为标志，我们党从一个领导人民为夺取全国政权而奋斗的党，开始向一个领导人民掌握全国政权并实现由新民主主义过渡到社会主义的执政党转变；党的十一届三中全会以后，我们党从一个受到外部封锁和实行计划经济条件下领导国家建设的执政党，开始向对外开放和实行社会主义市场经济条件下领导国家建设的执政党转变。历史和现实都表明，我们党执政以后党的建设比没有执政时党的建设面临的情况要复杂得多，在对外开放和社会主义市场经济条件下党的建设比在封闭半封闭和计划经济条件下党的建设面临的情况也要复杂得多。这两大转变，都要求全党在思想上、组织上、作风上乃至领导体制和领导方式上进行相应的转变，以适应新的形势和任务。60多年来，我们党根据承担的历史任务的变化，在科学判断并准确把握党的历史方位中加强和改进党的建设；把推进党领导的伟大事业同推进党的建设伟大工程结合起来，在履行执政为民、执政兴国历史使命中加强和改进党的建设；深刻总结和运用国内国际正反两方面经验，在坚持真理、修正错误、不断提高中加强和改进党的建设。我们党为提高党的执政能力、保持和发展党的先进性做出的巨大努力是承前启后、与时俱进的，对加强执政党建设规律的探索是承前启后、与时俱进的，党的各方面建设取得的成绩也是承前启后、与时俱进的。这是我们党在长期执政中能够取得举世瞩目伟大成就的根本保证。

加强党的建设，核心是要提高党的执政能力、保持党的先进性。必须坚持抓好发展这个党执政兴国的第一要务，不失时机地抓住机遇加快发展，推动经济社会又好又快发展，不断满足广大人民群众日益增长的物质文化需要；必须坚持以人为本，顺应人民群众求富裕、求公正、求安居的愿望，解决好人民群众最关心、最直接、最现实的利益问题，不断促进社会和谐；必须坚持加强党的执政能力建设和先进性建设，不断提高推动科学发展、促进社会和谐、搞好自身建设的本领。

习近平强调指出，全党要增强紧迫感和责任感，牢牢把握党的建设总要求，不断提高党的领导水平和执政水平、提高拒腐防变和抵御风险能力，使我们党在世界形势深刻变化的历史进程中始终走在时代前列，在应对国内外各种风险和考验的历史进程中始终成为全国人民的主心骨，在坚持和发展中国特色社会主义的历史进程中始终成为坚强的领导核心。

三、加强党的先进性和纯洁性建设

习近平指出，先进性和纯洁性是马克思主义政党的本质属性，贯穿于党的性质、宗旨、任务和全部工作中，体现在各级党组织和全体党员的实际行动上。这种先进性和纯洁性，不是固定不变的，而是与时俱进、随着形势和任务的发展变化而不断丰富与发展的；不是一劳永逸的，而是必须通过坚持不懈地加强党的自身建设才能保持与发展的。正反两方面历史经验深刻表明，保持、发展先进性和纯洁性始终是马克思主义政党根本的思想政治任务，关系党的生死存亡和前途命运。

习近平强调，我们党90多年的历史，是党领导中国人民不断赢得革命、建设、改革胜利的历史，也是党不断实现、保持、发展自己先进性和纯洁性的历史。90多年的历史说明，我们党始终保持、发展先进性和纯洁性，党在人民群众中就会有崇高的威望，党和人民的事业就兴旺发达。90多年的历史也说明，党的先进性和纯洁性的保持和发展，不断面临着各种困难和风险的挑战与考验。过去如此，现在和将来也会如此。各级党组织和领导干部务必保持清醒认识，认真总结和运用这次创先争优活动的经验，以更大力度继续加强党的先进性和纯洁性建设。

习近平强调，要从思想上、政治上加强党的先进性和纯洁性建设，坚持从思想教育入手，教育引导党员和干部认真学习并实践中国特色社会主义理论体系特别是科学发展观，加强党性修养和党性锻炼，模范践行社会主义核心价值体系，做共产主义远大理想和中国特色社会主义共同理想的坚定信仰者和忠实执行者；要从巩固党的阶级基础和群众基础上加强党的先进性和纯洁性建设，始终把实现好、维护好、发展好最广大人民根本利益作为检验先进性和纯洁性的试金石，进一步建立健全联系群众、服务群众的长效机制，在时时处处为群众排忧解难、造福人民的实践中体现党的先进性和纯洁性；要从提高领导骨干素质上加强党的先进性和纯洁性建设，建设好领导干部队伍，坚持在实践中培养、考察、锻炼、使用干部，推动领导干部以率先垂范的实际行动体现党的先进性和纯洁性；要从夯实组织基础上加强党的先进性和纯洁性建设，把抓基层、打基础作为一项永久的战略任务坚持不懈地抓下去，不断提高基层党建工作科学化水平，充分发挥基层党组织的战斗堡垒作用和党员的先锋模范作用；要从完善党内制度及工作机制上加强党的先进性和纯洁性建设，坚持党要管党、从严治党，增强自我净化、自我完善、自我革新、自我提高能力，健全以党章为根本、以民主集中制为核心的制度体系，为保持党的先进性和纯洁性提供制度保证。

习近平指出，保持党的先进性和纯洁性是党的建设一项长期而又常新的战略任务，需要不断地结合新形势新任务从理论和实践结合上进行研究。他希望各级党组织和广大理论工作者加强和深化这方面的研究，不断取得新的成果。

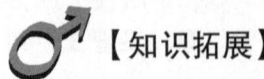【知识拓展】

我们党是一个拥有8600多万党员、在一个13亿多人口的大国长期执政的党，党的形象和威望、党的创造力凝聚力战斗力不仅直接关系党的命运，而且直接关系国家的命运、人民的命运、民族的命运。在新的历史起点上坚持和发展中国特色社会主义，我们党面临的执政考验、改革开放考验、市场经济考验、外部环境考验是长期的、复杂的、严峻的，精神懈怠危险、能力不足危险、脱离群众危险、消极腐败危险更加尖锐地摆在全党面前。

历史使命越光荣，奋斗目标越宏伟，执政环境越复杂，我们就越要增强忧患意识，越要从严治党，做到"为之于未有，治之于未乱"，使我们党永远立于不败之地。全党同志必须在思想上真正明确，党的执政地位和领导地位并不是自然而然就能长期保持下去的，不管党、不抓党就有可能出问题甚至出大问题，结果不只是党的事业不能成功，还有亡党亡国的危险。

明白这个道理并不难，难的是把思想变成行动。我引用过邓小平同志在改革开放初期讲的一段话:"在目前的历史转变时期,问题堆积成山,工作百端待举,加强党的领导,端正党的作风,具有决定的意义。"以毛泽东、邓小平、江泽民同志为核心的党的三代中央领导集体和以胡锦涛同志为总书记的党中央都高度重视从严治党,党的十八大以来党中央在从严治党上进行了新探索。通过长期实践和探索,我们在从严治党上取得了重大成果、积累了重要经验,总体做得是好的。

同时,我们也要看到,这些年来,在一些地方和单位,"四风"问题越积越多,党内和社会上潜规则越来越盛行,政治生态和社会环境受到污染,根子就在从严治党没有做到位。有些地方和单位看起来党在管党治党,但没有管到位上,没有严到份上。这次活动之所以能取得明显成效,原因就是我们坚持言必信、行必果,认认真真管,实实在在严。这说明,只要真管真严、敢管敢严、长管长严,而不是管一阵放一阵、严一阵松一阵,就没有什么解决不了的问题,就不至于使小矛盾积重难返、小问题酿成大患。

世间事,做于细,成于严。从严是我们做好一切工作的重要保障。我们共产党人最讲认真,讲认真就是要严字当头,做事不能应付,做人不能对付,而是要把讲认真贯彻到一切工作中去,作风建设如此,党的建设如此,党和国家一切工作都如此。一切何必当真的观念、一切干一下得了的想法、一切得过且过的心态,都是对党和人民事业有大害而无一利的,都是万万要不得的!

(摘录自习近平:《在党的群众路线教育实践活动总结大会上的讲话》,《人民日报》2014年10月9日)

第三节 全面从严治党

一、坚持党要管党、从严治党

党要管党、从严治党,是党的建设的一贯要求和根本方针。加强党的建设,关键是"党要管党、从严治党"。党的十八大以来,习近平总书记站在新的历史高度,把党要管党、从严治党的思想提高到了一个新的水平。他在上任伊始的中外记者见面会上,就态度鲜明地提出:"打铁还需自身硬。我们的责任,就是同全党同志一道,坚持党要管党、从严治党,切实解决自身存在的突出问题,切实改进工作作风,密切联系群众,使我们党始终成为中国特色社会主义事业的坚强领导核心。"① 如果管党不力、治党不严,人民群众反映强烈的党内突出问题得不到解决,那我们党迟早会失去执政资格,不可避免地被历史淘汰。这绝不是危言耸听。这些年来,世界上一些老牌执政党衰败落伍、丢权垮台的教训极为深刻。中国共产党作为中国工人阶级的先锋队、中国人民和中华民族的先锋队,更应高度重视加强党的自身建设,确保始终走在时代前列。

当前,我们正在进行具有许多新的历史特点的伟大斗争,党肩负着历史重任,经受着时代考验。与国内外形势发展变化相比,与党所承担的历史任务相比,党的领导水平和执政水平、党组织建设状况和党员干部素质、能力、作风,都还有不小差距,必须引起我们高度警觉。只有坚持党要管党、从严治党,以改革创新精神推进党的建设,才能更好经受住执政考验、改革开放考验、市场经济考验、外部环境考验,更好战胜精神懈怠危险、能力不足危

---

① 中共中央文献研究室编:《十八大以来重要文献选编》(上),中央文献出版社2014年版,第70页。

险、脱离群众危险、消极腐败危险。习近平总书记谆谆告诫全党，"党面临的'赶考'远未结束""所有领导干部和全体党员要继续把人民对我们党的'考试'、把我们党正在经受和将要经受各种考验的'考试'考好，努力交出优异的答卷"。

全面从严治党基础在全面，关键在严，要害在治。"全面"就是管全党、治全党，面向全体中共党员，覆盖党的建设各个领域、各个方面、各个部门，重点是抓住领导干部这个"关键少数"。"严"就是真管真严、敢管敢严、长管长严。"治"就是从党中央到省市县党委，从中央部委、国家机关部门党组（党委）到基层党支部，都要肩负起主体责任，党委书记要把抓好党建当作分内之事、必须担当的责任；各级纪委要担负起监督责任，敢于瞪眼黑脸，敢于执纪问责。

全面从严治党必须落实管党治党责任。管党治党责任是最根本的政治责任。不明确责任，不落实责任，不追究责任，从严治党是做不到的。经过这些年的努力，各级建立了党建工作责任制，党委抓、书记抓、各有关部门抓、一级抓一级、层层抓落实的党建工作格局基本形成。要落实全面从严治党的主体责任和监督责任，强化责任追究，加大问责力度，让失责必问成为常态。要树立正确政绩观，坚持从巩固党的执政地位的大局看问题，把抓好党建作为最大的政绩，把从严治党责任承担好、落实好，坚持党建工作和中心工作一起谋划、一起部署、一起考核，坚决防止"一手硬、一手软"。各级领导干部要做到敢管敢治、严管严治、长管长治，营造风清气正的政治生态。

二、坚持思想建党与制度治党相结合

习近平总书记指出，新形势下从严治党要坚持思想建党和制度治党紧密结合。从严治党靠教育，也靠制度，二者一柔一刚，要同向发力、同时发力。这一论述科学阐明了思想建党和制度治党的辩证关系，深刻揭示了新形势下从严治党的内在规律，对提高党的建设科学化水平，完成党的建设新的伟大工程有重大意义。

第一，注重从思想上建设党解决了在中国特殊条件下建设马克思主义政党的问题，是中国共产党建设的独创性经验。

第二，提出制度治党源于对历史经验的总结和对现实问题的探索，制度治党思想推动了新时期党的自身建设改进和创新。

第三，强调思想建党与制度治党相结合，是根据新的实践经验充实、发展过去的思想，在更高的发展阶段上以辩证思维把二者统一起来。

思想建党与制度治党相结合，是科学总结历史经验的结果，也是系统思维、辩证思维在党的建设上的创造性运用。要求我们在认识上，不要把思想建党与制度治党看作孤立的、彼此分割的两项任务，二者不是对立的，非此即彼的，而是辩证统一、相辅相成、相互促进的关系。思想建党是制度治党的前提和基础，它影响着、规定着制度建设的方向。实践证明，今天仍然有一个建设什么样的党的重大原则问题。

正如习近平指出："思想教育要结合落实制度规定来进行，抓住主要矛盾，不搞空对空。要使加强制度治党的过程成为加强思想建党的过程，也要使加强思想建党的过程成为加强制度治党的过程。"① 只有始终坚持思想建党和制度治党紧密结合，才能真正把从严治党落到实处，才能使党永葆先进性和纯洁性，始终成为中国特色社会主义事业的坚强领导核心。

---

① 习近平：《在党的群众路线教育实践活动总结大会上的讲话》，《人民日报》2014年10月9日。

三、加强组织、纪律和作风建设

全面从严治党,必须狠抓组织、纪律和作风建设。我们党之所以强大,之所以成为得到人民衷心拥护的坚强马克思主义政党,靠的就是党组织的先进性、铁的纪律和优良的作风。

1. 党的力量来自组织,组织能使力量倍增

我们党是按照马克思主义建党原则建立起来的政党,以民主集中制为根本组织制度和领导制度,组织严密是党的光荣传统和独特优势。改革开放和发展社会主义市场经济,对党内生活带来不可低估的影响,组织观念薄弱、组织涣散就是其中一个需要严肃对待的问题。增强组织纪律性,必须切实增强党性,切实遵守组织制度,切实加强组织管理,切实执行组织纪律。要强化党的意识,强化组织意识,始终把党放在心中最高位置,任何时候都与党同心同德,相信组织、依靠组织、服从组织。要严格执行民主集中制、党内组织生活制度等党的组织制度。要正确对待组织,对组织忠诚老实,言行一致、表里如一。

2. 党要管党、从严治党,就要靠严明的纪律和规矩

中国共产党在一个幅员辽阔、人口众多的发展中大国执政,如果没有铁的纪律,就没有党的团结统一,党的凝聚力和战斗力就会大大削弱,党的领导能力和执政能力就会大大削弱。习近平总书记指出,加强纪律建设是全面从严治党的治本之策,要把纪律建设摆在更加突出的位置,坚持纪严于法、纪在法前,把纪律和规矩挺在前面。党面临的形势越复杂、肩负的任务越艰巨,就越要加强纪律建设,越要维护党的团结统一,确保全党统一意志、统一行动、步调一致前进。

古人说:"欲知平直,则必准绳;欲知方圆,则必规矩。"没有规矩不成其为政党,更不成其为马克思主义政党。我们党的党内规矩是党的各级组织和全体党员必须遵守的行为规范和规则。党的规矩总的包括什么呢?其一,党章是全党必须遵循的总章程,也是总规矩。其二,党的纪律是刚性约束,政治纪律更是全党在政治方向、政治立场、政治言论、政治行动方面必须遵守的刚性约束。其三,国家法律是党员干部必须遵守的规矩,法律是党领导人民制定的,全党必须模范执行。其四,党在长期实践中形成的优良传统和工作惯例,经过实践检验,约定俗成、行之有效,需要全党长期坚持并自觉遵循。

制定纪律是要执行的,必须使纪律真正成为带电的高压线。执行党的纪律不能有任何含糊,不仅要严格执行党的政治纪律、组织纪律,还要严格执行党的廉洁纪律、群众纪律、工作纪律、生活纪律,不能让党纪党规成为"纸老虎""稻草人",造成"破窗效应"。习近平总书记指出:"遵守党的纪律是无条件的,要说到做到,有纪必执,有违必查,而不能合意的就执行,不合意的就不执行,不能把纪律作为一个软约束或是束之高阁的一纸空文。"① 领导干部要在严守党的纪律方面为广大党员作表率。党的各级组织要自觉担负起执行和维护党的纪律的责任,敢抓敢管。

3. 作风建设永远在路上

党的作风是党的形象,关系人心向背,关系党的生死存亡。习近平总书记指出:"我们党作为马克思主义执政党,不但要有强大的真理力量,而且要有强大的人格力量。真理力量集中体现为我们党的正确理论,人格力量集中体现为我们党的优良作风。"② 作风建设的核

---

① 习近平:《严明党的组织纪律,增强组织纪律性》,中共中央文献研究室编:《十八大以来重要文献选编》(上),中央文献出版社 2014 年版,第 764 页。
② 习近平:《在十八届中央纪律检查委员会第三次全国会议上的讲话》,2014 年 1 月 14 日。

心问题是保持党同人民群众的血肉联系。在任何时候任何情况下，与人民同呼吸共命运的立场不能变，全心全意为人民服务的宗旨不能忘，群众是真正英雄的历史唯物主义观点不能丢，始终坚持立党为公、执政为民。

着力从思想上正本清源、立根固本。对党员干部来说，世界观、人生观、价值观这个"总开关"没拧紧，不能正确处理公私关系，缺乏正确的是非观、义利观、权力观、事业观，各种出轨越界、跑冒滴漏就在所难免了。抓作风建设，就要返璞归真、固本培元，重点突出坚定理想信念、践行根本宗旨、加强道德修养。要站稳党性立场，保持健康的工作方式和生活方式，实实在在做人做事，慎独慎初慎微，做到防微杜渐。要坚持和发扬艰苦奋斗精神，牢记"两个务必"，不能贪图享受、攀比阔气。要弘扬中华优秀传统文化，把家风建设摆在重要位置，廉洁修身、廉洁齐家。

严格党内生活，开展积极的批评和自我批评。在作风问题上，起决定作用的是党性。党性是党员干部立身、立业、立言、立德的基石，必须在严格的党内生活锻炼中不断增强。要认真贯彻执行党章和党内各项制度规定，努力提高党内政治生活的原则性和战斗性。要本着对自己、对同志、对班子、对党高度负责的精神，大胆使用、经常使用批评和自我批评这个武器，敢于揭短亮丑、真刀真枪、见筋见骨，不断清除党内各种政治灰尘和政治微生物，使广大党员干部思想受到洗礼，灵魂受到触动。

建立抓作风的长效机制。作风问题具有反复性和顽固性，抓一抓会好转，松一松就反弹，不可能一蹴而就，毕其功于一役，更不能一阵风，刮一下就停。要锲而不舍、驰而不息地抓下去，如果前热后冷、前紧后松，就会功亏一篑。要建立健全管用的体制机制，自觉接受群众评议和社会监督，要有踏石留印、抓铁有痕的劲头，一个节点一个节点地抓，积小胜为大胜，保持力度，保持韧劲，善始善终，善作善成。通过全党共同努力，抓党风政风，带社风民风，营造风清气正的社会环境。

面向未来，恢复和发扬党的优良传统和作风的任务还很重，巩固党风廉政建设成效、防止问题反弹的任务还很重，解决党内作风上深层次问题的任务还很重。要紧紧盯住作风领域出现的新变化新问题，及时跟进相应的对策措施，既治标更治本，使党员干部不仅不敢沾染歪风邪气，而且不能、不想沾染歪风邪气，使党的作风全面纯洁起来。

四、加强廉政建设和反腐败斗争

党的十八大以来，习近平同志向全党、全社会释放了一个明确的信号，就是对事关党的事业和党的建设全局的重大问题，绝不遮掩、绝不回避、绝不含糊。为此，他始终强调抓好党的建设要坚持问题导向，实事求是分析党内存在的突出问题，提出解决方案。

坚持问题导向，把解决影响党群干群关系的党风廉政问题作为加强党的建设的突破口，进而带动其他问题的解决。2014年1月14日，习近平同志在十八届中央纪委三次全会上要求：全党同志要深刻认识反腐败斗争的长期性、复杂性、艰巨性。要以猛药去疴、重典治乱的决心，以刮骨疗毒、壮士断腕的勇气，坚决把党风廉政建设和反腐败斗争进行到底。一方面，以采取一系列硬举措为突破口狠抓党的作风建设。习近平同志上任中共中央总书记伊始，2012年12月4日主持召开中共中央政治局会议，审议通过了中央政治局关于改进工作作风、密切联系群众的八项规定，无论是"轻车简从""不安排群众迎送""不铺设迎宾地毯""不出席各类剪彩、奠基活动""严格控制出访随行人员"的细致和坦率，还是"首先要从中央政治局做起"，要求别人做到的自己先要做到的真诚和坚定，新一届中央领导集体正以身体力行的方式，为端正党风政风率先垂范。"八项规定"是一个庄严承诺，体现了从严要求、从严治党的根本要求，反映出中国未来施政的动向。事实证明，"八项规定"开启了新风，为我们党自身改革赢得了时间和动力。2013年6月18日，全党开展了群众路线教育实践活动，活动聚焦于"四风"问题，抓住了要害，深刻改变了干部队伍的行为方式。2014年3月9日，习近平总书记在参加十二届全国人大二次会议安徽代表团的审议时，提到"既严以修身、严以用权、严于律己，又谋事要实、创业要实、做人要实"的重要论述，称为"三严三实"讲话。习近平同志又提出了"三严三实"的要求，这是加强作风建设的再启程、再出发。另一方面，以惩治腐败的实际成效取信于民。党的十八大以来，党中央大力加强反腐倡廉教育，扎实开展巡视工作，坚决查处大案要案，保持惩治腐败的高压态势，查处案件涉及党政军等各个领域，做到了反腐败无死角。要牢记"蠹众而木折，隙大而墙坏"的道理，保持惩治腐败的高压态势，坚持零容忍的态度不变、猛药去疴的决心不减、刮骨疗毒的勇气不泄、严厉惩处的尺度不松，把反腐利剑举起来，形成强大震慑。要严格依纪依法查处各类腐败案件，既坚决查处发生在领导机关和领导干部中的滥用职权、贪污贿赂、腐化堕落、失职渎职案件，又着力解决发生在群众身边的腐败问题，严肃查处损害群众利益的各类案件。坚持党纪国法面前没有例外，不管涉及谁，都要一查到底，决不姑息。

党风廉政建设和反腐败，这无疑是从严治党非常重要、非常关键的任务，也是全党全社会非常关心和关注的任务。推进反腐败体制机制创新。改革党的纪律检查体制，加强反腐败工作体制机制创新，完善纪委派驻机构统一管理。健全和完善党内监督、民主监督、法律监督和舆论监督体系，强化对权力运行的制约和监督，形成不敢腐、不能腐、不想腐的有效机制，铲除腐败现象的生存空间和滋生土壤。继续改进中央和省区市巡视制度，推进巡视和派驻监督全覆盖。加强反腐败国际追逃追赃，对腐败分子形成震慑，遏制腐败现象蔓延势头。

【知识拓展】

这次教育实践活动是在总结运用党内历次集中教育活动成功经验的基础上开展的。通过这次活动，我们对新形势下如何开展党内集中教育活动取得了新的认识、积累了新的经验。

——必须突出重点、聚焦问题。"伤其十指，不如断其一指。"党中央在谋划这次活动时认为，这次活动的重点是促使全党更好地执行党的群众路线，而当前影响执行党的群众路线的要害是作风问题，必须突出改进作风这个主题。而作风又有很多方面，需要进一步聚焦，我们就聚焦到形式主义、官僚主义、享乐主义和奢靡之风这些群众反映强烈的突出问题上。党中央明确提出以反"四风"为突破口，以点带面，不搞面面俱到，打到了七寸。我们抓住要害、集中发力、持续用劲，对群众反映强烈的共性问题，集中开展专项整治；对出现的"四风"种种变异问题，保持高度警惕，坚持露头就打；对顶风违纪现象，严肃责任追究，加大查处力度。实践证明，有的放矢事易成，无的放矢事难成，集中教育活动要取得实效，必须找准靶子、点中穴位。

——必须领导带头、以上率下。正人必先正己，正己才能正人。中央怎么做，上层怎么做，领导干部怎么做，全党都在看。首先从中央做起，各级主要领导亲自抓、作表率，是这次活动取得成效的关键。党中央制定了一系列规范党内高层作风问题的制度，中央政治局带头围绕落实八项规定进行对照检查，开展批评和自我批评。中央政治局常委同志建立联系点并全程指导，深入联系点真诚谈心，对工作进行具体帮助。各级领导班子成员特别是主要负责同志，以向我看齐的姿态听意见、摆问题、管自身、抓督查，发挥示范作用。实践证明，各级领导干部敢于拿自己开刀，解决问题才能势如破竹，改进工作才能立竿见影。

——必须以知促行、以行促知。集中教育活动需要提高认识，更需要付诸行动，以新的思想认识推动实践，又以新的实践深化思想认识。这次活动强调把学习教育贯穿始终、把解决问题贯穿始终，做到教育和实践两手抓、两结合，边学边查边改。我们不断加强理论武装，促进思想认识提高和党性增强，为解决实际问题增添了精神动力，破除了思想障碍。我们深入进行查摆剖析和落实整改措施，为提高思想认识、增强党性提供了现实教材和真切感悟。实践证明，集中教育活动只有坚持知行合一，不断让思想自觉引导行动自觉，让行动自觉深化思想自觉，才能抓得实、做得深、走得远。

——必须严字当头、从严从实。"取法于上，仅得为中；取法于中，故为其下。"我们一开始就强调活动要高标准、严要求，全程贯彻整风精神，"照镜子、正衣冠、洗洗澡、治治病"，坚决防止搞形式、放空炮、走过场。我们坚持严的标准、采取严的举措，重要节点一环紧扣一环抓。对存在的问题明察暗访，及时查处并公开曝光违纪案件。对党员、干部特别是领导干部的对照检查提出具体标准，要求必须见人见物见思想，有深度、像自己。对专题民主生活会和组织生活会提出明确要求，防止批评和自我批评蜻蜓点水、避实就虚、避重就轻、一团和气。对整改项目，实行台账管理，完成一个销号一个。中央和地方各级督导组敢于"唱黑脸""当包公"，紧紧围绕关键环节、重要部位、重点工作严督实导、持续用劲。实践证明，只有严要求、动真格，真实抓、抓真实，才能真正达到预期目的。

——必须层层压紧、上下互动。集中教育活动要搞好，必须批批接续、层层压紧、环环相扣。上面的问题需要下面配合解决的就上题下答，下面的问题根子在上面的就下题上答，需要地方和地方、地方和部门、部门和部门联合会诊的就同题共答，前后照应、左右衔接，使查摆和解决问题做到纵向到底、横向到边。实践证明，只有坚持问题导向，从细处入手，向实处着力，一环紧着一环拧、一锤接着一锤敲，才能积小胜为大胜。

——必须相信群众、敞开大门。"知屋漏者在宇下，知政失者在草野。"让群众满意是我们党做好一切工作的价值取向和根本标准，群众意见是一把最好的尺子。这次活动在坚持自我教育为主的同时，注重强化外力推动，坚持真开门、开大门，让群众参与，让群众监督，诚恳请群众评判。我们加强舆论监督，注重对比宣传，既发挥先进典型示范引领作用，又发挥反面典型警示震慑作用。实践证明，集中教育活动必须打开大门、依靠群众，让群众来监督和评判，才能做到不虚不空不偏。

（摘录自习近平：《在党的群众路线教育实践活动总结大会上的讲话》，《人民日报》2014年10月9日）

【思考与练习】

1. 如何理解中国共产党的性质和宗旨？
2. 如何理解坚持党的领导必须改善党的领导？

【参考文献】

[1] 毛泽东. 毛泽东选集：第4卷［M］. 北京：人民出版社，1991.

[2] 中共中央文献研究室. 十八大以来重要文献选编：上［M］. 北京：中央文献出版社，2014.

[3] 习近平. 加强和改进新形势下党的建设的纲领性文献［N］. 人民日报，2009－10－09（2）.

[4] 习近平. 在党的群众路线教育实践总结大会上的讲话［N］. 人民日报，2014－10－09（2）.

[5] 国务院新闻办公室，中央文献研究室，中国外文局. 习近平谈治国理政［M］. 北京：外文出版社，2014.

[6] 中共中央宣传部. 习近平总书记系列重要讲话读本：2016年版［M］. 北京：学习出版社、人民出版社，2016.

[7] 习近平. 切实加强党的先进性和纯洁性建设［EB/OL］.（2012－05－21）. http://news.xinhuanet.com/politics/2012－05/21/c_112005305.htm.

[8] 邓小平. 邓小平文选：第2卷［M］. 北京：人民出版社，1994.

[9] 人民出版社. 中共中央关于全面推进依法治国若干重大问题的决定［M］. 北京：人民出版社，2014.

[10] 中共中央文献研究室. 十七大以来重要文献选编：下［M］. 北京：中央文献出版社，2013.

【思考与练习】参考答案

第一章

1. 如何正确认识提出马克思主义中国化的重要意义？

提出马克思主义中国化具有重要意义：第一，马克思主义中国化的理论成果指引着党和人民的伟大事业不断取得胜利。没有革命的理论就没有革命的实践。第二，马克思主义中国化的理论成果提供了凝聚全党全国各族人民的强大精神支柱。第三，马克思主义中国化倡导了对待马克思主义的科学态度和学风，开拓着马克思主义在中国发展的新境界。

2. 如何正确理解马克思主义中国化的科学内涵？

马克思主义中国化，就是将马克思主义的基本原理同中国的具体实际相结合。具体地说，就是要使马克思列宁主义这一革命科学更进一步地和中国革命实践、中国历史、中国文化深相结合起来，使马克思主义在中国实现民族化和具体化。第一，马克思主义中国化就是运用马克思主义解决中国革命、建设和改革的实际问题；第二，马克思主义中国化就是把中国革命建设和改革的实践经验和历史经验提升为理论；第三，马克思主义中国化就是把马克思主义植根于中国的优秀文化之中。概括地说，马克思主义中国化就是用马克思主义来解决中国的问题，同时又使中国丰富的实践经验上升为理论，并且同中国历史、中华民族优秀文化相结合，以形成具有中国特色、中国风格和中国气派的马克思主义理论。

3. 实事求是思想路线的基本内容有哪些？如何理解党的思想路线的核心是实事求是？

《中国共产党章程》把党的思想路线的基本内容完整地表述为："一切从实际出发，理论联系实际，实事求是，在实践中检验真理和发展真理。"

实事求是内在地包含一切从实际出发、理论联系实际的内容。无论是一切从实际出发还是理论联系实际，都是实事求是的具体展开。一切从实际出发，是实事求是思想路线的前提和基础；理论联系实际，是贯彻实事求是的思想路线的根本途径和方法。要坚持实事求是，就必须坚持一切从实际出发、理论联系实际。

实事求是还内在地包含着解放思想、与时俱进和求真务实的内容。坚持实事求是，必须解放思想；做到实事求是，必然与时俱进和求真务实。党的领导人在不同时期对思想路线阐述和发挥过程中，分别强调或解放思想，或与时俱进，或求真务实，都是根据不同实践环境和具体任务，针对在贯彻实事求是的思想路线中存在的突出问题所提出的重点要求，其目的和归宿，都是实事求是。它们既反映了党的思想路线的实质的一脉相承性，又体现了结合实践发展在具体表现方面的时代特征。

所以，实事求是是党的思想路线的实质和核心。也正因为如此，我们通常把党的思想路线简明概括为"实事求是"，把党的思想路线称作"实事求是的思想路线"。

4. 为什么说实事求是是马克思主义中国化各个理论成果的精髓？

所谓精髓，对于某一理论而言，指的是能使这一理论得以形成和发展并贯穿其始终，同时又体现在这一理论体系各个基本观点中的最本质的东西。马克思主义中国化的各个理论成果，其精髓都是实事求是。一方面，正是由于把握和运用了这个精髓，才有毛泽东思想和中国特色社会主义理论体系的创立和发展，才有党的十八大以来的理论创新；另一方面，这个精髓，又体现在马克思主义中国化各个理论成果基本内容的各方面。

在领导中国革命和建设过程中,以毛泽东为主要代表的中国共产党人所提出的创造性理论,都贯穿着实事求是的思想。

在改革开放和现代化建设过程中,以邓小平、江泽民、胡锦涛、习近平为主要代表的中国共产党人坚持这个精髓,进一步丰富和发展了中国特色社会主义理论。

第二章

1. 新民主主义基本纲领的主要内容是什么?

新民主主义政治纲领的主要内容是:推翻帝国主义和封建主义的统治,建立一个无产阶级领导的,以工农联盟为基础的,各革命阶级联合专政的新民主主义的共和国。

新民主主义经济纲领的主要内容是:没收封建地主阶级的土地归农民所有,没收官僚资产阶级的垄断资本归新民主主义的国家所有,保护民族工商业。

新民主主义文化纲领的主要内容是:新民主主义文化就是无产阶级领导的人民大众的反帝反封建的文化,即民族的科学的大众的文化。

2. 如何认识中国革命走农村包围城市、武装夺取政权道路的重大意义?如何认识以毛泽东为主要代表的中国共产党人为这条道路的开辟做出的巨大贡献?

在一个以农民为主体的半殖民地半封建的国度里进行革命,应该选择什么样的道路,这是党在领导中国革命的过程中面对的和必须回答的重大问题。以毛泽东为主要代表的中国共产党人把马克思主义基本原理与中国革命的具体实际相结合,走出了一条不同于俄国十月革命的道路,即农村包围城市、武装夺取政权的革命道路。这条道路是夺取革命胜利的必然之路。

第一,在近代中国这个半殖民地半封建社会里,内无民主制度而受封建主义的压迫,外无民族独立而受帝国主义的压迫。中国的无产阶级根本不可能像在资本主义国家那样,先在城市经过长期的、公开的合法斗争,然后再组织武装起义,夺取政权。中国无产阶级及其政党要战胜强大的敌人,革命的主要斗争形式只能是武装斗争,以革命的武装消灭反革命的武装,相应的主要组织形式必然是军队。

第二,近代中国是一个政治、经济、文化发展极不平衡的半殖民地半封建的大国。经济政治发展的不平衡性使中国没有统一的资本主义经济,自给自足的自然经济广泛存在;中国革命的敌人虽然建立了庞大的军队,并长期占据着中心城市,但广大农村则是其统治的薄弱环节,这是农村革命根据地能够在中国存在和发展的根本原因。由于中国是一个大国,革命力量大有回旋余地,而帝国主义国家的间接统治及其互相间的矛盾和斗争,造成了军阀割据的局面和连绵不断的军阀混战,又使红色政权获得存在和发展的缝隙。而相当力量正式红军的存在,党的领导及其正确的政策,则是红色政权能够存在和发展的主观原因和条件。毛泽东认为,这些原因和条件,为中国革命走农村包围城市、武装夺取政权的道路提供了可能性。

第三,中国是一个半殖民地半封建的农业大国,农民占全国人口的绝大多数,农民是无产阶级可靠的同盟军和革命的主力军。只有实行土地革命,解决农民的土地问题,才有可能把农民充分发动起来,摧毁帝国主义和封建地主阶级反动统治的基础。无产阶级要想夺取革命的胜利,就必须派遣自己的先锋队深入农村,从解决农民的土地问题入手,组织、发动和武装农民,使革命战争获得广大农民的支持和参加,只有把农村建设成先进的、巩固的革命根据地,才能与占据着中心城市的敌人进行长期有效的斗争,为最后夺取全国胜利奠定基础。因此,中国革命必须把工作重心放在农村,先占乡村,后取城市,最后夺取全国政权。

中国革命道路的理论,反映了中国革命发展的客观规律,是指导革命取得胜利的唯一正确的理论。它不是照抄照搬俄国十月革命的经验，而是从中国的实际出发，独创性地发展了马克思列宁主义关于革命的理论。它是以毛泽东为主要代表的中国共产党人运用马克思主义的立场、观点和方法分析、研究和解决中国革命具体问题的光辉典范，对于推进马克思主义中国化具有重要的方法论意义。邓小平指出："马克思、列宁从来没有说过农村包围城市，这个原理在当时世界上还是没有的。但是毛泽东同志根据中国的具体条件指明了革命的具体道路。"

3. 如何理解新民主主义革命三大法宝及其相互关系？

统一战线、武装斗争、党的建设，是中国共产党在中国革命中战胜敌人的三个法宝。正确地理解了这三个问题及其相互关系，就等于正确地领导了全部中国革命。

统一战线问题是无产阶级政党策略思想的重要内容。建立最广泛的统一战线，首先是由中国半殖民地半封建社会的阶级状况所决定的。作为无产阶级先锋队的中国共产党所领导的革命力量，要战胜强大的反革命力量，就必须把农民、城市小资产阶级以及其他的中间阶级都团结在自己的周围，结成最广泛的统一战线。其次，是由中国革命的长期性、残酷性及其发展的不平衡性所决定的。革命发展的不平衡性，使得无产阶级及其政党有必要采取正确的统一战线的策略，把一切可以团结和利用的力量尽可能团结在自己的周围，夺取中国革命的最终胜利。

武装斗争是中国革命的特点和优点之一。与资本主义国家不同，在半殖民地半封建的旧中国，帝国主义和封建主义总是凭借着反革命暴力对革命人民实行残暴的镇压。无产阶级和广大人民群众无议会可以利用，无组织工人举行罢工的合法权利。革命人民只有武装起来，以武装的革命反对武装的反革命。

中国共产党要领导革命取得胜利，必须不断加强党的思想建设、组织建设和作风建设。半殖民地半封建的中国社会是一个以农民为主体的国度，无产阶级人数很少，农民和其他小资产阶级占人口的大多数，农民和小资产阶级出身的党员占多数。加之长期处于农村游击战争的环境，各种非无产阶级思想，特别是小资产阶级思想必然反映到党内来，党内无产阶级思想和非无产阶级思想之间的矛盾成为党内的主要矛盾。这种情况决定了要建设一个广大群众性的、马克思主义的无产阶级政党，是一项艰巨的任务，也是一项伟大的工程。

三大法宝相互联系、辩证统一。统一战线和武装斗争是中国革命的两个基本特点，是战胜敌人的两个基本武器。统一战线是实行武装斗争的统一战线，武装斗争是统一战线的中心支柱；党的组织则是掌握统一战线和武装斗争这两个武器以实行对敌冲锋陷阵的英勇战士。

第三章

1. 如何理解新民主主义社会是一个过渡性的社会？

从中华人民共和国成立到社会主义改造基本完成，是我国从新民主主义向社会主义过渡的时期。这一时期，我国社会的性质是新民主主义社会。新民主主义社会不是一个独立的社会形态，而是由新民主主义向社会主义转变的过渡性的社会形态。

在新民主主义社会中，存在着五种经济成分，即社会主义性质的国有经济、半社会主义性质的合作社经济、农民和手工业者的个体经济、私人资本主义经济和国家资本主义经济。在这些经济成分中，通过没收官僚资本而形成的社会主义的国有经济，掌握了主要经济命脉，居于领导地位。与新民主主义时期三种不同性质的主要经济成分相联系，中国社会的阶级构成主要表现为三种基本的阶级力量：工人阶级、农民阶级和其他小资产阶级、民族资产阶级。由于农民和手工业者的个体经济既可以自发地走向资本主义，也可以被引导走向社会主义，其本身并不代表一种独立的发展方向。随着土地改革的基本完成，工人阶级和资产阶

级的矛盾逐步成为国内的主要矛盾。而解决这一矛盾，必然使中国社会实现向社会主义的转变。

2. 党在过渡时期的总路线的主要内容是什么？

1953年6月，毛泽东在中央政治局会议上正式提出了过渡时期的总路线和总任务，同年12月形成关于总路线的完整表述："从中华人民共和国成立，到社会主义改造基本完成，这是一个过渡时期。党在这个过渡时期的总路线和总任务，是要在一个相当长的时期内，逐步实现国家的社会主义工业化，并逐步实现国家对农业、对手工业和资本主义工商业的社会主义改造。"

3. 社会主义改造的基本经验是什么？

20世纪中叶，在中国社会主义改造的伟大实践中，以毛泽东为代表的中国共产党人创造性地将马克思关于社会主义革命的原理运用于中国社会主义革命的实践，形成了一条具有鲜明中国特色的社会主义改造道路。他们在实践中探索和总结出来的关于社会主义改造的理论原则和主要经验，是构成毛泽东思想科学体系的重要内容之一。第一，以和平的方法进行社会主义改造；第二，以积极引导、逐步过渡的方式推进社会主义改造；第三，社会主义改造与社会主义建设同时并举；第四，把对所有制的改造和对人的改造结合起来同时进行。

4. 如何认识中国确立社会主义基本制度的重大意义？

社会主义制度的确立是中国历史上最深刻最伟大的社会变革，也是20世纪中国又一次划时代的历史巨变。中国从一个半殖民地半封建社会，越过漫长的资本主义发展的历史阶段，进入到社会主义新时代，为后来中国社会的发展和进步奠定了坚实的基础。第一，社会主义制度的确立，为中国现代化的建设创造了制度条件。社会主义经济制度以其与社会化大生产一致性和能够在经济落后条件下尽可能地集中力量办大事的优势，为发展社会生产力开辟了广阔的道路。今天中国现代化建设取得的辉煌成就，都离不开选择并且走上了社会主义道路这个最基本的前提条件。第二，社会主义制度的确立，使广大劳动人民真正成为国家的主人和社会生产资料的主人，这是中国几千年来阶级关系的最根本变革。因而极大地提高了工人阶级和广大劳动人民的积极性和创造性，巩固和扩大了工人阶级领导的，以工农联盟为基础的人民民主专政的国家政权的阶级基础和经济基础。第三，中国社会主义制度的确立，进一步改变了世界政治经济格局，增强了社会主义的力量，对维护世界和平产生了积极影响。占世界人口四分之一的东方大国进入了社会主义社会，这是世界社会主义运动历史上又一个历史性的伟大胜利，为其他相对落后的国家探索民族独立、人民解放和走符合本国国情的发展道路提供了重要经验，对这些国家的人民也是一个巨大的鼓舞。第四，社会主义制度在中国的确立，不仅再次证明了马克思主义的真理性，而且以其独创性的理论原则和经验总结，丰富和发展了马克思主义的科学社会主义理论。

第四章

1. 党在中国社会主义建设道路的初步探索中取得了哪些重要的理论成果？

（1）调动一切积极因素为社会主义事业服务的思想，毛泽东发表《论十大关系》。

（2）正确认识和处理社会主义社会矛盾的思想，毛泽东发表《关于正确处理人民内部矛盾的问题》。

（3）走中国工业化道路的思想。

（4）初步探索的其他理论成果：包括关于社会主义发展阶段，关于社会主义现代化建设的战略目标和步骤，关于经济建设方针，关于所有制结构的调整，关于经济体制和运行机制改革，关于社会主义民主政治建设，关于科学和教育，关于知识分子工作，等等。

2. 如何认识党对中国社会主义建设道路初步探索的意义?
（1）巩固和发展了我国的社会主义制度。
（2）为开创中国特色社会主义提供了宝贵经验、理论准备、物质基础。
（3）丰富了科学社会主义的理论和实践。

3. 党对中国社会主义建设道路初步探索有哪些经验教训?
（1）必须把马克思主义与中国实际相结合，探索符合中国特点的社会主义建设道路。
（2）必须正确认识社会主义社会的主要矛盾和根本任务，集中力量发展生产力。
（3）必须从实际出发进行社会主义建设，建设规模和速度要和国力相适应，不能急于求成。
（4）必须发展社会主义民主，健全社会主义法制。
（5）必须坚持党的民主集中制和集体领导制度，加强执政党建设。
（6）必须坚持对外开放，不能关起门来搞建设，要借鉴和吸收人类文明的共同成果建设社会主义。

第五章

1. 如何理解社会主义初级阶段的科学含义及其基本特征?
（1）我国已经进入了社会主义社会。这是就社会性质来说，我国已具备社会主义性质的规定性，具有了社会主义最基本的特征。经济上：建立了生产资料公有制为主体的社会主义经济制度；政治上：建立了人民民主专政的社会主义政治制度；思想文化上：马克思主义在意识形态领域中的主导地位已经确立。
（2）我国的社会主义还处在初级阶段。这是就发展程度来说，我国还没有从根本上摆脱贫穷落后的不发达状态。我国的基本国情是人口多、底子薄、地区发展不平衡、生产力不发达的状态没有根本改变；社会主义制度还不完善，社会主义市场经济体制还不成熟，社会主义民主法制还不够健全，封建主义、资本主义腐朽思想和小生产习惯在社会上还有广泛影响。我们必须从初级阶段的实际出发，而不能超越这个阶段。

社会主义初级阶段的两层基本含义既相对区别又紧密联系，构成了一个具有特定内涵的新概念。所谓社会主义初级阶段，不是泛指任何国家进入社会主义都会经历的起始阶段，而是特指我国生产力发展水平不高、商品经济不发达条件下建设社会主义必然要经历的特定历史阶段。

2. 如何认识社会主义初级阶段的阶段性特征?
（1）经济实力显著增强，同时发展中不平衡、不可持续的问题依然突出。
（2）经济经济发展取得全面进步，同时发展面临新的重大结构性问题，影响发展的体制机制障碍依然存在。
（3）对外开放日益扩大，同时面临的国际竞争日趋紧张。

3. 如何坚持四项基本原则与改革开放的统一?
（1）坚持党的基本路线，必须以辩证唯物主义和历史唯物主义的立场、观点和方法，正确处理改革开放和四项基本原则的关系，把二者在建设中国特色社会主义的实践中统一起来。
（2）四项基本原则是中国近现代历史发展的必然选择，是对党长期以来积累的经验所作出的科学概括，是我们的立国之本；改革开放是决定中国命运的历史性决策，是新时期最鲜明的特征，是社会主义中国的强国之路。一方面，必须充分认识四项基本原则在改革开放和现代化建设进程中不断获得新的内容；另一方面，又必须在改革开放中坚持四项基本原则,以保证社会主义现代化建设的正确方向。

(3)毫不动摇地坚持党的基本路线,把以经济建设为中心同改革开放、四项基本原则这两个基本点统一于建设中国特色社会主义的伟大实践中,这是改革开放以来"我们党最可宝贵的经验,是我们事业胜利前进最可靠的保证"。

4. 如何理解党的最高纲领和最低纲领的辩证统一?

实现社会主义初级阶段基本纲领必须正确认识和处理党的最高纲领和最低纲领之间的辩证统一关系。共产主义是共产党人的理想信念和精神支柱,实现共产主义是无产阶级政党的最高纲领。但共产主义的实现是一个历史过程,需要通过若干阶段的具体目标,有步骤、分阶段地向前推进。在每个不同的发展阶段,都需要提出符合实际的理论、路线、方针、政策和策略,形成阶段性的行动纲领。中国共产党制定的民主革命的纲领、向社会主义过渡的纲领、建设中国特色社会主义的纲领,都是党在特定历史阶段的最低纲领。

最高纲领与最低纲领既有区别又有联系,辩证统一于为实现共产主义奋斗的全部历史过程。共产主义既是一个伟大的社会理想和科学的理论体系,又是一个现实的运动。我们今天进行的社会主义建设,归根结底都是在为共产主义的实现创造条件。最高纲领为最低纲领的制定指明前进的方向;最低纲领为最高纲领的实现准备必要的条件。坚持最高纲领与最低纲领的统一,就是坚持理想与现实的统一,方向和道路的统一,目的和过程的统一,不断发展和发展阶段的统一,革命精神和科学态度的统一。

第六章

1. 怎样准确把握邓小平关于社会主义本质的科学论断?

从内涵、意义两方面把握:

(1)内涵。社会主义本质的科学论断:解放生产力,发展生产力,消灭剥削、消除两极分化,最终达到共同富裕。

社会主义本质的科学内涵:突出强调解放和发展生产力在社会主义发展中的重要地位。这是社会主义本质理论的一个十分明显和突出的特点。强调解放和发展生产力在社会主义本质中的地位,是邓小平在科学社会主义理论与社会主义建设实践内在统一的基础上认识社会主义的一个创造。突出强调消灭剥削、消除两极分化,最终达到共同富裕的发展目标。社会主义发展生产力与资本主义发展生产力的目的根本不同。资本主义发展生产力是为少数人谋利益,存在剥削,必然产生两极分化,不可能实现共同富裕。社会主义必须消灭剥削,消除两极分化,最终达到共同富裕,使发展的成果为全体人民所共享。

(2)意义:其一,对社会主义的认识提高到了一个新的科学水平。社会主义本质理论的提出,把我们对社会主义的认识,从主要强调关于公有制、按劳分配等特征,进一步深入到理解实现共同富裕这个建设社会主义的根本目的和目标。其二,对建设中国特色社会主义具有重要的指导意义。社会主义本质理论把搞清楚"什么是社会主义、怎样建设社会主义"紧密地结合起来,揭示了实现社会主义本质与建设社会主义的道路之间的内在逻辑关系。

2. 为什么解放和发展生产力是社会主义的根本任务?

(1)发展生产力是马克思主义的一项基本原则。

(2)发展生产力是社会主义的内在要求。

(3)发展生产力是解决社会主义初级阶段主要矛盾的要求。

(4)发展生产力是社会主义制度优越性的体现。

(5)只有大力发展生产力,才能为进入共产主义创造物质基础。

3. 如何理解分"三步走"基本实现社会主义现代化的发展战略?

(1) 我国经济发展"三步走"战略:第一步,从 1981—1990 年实现国民生产总值比 1980 年翻一番,解决人民的温饱问题;第二步,从 1991 年到 20 世纪末,使国民生产总值再增长一倍,人民生活达到小康水平;第三步,到 21 世纪中叶,人均国民生产总值达到中等发达国家水平,人民生活比较富裕,基本实现现代化,然后在这个基础上继续前进。

(2) 我国经济发展新"三步走"战略:21 世纪第一个 10 年,实现国民生产总值比 2000 年翻一番,使人民的小康生活更加富裕,形成比较完善的社会主义市场经济体制;再经过 10 年的努力,到建党 100 周年时,使国民经济更加发展,各项制度更加完善;到 21 世纪中叶建国 100 周年时,基本实现现代化,建成富强、民主、文明的社会主义国家,从而使"三步走"的战略和步骤更加具体明确。

(3) 习近平强调"中国梦"实际上为"国家富强"勾画了一个新的"三步走"战略,即第一步,到中国共产党成立 100 年的时候,实现国内生产总值和城乡居民人均收入两个翻番,全面建成小康社会;第二步,到新中国成立 100 周年的时候,建成富强、民主、文明、和谐的社会主义现代化国家;第三步,实现中华民族的伟大复兴,把中国建设为一个强盛的中国、文明的中国、和谐的中国、美丽的中国。

"三步走"战略的意义:这一发展战略从社会主义初级阶段实际出发,坚持了雄心壮志与实事求是的统一;把经济发展和提高人民生活水平结合起来,坚持了经济发展和实现社会主义本质要求的统一;明确提出了把我国建设成为富强、民主、文明、和谐的社会主义现代化国家,坚持了经济与社会的全面协调发展,是指导全党和全国人民建设中国特色社会主义的行动纲领。

4. 党的十八大对全面建成小康社会提出了哪些新要求?

一是经济持续健康发展。转变经济发展方式取得重大进展,在发展平衡性、协调性、可持续性明显增强的基础上,实现国内生产总值和城乡居民人均收入比 2010 年翻一番。二是人民民主不断扩大,依法治国基本方略全面落实。三是文化软实力显著增强,全民文明素质和社会文明程度明显提高。四是人民生活水平全面提高,基本公共服务均等化总体实现。五是资源节约型、环境友好型社会建设取得重大进展。

5. 如何理解实现中华民族伟大复兴的中国梦?

从思想内涵和实现路径上理解:

(1) 思想内涵。实现中华民族伟大复兴的中国梦,就是要实现国家富强、民族振兴、人民幸福。国家富强是指综合国力进一步增强,中国特色社会主义事业进一步发展和完善。民族振兴就是通过自身的不断发展和强大,使中华民族再次处于世界领先地位。人民幸福就是人民民主权利保障更加充分,人人得享共同发展,幸福生活。

(2) 实现路径。坚持中国道路、弘扬中国精神、凝聚中国力量是实现中国梦的实践路径。中国道路就是中国特色社会主义道路,是具有实践特色、理论特色、民族特色、时代特色的社会主义道路。中国精神就是以爱国主义为核心的民族精神,以改革创新为核心的时代精神。中国力量就是中国各族人民大团结的力量,是实现中国梦的不竭动力、力量源泉和根基血脉。

第七章

1. 如何理解改革是解放生产力,是一场新的革命?

改革是解放生产力,是一场新的革命。

第一,把我国的改革称为革命,是从其起着解放生产力这个意义上说的。它不是一个阶级推翻另一个阶级意义上的革命，不是也不允许否定和抛弃社会主义基本制度，是社会主义制度的自我完善和发展。第二，改革是对原有体制根本性的变革和彻底转换，而非一般性的调整或细枝末节的修剪；改革不是片面的，而是一场涉及经济、政治、文化诸多领域的彻底改革；改革是一场从宏观到微观，从社会物质关系到思想关系的一场广泛、全面的变革。

2. 如何正确认识我国全方位对外开放的新格局？

20世纪90年代以来，我国对外开放进入了一个新的发展阶段，形成了全方位、多层次、宽领域的对外开放格局。

全方位是指我们的对外开放是对世界各类型国家的开放；多层次是指我们的对外开放逐步形成了"经济特区—沿海开放城市—沿海经济开发区—沿江、沿边和内地"这样一个全国范围的多层次对外开放的格局；宽领域是指我们的对外开放范围涵盖了经济、政治、科技、教育、文化、体育、卫生等众多领域。

3. 如何理解全面深化改革的必要性？

第一，改革开放是大势所趋、人心所向，停顿和倒退没有出路。回顾改革开放历程，我们深深体会到，没有改革开放，我们就不可能有今天这样的大好局面；没有改革开放，我国不知还要在封闭半封闭和停滞不前的状态下徘徊多久。深深体会到，改革开放是当代中国最鲜明的时代特色，是我们党最鲜明的时代旗帜，是中国人民最为自信和自豪的伟大创举。在新的历史起点上，时代要求进一步深化改革，经济社会发展呼唤进一步深化改革，人民群众期待进一步深化改革，改革的步伐决不能停顿，更不能倒退。中国共产党充分认识并自觉顺应人民愿望和时代要求，反复强调必须以更大决心冲破思想观念的束缚、突破利益固化的藩篱，坚定不移把改革推向前进。这必将开启我国新一轮改革浪潮，开辟中国特色社会主义事业更加广阔的前景。

第二，全面建成小康社会，进而建成富强民主文明和谐的社会主义现代化国家、实现中华民族伟大复兴的中国梦，迫切要求全面深化改革。全面建成小康社会，意味着在未来7~8年的时间里，我国经济社会发展必须在原有基础上实现新的全面提升，使经济更加发展、民主更加健全、科教更加进步、文化更加繁荣、社会更加和谐、人民生活更加殷实。实现全面提升，涉及生产关系和上层建筑的调整，涉及经济结构调整和发展方式转变，涉及收入分配制度和社会保障体系的创新，涉及城乡区域发展格局的完善，涉及人与自然和谐发展现代化建设新格局的构建，涉及党的建设制度的改革，这些必须依靠全面深化改革才能完成。

第三，解决当前我国发展面临的一系列重大问题，继续保持经济社会持续健康发展势头，迫切要求全面深化改革。当前，我国发展面临一系列突出矛盾和问题，如发展中不平衡、不协调、不可持续问题，科技创新能力不强问题，产业结构不合理问题，资源环境约束加剧问题，城乡区域发展差距和居民收入分配差距依然较大问题，社会矛盾多发易发问题，一些领域道德失范、诚信缺失问题，等等。我们必须以更大的政治勇气和智慧，不失时机深化重要领域改革，冲破思想观念的束缚，攻克体制机制上的顽瘴痼疾，突破利益固化的藩篱，进一步解放思想、解放和发展社会生产力、解放和增强社会活力，为坚持和发展中国特色社会主义，为实现中华民族伟大复兴的中国梦，提供强大动力和旺盛活力。

4. 如何理解对外开放是我们必须长期坚持的基本国策？

（1）当今世界是开放的世界。在开放的世界中不实行开放政策，只能限制自己的发展，甚至会给国家和民族带来灾难。

（2）中国的发展离不开世界。①这是对中国发展历史的深刻总结。中国在西方国家产

业革命以后变得落后了,一个重要的原因就是闭关自守。②中国作为一个发展中的大国,在实现现代化的进程中存在着许多困难和问题,如资金不足、科学技术落后、劳动者科学文化素质不高、缺乏组织现代化大生产的经营管理知识和经验等。要解决这些问题就必须实行对外开放。③对外开放不仅是为了解决当前经济建设中的矛盾和困难,而且也是我国经济长期发展的客观要求。

第八章

1. 社会主义市场经济体制的基本特征是什么?

社会主义市场经济体制是社会主义基本制度与市场经济的结合。由这一结合而形成的市场经济体制,一方面,它必然体现社会主义的制度特征;另一方面,它又具有市场经济的一般特征。作为社会主义的制度特征,主要表现在以下三方面:

(1) 在所有制结构上,以公有制为主体,多种所有制经济共同发展。
(2) 在分配制度上,以按劳分配为主体,多种分配方式并存。
(3) 在宏观调控上,实现市场调节与宏观调控的结合。

社会主义市场经济与资本主义市场经济就其都是市场经济而言,两者具有共性:

(1) 从资源配置方式看,都是以市场为基础性配置手段。
(2) 从微观层面看,企业都是独立的市场主体和法人实体。
(3) 从经济活动看,市场经济规律起着支配作用。
(4) 从宏观层面看,政府的宏观调控主要是通过经济手段来实现的。
(5) 从经济运行看,法治起着基本的保障作用。

2. 在我国社会主义初级阶段,确立以公有制为主体、多种所有制经济长期共同发展这一基本经济制度,其基本根据是什么?

(1) 公有制是社会主义经济制度的基础。
(2) 我国还处在社会主义初级阶段,生产力还不发达,生产社会化的程度还不高,需要在以公有制为主体的条件下发展多种所有制。
(3) 一切符合"三个有利于"标准的所有制形式,都可以而且应该用来为发展社会主义服务。

3. 为什么说坚持党的领导、人民当家做主和依法治国是有机统一的?

(1) 中国共产党的领导是人民当家做主和依法治国的根本保证。
(2) 人民当家做主是社会主义民主政治的本质和核心要求,是社会主义政治文明建设的根本出发点和归宿。
(3) 依法治国是党领导人民治理国家的基本方略。
(4) 三者统一于建设中国特色社会主义民主政治的伟大实践中。

4. 如何认识社会主义核心价值体系和社会主义核心价值观?

建设和发展中国特色社会主义,需要有一个能够被全社会共同接受和认同的社会主义核心价值体系来引领。马克思主义指导思想、中国特色社会主义共同理想、以爱国主义为核心的民族精神和以改革创新为核心的时代精神、社会主义荣辱观,构成社会主义核心价值体系的基本内容。

在建设社会主义核心价值体系的基础上,党的十八大首次提出,要倡导富强、民主、文明、和谐,倡导自由、平等、公正、法治,倡导爱国、敬业、诚信、友善,积极培育和践行社会主义核心价值观。这与中国特色社会主义发展要求相契合,与中华优秀传统文化和人类文明优秀成果相承接,是党凝聚全党全社会价值共识做出的重要论断。富强、民主、文明、和谐是国家层面的价值目标，自由、平等、公正、法治是社会层面的价值取向，爱国、敬业、诚信、友善是公民个人层面的价值准则，这 24 个字是社会主义核心价值观的基本内容，为培育和践行社会主义核心价值观提供了基本遵循。

5. 如何理解构建社会主义和谐社会的重要理论意义和现实意义？

构建社会主义和谐社会有着重要的理论意义：第一，构建社会主义和谐社会，是对人类社会发展规律认识的深化，是对马克思主义关于社会主义社会建设理论的丰富和发展。第二，构建社会主义和谐社会是对社会主义建设规律认识的深化，丰富和发展了中国特色社会主义理论。构建社会主义和谐社会，拓展了中国特色社会主义的理论体系，使社会和谐成为与中国特色社会主义经济、政治、文化同等地位的中国特色社会主义基本内涵的一个崭新层面。第三，提出构建社会主义和谐社会是对共产党执政规律认识的深化，是我们党执政理念的升华。

构建社会主义和谐社会还具有十分重要的现实意义：第一，构建社会主义和谐社会是中国特色社会主义事业五位一体总体布局的重要组成部分，及时对构建社会主义和谐社会进行研究并作出部署，有利于全面推进中国特色社会主义事业；第二，社会和谐是全面建成小康社会的重要目标，切实做好构建社会主义和谐社会的各项工作，有利于充分调动社会各方面的积极性，抓住和用好我国发展的重要战略机遇期，切实维护和促进改革发展稳定的大局，确保实现全面建成小康社会的目标；第三，社会和谐是中国最广大人民的根本利益所在，把构建社会主义和谐社会的各项任务落到实处，有利于进一步解决好人民群众最关心、最直接、最现实的利益问题，实现好、维护好、发展好最广大人民的根本利益；第四，社会和谐是应对外部挑战的重要条件，保持国内安定和谐的社会政治局面，有利于增强民族凝聚力和抗风险能力，更好地维护国家主权、安全、发展利益；第五，建设生态文明，是关系人民福祉、关乎民族未来的长远大计。面对资源约束趋紧、环境污染严重、生态系统退化的严峻形势，必须树立尊重自然、顺应自然、保护自然的生态文明理念，把生态文明建设放在突出地位，融入经济建设、政治建设、文化建设、社会建设各方面和全过程，努力建设美丽中国，实现中华民族永续发展。

6. 如何树立生态文明理念？

党的十八大提出，面对资源约束趋紧、环境污染严重、生态系统退化的严峻形势，必须树立尊重自然、顺应自然、保护自然的生态文明理念。

（1）尊重自然，是人与自然相处时应秉持的首要态度，要求人对自然怀有敬畏之心、感恩之情、报恩之意，尊重自然界的创造和存在，绝不能凌驾于自然之上。

（2）顺应自然，是人与自然相处时应遵循的基本原则，要求人顺应自然的客观规律，按自然规律办事。

（3）保护自然，是人与自然相处时应承担的重要责任，要求人发挥主观能动性，在向自然界索取生存发展之需的同时，呵护自然、回报自然、保护自然界的生态系统，把人类活动控制在自然能够承载的限度之内，给自然留下恢复元气、休养生息、资源再生的空间，实现人类对自然获取和给予的平衡，多还旧账，不欠新账，防止出现生态赤字和人为造成的不可逆的生态灾难。

第九章

1. "和平统一、一国两制"构想的基本内容是什么？

"和平统一、一国两制"是我们党解决祖国统一的伟大构想、对台工作基本方针，是一个完整的体系。其基本内容就是在祖国统一的前提下，国家的主体坚持社会主义制度，同时在香港、澳门、台湾保持原有的资本主义制度长期不变。

2. 如何理解"和平统一、一国两制"的重要意义？

第一，"和平统一、一国两制"构想创造性地发展了马克思主义的国家学说。"和平统一、一国两制"构想创造性地把和平共处原则用于解决一个国家的统一问题，体现了既坚持祖国统一，维护国家主权的原则坚定性，也体现了照顾历史实际和现实可能的策略灵活性，避免了武力统一可能造成的不良后果。第二，"和平统一、一国两制"构想有利于争取社会主义现代化建设事业所需要的和平的国际环境与国内环境。第三，"和平统一、一国两制"构想为解决国际争端和历史遗留问题提供了新的思路。

3. 谈谈香港、澳门成功回归的重要意义？

第一，香港、澳门的顺利回归，彻底结束了殖民主义在港、澳的统治，标志着外国占据和统治中国领土的历史彻底结束，体现了社会主义中国综合国力的增强和国际地位的提高，体现了社会主义制度的优越性，是祖国统一大业进程中重要的里程碑，是中国共产党对中华民族的重大历史性贡献；第二，香港、澳门的顺利回归，使"一国两制"由科学的构想变成生动的现实；第三，香港、澳门的顺利回归，对解决台湾问题具有重要的示范作用和促进作用。

第十章

1. 中国为什么要坚持走和平发展道路？

第一，中国坚定不移地走和平发展道路，是基于中国国情的必然选择；第二，中国坚定不移地走和平发展道路，是基于中国历史文化传统的必然选择；第三，中国坚定不移地走和平发展道路，是基于当今世界发展潮流的必然选择；第四，中国坚定不移地走和平发展道路是坚持社会主义制度的必然要求。

2. 如何认识中国坚持走和平发展道路的重要意义？

实现和平发展，是中国人民的真诚愿望和不懈追求。通过这条道路，中国人民正努力把自己的国家建设成富强、民主、文明、和谐的现代化国家，并以自身的发展不断对人类进步事业做出新的更大的贡献。第一，中国和平发展的道路，是一条统筹国内发展和对外开放的发展道路；第二，中国和平发展的道路，是一条勇于参与经济全球化而又坚持广泛合作、互利共赢的发展道路；第三，中国坚持走和平发展道路，是基于中国国情的必然选择；第四，中国坚持走和平发展道路，是基于中国历史文化传统的必然选择；第五，中国坚持走和平发展道路，是基于当今世界发展潮流的必然选择；第六，中国坚持走和平发展道路是坚持社会主义制度的必然要求。

第十一章

1. 为什么说新的社会阶层也是中国特色社会主义事业的建设者？

从他们所从事的职业看，都是符合"三个有利于标准"，在我国的现代化建设中发挥了不可替代的作用。从政治上看，他们中的大多数接受党的领导，拥护党的路线方针政策，热爱社会主义祖国。从他们的财富形成情况看，大多数都是通过合法经营取得的，而且许多人都直接参与管理劳动，有相当一部分财富是靠自己的劳动所得。

2. 如何理解新时期爱国统一战线的内容和任务？

新时期爱国统一战线有了全新的内容。新时期爱国统一战线已经发展成为由工人阶级领导的，以工农联盟为基础的，有各民主党派和各人民团体参加的，包括全体社会主义劳动者、社会主义事业的建设者、拥护社会主义的爱国者和拥护祖国统一的爱国者的最广泛联盟。新的历史时期的爱国统一战线包括两个范围的联盟：一个是中国内地范围内以爱国主义和社会主义为政治基础的,团结全体劳动者和爱国者的联盟,这是统一战线的主体和基础;一个是中国内地范围外以爱国和拥护祖国统一为政治基础的团结台湾同胞、港澳同胞和海外侨胞的联盟,这是统一战线的重要组成部分。这两个范围的联盟构成爱国统一战线的整体,体现了中华民族的大团结。

新时期爱国统一战线的基本任务是:高举爱国主义、社会主义旗帜,坚持大团结大联合的主题,坚持正确处理一致性和多样性关系的方针,积极促进政党关系、民族关系、宗教关系、阶层关系、海内外同胞关系和谐,巩固和发展最广泛的爱国统一战线,为实现"两个一百年"奋斗目标、实现中华民族伟大复兴的中国梦服务,为维护社会和谐稳定、维护国家主权安全发展利益服务,为保持香港澳门长期繁荣稳定、实现祖国完全统一服务。

第十二章

1. 如何理解中国共产党的性质和宗旨?

中国共产党是中国工人阶级的政党,是工人阶级的先锋队,这一性质从党成立之日起就已确定,且其阶级基础在党的成长过程中不断增强。

中国共产党具有的"两个先锋队"性质,使党代表工人阶级的利益,同时也代表着中国人民和中华民族的利益。党除了工人阶级和最广大人民的根本利益,没有自己的特殊利益,也不追求特殊利益。马克思主义唯物史观认为,人民群众是历史的创造者,是推动历史发展进步的动力。全心全意为人民服务正是马克思主义唯物史观的根本要求和具体体现。

党的历史证明,在任何历史阶段,只要中国共产党坚持全心全意为人民服务的宗旨,真正代表了最广大人民群众的根本利益,中国的事情就好办,中国共产党就无往而不胜。人民的拥护是确立党的领导地位的基础。一切从人民的利益出发,全心全意为人民服务,是中国共产党的本质特征。

2. 如何理解坚持党的领导必须改善党的领导?

在新的历史条件下,只有改善党的领导,才能坚持和加强党的领导,这是因为:

第一,从国际上看,当今世界正在发生广泛而深刻的变化,为适应国际环境的变化,必须改善党的领导。当今世界,形势复杂,竞争激烈,和平与发展面临诸多难题和挑战。只有改善党的领导,党才能够更好地应对日趋激烈的国际竞争带来的严峻挑战,团结和带领人民实现社会主义现代化的宏伟目标,使中华民族以崭新的姿态屹立于世界民族之林。

第二,从国内看,当代中国正在发生广泛而深刻的变革,新形势、新任务对我们党提出了新的要求。如果党的领导方式、工作方法和具体制度不加改进和完善,党就难以适应新的要求。党长期以来形成的一套好的领导制度、方法和优良工作作风,都是应该继承和继续发扬的,但有的要随着任务、环境、条件的变化而改进、补充和更新。如果墨守成规,不思进取,势必脱离实际、脱离群众,党的领导和战斗力必然会受到削弱,坚持党的领导也就成为空洞的、没有感召力的口号。

第三,从党的自身状况看,目前,我们党的实际状况同党肩负的领导社会主义现代化的光荣使命还有许多不相适应的地方。比如,党的执政能力同新形势新任务不完全适应;一些基层党组织软弱涣散;少数党员干部作风不正,形式主义、官僚主义问题比较突出,奢侈浪费、消极腐败现象仍然比较严重。所有这些,都需要通过改善党的领导加以解决。

附录 模拟测试题（5套）

《毛泽东思想和中国特色社会主义理论体系概论》测试题一

（考试形式：闭卷，考试时间：90分钟）

题　号	一	二	三	四	总分	复核人
得分						
评卷人						

得分	

一、单项选择题：每小题2分，共40分。请在下面所给的答题卡上填写正确答案的序号。

1	2	3	4	5	6	7	8	9	10
11	12	13	14	15	16	17	18	19	20

1. 最早提出"马克思主义中国化"命题的是毛泽东的（　　）。
   A.《中国社会各阶级分析》 B.《新民主主义论》
   C.《论新阶段》 D.《中国革命和中国共产党》
2. （　　）确立毛泽东思想作为党的指导思想。
   A. 中共一大　　B. 中共二大　　C. 中共七大　　D. 中共八大
3. 科学发展观的第一要义是（　　）。
   A. 公平　　　　B. 正义　　　　C. 发展　　　　D. 协调
4. 马克思主义中国化理论成果的精髓是（　　）。
   A. 理论联系实际　　　　　　　B. 理论创新
   C. 实事求是　　　　　　　　　D. 一切从实际出发
5. 党的实事求是的思想路线的重新确立是在党的（　　）。
   A. 十一届三中全会　B. 十二大　　C. 十三大　　D. 十四大
6. 新中国成立前中国共产党领导的中国革命的性质是（　　）。
   A. 农民阶级的革命　　　　　　B. 新民主主义革命
   C. 社会主义革命　　　　　　　D. 无产阶级革命
7. 中国走农村包围城市、武装夺取政权的革命道路的根本原因是（　　）。
   A. 党的领导及其正确的政策
   B. 中国是多个帝国主义国家侵略的政治、经济、文化发展极不平衡的半殖民地半封建的大国

C. 相当力量正式红军的存在

D. 全国革命形式的继续向前发展

8. 1956年我国在生产资料的社会主义改造基本完成后，开始进入（　　）。

　　A. 新民主主义时期　　　　　　　　　B. 国民经济恢复时期

　　C. 从新民主主义向社会主义过渡时期　　D. 全面建设社会主义时期

9. 解决社会主义初级阶段主要矛盾的根本手段是（　　）。

　　A. 号召人民生活节俭，抑制社会需求

　　B. 用发购物票的方法计划分配社会产品

　　C. 发展生产力

　　D. 要求企业增加产品的数量，减少花色品种

10. 建设中国特色社会主义的根本目的是（　　）。

　　A. 解放和发展生产力

　　B. 增强国家的综合国力

　　C. 实现好、维护好、发展好最广大人民的根本利益

　　D. 为共产主义奠定物质基础

11. 新中国成立以来我们在社会主义建设中所经历的曲折和失误，归根到底就在于没有完全搞清楚（　　）。

　　A. 阶级斗争与经济建设的关系　　　　B. 解放生产力与发展生产力的关系

　　C. 什么是社会主义，怎样建设社会主义　D. 计划与市场的关系

12. 党在社会主义初级阶段基本路线的简明概括和核心内容是（　　）。

　　A. 自力更生、艰苦创业　　　　　　　B. 富强、民主、文明

　　C. 一个中心、两个基本点　　　　　　D. 以经济建设为中心

13. 改革的性质是（　　）。

　　A. 一场新的革命

　　B. 社会主义制度的自我完善和发展

　　C. 社会主义经济体制的自我完善和发展

　　D. 社会主义制度和体制的自我完善和发展

14. 我国实行对外开放是（　　）。

　　A. 一项基本国策　　　　　　　　　　B. 一项权宜之计

　　C. 在现代化建设中实行的政策　　　　D. 实现现代化后就不必实行对外开放政策

15. 中国解决所有问题的关键靠（　　）。

　　A. 发展　　　　B. 改革　　　　C. 稳定　　　　D. 公平

16. 我国对外开放的立足点是（　　）。

　　A. 闭关自守，盲目排外　　　　　　　B. 依赖外国，崇洋媚外

　　C. 自力更生于依赖外国并重　　　　　D. 独立自主，自力更生

17. 关于改革、发展、稳定关系表述不正确的是（　　）。

　　A. 改革是动力　　B. 发展是目的　　C. 稳定是前提　　D. 发展是前提

18. 明确把建立社会主义市场经济体制作为我国经济体制改革的目标，是在党的（　　）。

　　A. 十三大　　　　B. 十四大　　　　C. 十五大　　　　D. 十六大

19. （　　）是建设社会主义新农村的中心环节，是实现其他目标的物质基础。

　　A. 生产发展　　　B. 生活富裕　　　C. 乡风文明　　　D. 村容整洁

20. 我国的民族区域自治制度是（　　）。
   A. 临时性制度　　　　　　　　　　B. 过渡性制度
   C. 可有可无的一项制度　　　　　　D. 一项基本政治制度

得分	

二、判断题：每小题 2 分，共 20 分。判断下列观点是否正确，正确的打"√"，错误的打"×"。请在下面所给的答题卡上填写正确答案。

1	2	3	4	5	6	7	8	9	10

（　　）1. 实事求是是马克思主义中国化理论成果的精髓。

（　　）2. 从 1949 年中华人民共和国成立至 1956 年社会主义改造基本完成，中国最大的国情是中国处在社会主义社会。

（　　）3. 毛泽东思想在党的八大上被确立为党的指导思想。

（　　）4. 我国改革开放和社会主义现代化建设的实践，是邓小平理论形成和发展的现实依据。

（　　）5. 中国共产党必须始终代表中国先进生产力的发展要求，代表中国先进文化的前进方向，代表中国最广大人民的根本利益。

（　　）6. 科学发展观，第一要义是发展，核心是以人为本，基本要求是全面协调可持续，根本方法是统筹兼顾。

（　　）7. 认清中国的国情，乃是认清和解决一切革命问题的依据。

（　　）8. 无产阶级的领导权是中国革命的中心问题，也是新民主主义革命理论的核心问题。

（　　）9. 新的社会阶层是社会主义事业建设者。

（　　）10. 渲染"国强必霸"是一种冷战思维，零和博弈。

得分	

三、简答题：每小题 10 分，共 20 分。要求将答案写在答题卡指定位置的边框区域内。

1. 如何正确理解马克思主义中国化的科学内涵？
2. 如何认识中国确立社会主义基本制度的重大意义？

得分	

四、论述题：1 小题，共 20 分。
中国共产党的领导是社会主义建设的根本保证。

《毛泽东思想和中国特色社会主义理论体系概论》测试题二

(考试形式：闭卷，考试时间：90分钟)

题 号	一	二	三	四	总分	复核人
得 分						
评卷人						

得分	

一、单项选择题：每小题2分，共40分。请在下面所给的答题卡上填写正确答案的序号。

1	2	3	4	5	6	7	8	9	10
11	12	13	14	15	16	17	18	19	20

1. 马克思主义中国化的第一个重大理论成果是（   ）。
   A. 毛泽东思想　　　　　　　　　B. 科学发展观
   C. "三个代表"重要思想　　　　　D. 邓小平理论

2. （   ）是科学发展观的核心。
   A. 可持续发展　　B. 以人为本　　C. 全面发展　　D. 协调发展

3. 邓小平抓住（   ）根本问题，并做了系统回答，形成了中国特色社会主义理论体系。
   A. 什么是社会主义，怎样建设社会主义的问题
   B. 建设什么样的党，怎样建设党的问题
   C. 什么是发展，怎样发展的问题
   D. 什么是社会和谐，怎样构建社会主义和谐社会

4. 1941年，毛泽东明确界定"实事求是"的科学含义是在（   ）。
   A.《新民主主义论》　　　　　　B.《在延安文艺座谈会上的讲话》
   C.《整顿党的作风》　　　　　　D.《改造我们的学习》

5. 近代中国社会的性质是（   ）。
   A. 封建社会　　B. 殖民地社会　　C. 半殖民地半封建社会　　D. 资本主义社会

6. 提出"须知政权是由枪杆子中取得的"的重要论断的是（   ）。
   A. 朱德　　　　B. 毛泽东　　　　C. 周恩来　　　　D. 邓小平

7. 我国社会主义改造完成之后，占统治地位的经济形式是（   ）。
   A. 个体经济　　B. 公有制经济　　C. 私人资本主义经济　　D. 国家资本主义经济

8. 党执政兴国的第一要务是（   ）。
   A. 改革　　　　B. 发展　　　　C. 依法治国　　　　D. 以德治国

9. 社会主义的本质是（   ）。
   A. 公有制和按劳分配
   B. 人民当家做主，成为社会的主人

C. 解放和发展生产力，消灭剥削，消灭两极分化，最终达到共同富裕

  D. 高度的精神文明和人的全面发展

10. 社会主义初级阶段的主要矛盾是（　　）。

  A. 人民对于建立先进工业国的要求同落后的农业国的现实之间的矛盾

  B. 人民对于经济文化迅速发展的要求同经济文化不能满足人民的需要之间的矛盾

  C. 人民日益增长的物质文化需要同落后的社会生产之间的矛盾

  D. 生产力与生产关系、经济基础与上层建筑之间的矛盾

11. 实现社会主义初级阶段奋斗目标的领导力量是（　　）。

  A. 资产阶级　　　B. 工人阶级　　　C. 知识分子　　　D. 农民

12. 在全面改革中，（　　）是重点。

  A. 经济体制改革　　B. 政治体制改革　　C. 科技体制改革　　D. 文化体制改革

13. 我国的国体是（　　）。

  A. 人民民主专政　　B. 多党合作制度　　C. 民主协商制度　　D. 民主主义制度

14. （　　）是实现和平统一的基础和前提。

  A. 坚持共产党的领导

  B. 坚持一个中国的原则

  C. 中国内地坚持社会主义制度

  D. 香港、澳门、台湾是中华人民共和国不可分割的组成部分

15. 按照三个世界的理论，中国属于（　　）。

  A. 第一世界　　　　　　　　　　B. 第二世界

  C. 第三世界　　　　　　　　　　D. 介于第二和第三世界之间

16. 中国共产党自成立以来，始终是中国（　　）的先锋队。

  A. 农民　　　B. 工人阶级　　　C. 工农联盟　　　D. 先进知识分子

17. 在社会主义市场经济中，对资源配置起决定性作用的是（　　）。

  A. 计划　　　B. 市场　　　C. 政策　　　D. 法律

18. 科学发展观的核心是（　　）。

  A. 可持续发展　　B. 统筹兼顾　　C. 以经济建设为中心　　D. 以人为本

19. 爱国主义在不同的历史时期和文化背景有着不同的内涵和特点。在新民主主义革命时期，爱国主义主要表现为极力推翻帝国主义封建主义和官僚资本主义的反动统治。把黑暗的旧中国改造成光明的新中国。在现阶段，爱国主义主要表现为心系国家的前途和命运。献身于社会主义现代化事业，献身于祖国统一大业。这表明：（　　）

  A. 爱国主义是历史的、具体的　　　B. 爱国主义是主观的、现实的

  C. 爱国主义是客观的、抽象的　　　D. 爱国主义是客观的、具体的

20. 党的十八大报告提出为确保实现全面建成小康社会的宏伟目标，到 2020 年在实现国内生产总值比 2010 年翻一番的同时，还要实现翻一番的是（　　）。

  A. 城乡居民人均收入　　B. 城乡居民可支配收入　　C. 国民收入　　D. 财政收入

二、判断题：每小题2分，共20分。判断下列观点是否正确，正确的打"√"，错误的打"×"。请在下面所给的答题卡上填写正确答案。

1	2	3	4	5	6	7	8	9	10

（ ）1．马克思主义中国化是近代以来中国社会和中国革命运动发展的客观需要和必然结果。

（ ）2．马克思主义中国化的第一个重大理论成果是毛泽东思想。

（ ）3．党的过渡时期总路线的基本内容是无产阶级领导的，人民大众的，反对帝国主义、封建主义和官僚资本主义的革命。

（ ）4．新民主主义政治纲领的主要内容是：推翻帝国主义和封建主义的统治，建立一个无产阶级领导的，以工农联盟为基础的，各革命阶级联合专政的新民主主义的共和国。

（ ）5．新民主主义社会是一个独立的社会形态。

（ ）6．我国对资本主义工商业的社会主义改造是直接没收。

（ ）7．1956年4月，毛泽东发表了《论十大关系》的重要讲话，正式提出了探索中国社会主义建设道路的任务。

（ ）8．中国共产党是社会主义事业的领导核心。

（ ）9．不管在任何情况下，我们都坚定不移实行改革开放。

（ ）10．和平与发展依然是当今世界的两大主题。

三、简答题：每小题10分，共20分。要求将答案写在答题卡指定位置的边框区域内。

1．新民主主义革命总路线的主要内容是什么？

2．社会主义改造的基本经验是什么？

四、论述题：1小题，共20分。

发展才是硬道理，发展是党执政兴国的第一要务。

《毛泽东思想和中国特色社会主义理论体系概论》测试题三

(考试形式：闭卷，考试时间：90分钟)

题 号	一	二	三	四	总分	复核人
得分						
评卷人						

得分

一、单项选择题：每小题2分，共40分。请在下面所给的答题卡上填写正确答案的序号。

1	2	3	4	5	6	7	8	9	10
11	12	13	14	15	16	17	18	19	20

1. "三个代表"重要思想创造性地回答了（   ）。
   A. 什么是社会主义，怎样建设社会主义的问题
   B. 建设什么样的党，怎样建设党的问题
   C. 什么是发展，怎样发展的问题
   D. 什么是社会和谐，怎样构建社会主义和谐社会
2. 科学发展观的基本要求是（   ）。
   A. 以人为本   B. 发展
   C. 公平   D. 全面协调可持续发展
3. 贯穿于马克思主义中国化理论成果始终的是（   ）。
   A. 理论创新   B. 实事求是
   C. 在实践中检验真理和发展真理   D. 尊重实践、尊重群众
4. 新民主主义社会的经济成分中，完全属于社会主义性质的是（   ）。
   A. 国有经济   B. 合作社经济
   C. 个体经济   D. 国家资本主义经济
5. 我国从新民主主义进入社会主义的标志是（   ）。
   A. 中华人民共和国的成立   B. 社会主义改造的完成
   C. 第一部《中华人民共和国宪法》的通过   D. 党的十一届三中全会
6. 过渡时期总路线的主体是（   ）。
   A. 实现国家的社会主义工业化   B. 对农业的社会主义改造
   C. 对资本主义工商业的社会主义改造   D. 对手工业的社会主义改造
7. 在当代中国，发展社会主义先进文化，建设和谐文化，就是建设（   ）。
   A. 中国特色社会主义文化   B. 融入西方文明的文化
   C. 民族的饿文化   D. 面向现代化的文化

8. 我国处于初级阶段的社会主义，从其社会性质而言应属于（　　）。
   A. 资本主义社会
   B. 共产主义社会
   C. 新民主主义社会向初级阶段社会主义社会过渡
   D. 社会主义社会
9. 实现社会主义初级阶段奋斗目标的根本立足点是（　　）。
   A. 自力更生、艰苦创业　　　　　　B. 依靠外援
   C. 加强党的领导　　　　　　　　　D. 坚持"一个中心、两个基本点"
10. 坚持基本路线不动摇，关键是（　　）。
    A. 坚持改革开放不动摇　　　　　　B. 坚持自力更生、艰苦创业
    C. 坚持以经济建设为中心不动摇　　D. 坚持四项基本原则不动摇
11. 判断改革是非得失的标准是（　　）。
    A. "三个有利于"　　　　　　　　　B. 四项基本原则
    C. 巩固社会主义制度　　　　　　　D. 生产力标准
12. 以下不属于对外开放的原因的是（　　）。
    A. 当今世界是开放的世界
    B. 中国的发展离不开世界
    C. 充分发挥社会主义制度优越性的需要
    D. 资本主义制度比社会主义制度先进
13. 坚持人民民主专政，首先要坚持国家的一切权利属于（　　）。
    A. 农民　　　　B. 工人　　　　C. 知识分子　　　　D. 人民
14. 邓小平提出的"一国两制"构想的出发点是（　　）。
    A. 民族和国家的根本利益　　　　　B. 国际主义
    C. 社会主义　　　　　　　　　　　D. 民族主义
15. 中国政府正式恢复对香港行使主权是在（　　）。
    A. 1984 年 9 月 26 日　　　　　　B. 1987 年 4 月 13 日
    C. 1997 年 7 月 1 日　　　　　　　D. 1999 年 12 月 20 日
16. 中国外交政策的宗旨是（　　）。
    A. 维护世界和平，促进共同发展　　B. 通过武力解决国际争端
    C. 不放弃使用武力　　　　　　　　D. 反对霸权主义
17. 要坚持党的领导，必须不断（　　）。
    A. 改善党的领导　　　　　　　　　B. 统一党的领导
    C. 服从党的领导　　　　　　　　　D. 强化党的领导
18. "一国两制"最先是针对（　　）问题提出来的。
    A. 香港　　　　B. 澳门　　　　C. 港澳　　　　D. 台湾
19. 当今世界的主题是（　　）。
    A. 和平与发展　　　　　　　　　　B. 战争与革命
    C. 反帝反霸权主义　　　　　　　　D. 维护世界和平
20. 中国共产党的宗旨是（　　）。
    A. 实现社会主义现代化　　　　　　B. 坚持党的基本路线不动摇
    C. 全心全意为人民服务　　　　　　D. 实现共产主义

得分

二、判断题：每小题 2 分，共 20 分。判断下列观点是否正确，正确的打"√"，错误的打"×"。请在下面所给的答题卡上填写正确答案。

1	2	3	4	5	6	7	8	9	10

（　　）1. 马克思主义中国化是中国革命和建设经验的概括和总结。

（　　）2. 新形势下，我们要坚持和运用好毛泽东思想活的灵魂，把我们党建设好，把中国特色社会主义伟大事业继续推向前进。

（　　）3. 新民主主义革命三大法宝是统一战线、武装斗争和土地革命。

（　　）4. 社会主义初级阶段的主要矛盾是人民对于经济文化迅速发展的需要同当前经济文化不能满足人民需要的状况之间的矛盾。

（　　）5. "一个中心、两个基本点"是基本路线的最主要内容，是核心，是实现社会主义现代化奋斗目标的基本途径。

（　　）6. 社会主义的本质，是解放生产力，发展生产力，消灭剥削，消除两极分化，最终达到共同富裕。

（　　）7. 实现中华民族伟大复兴的中国梦，就是要实现国家富强、民族振兴、人民幸福。

（　　）8. "空谈误国，实干兴邦"，这是千百年来人们从历史经验教训中总结出来的治国理政的一个重要结论。

（　　）9. 对外开放是我国的一项基本国策。

（　　）10. 社会主义初级阶段基本经济制度的确立，是由我国社会主义性质和初级阶段国情决定的。

得分

三、简答题：每小题 10 分，共 20 分。要求将答案写在答题卡指定位置的边框区域内。

1. 新民主主义基本纲领的主要内容是什么？
2. 如何正确处理改革、发展、稳定之间的关系？

得分

四、论述题：1 小题，共 20 分。

对外开放是我们必须长期坚持的基本国策。

《毛泽东思想和中国特色社会主义理论体系概论》测试题四

（考试形式：闭卷，考试时间：90分钟）

题 号	一	二	三	四	总分	复核人
得分						
评卷人						

得分	

一、单项选择题：每小题2分，共40分。请在下面所给的答题卡上填写正确答案的序号。

1	2	3	4	5	6	7	8	9	10
11	12	13	14	15	16	17	18	19	20

1. 毛泽东"枪杆子里面出政权"的著名论断是在（　　）上首先提出来的。
   A. 党的二大　　　　B. 八七会议　　　　C. 三湾改编　　　　D. 古田会议
2. 与时俱进是党的全部理论和全部工作，要体现时代性、把握规律性、（　　）。
   A. 保持先进性　　　B. 具有科学性　　　C. 体现民族性　　　D. 富于创造性
3. 我们今天讲"一切从实际出发"，其中最大的实际是（　　）。
   A. 人口多，底子薄
   B. 地区发展不平衡
   C. 正处于并将长期处于社会主义初级阶段
   D. 人们日益增长的物质文化需求同落后的社会生产之间的矛盾依然存在
4. 新民主主义社会的性质是（　　）。
   A. 独立的社会形态　　　　　　　　　B. 固定不变的社会形态
   C. 过渡性质的社会　　　　　　　　　D. 人类社会五种社会形态之一
5. 党在过渡时期的总路线和总任务是（　　）。
   A. 无产阶级领导的，人民大众的，反对帝国主义、封建主义、官僚资本主义的革命
   B. 在一个相当长的时期内，逐步实现国家的社会主义工业化，并逐步实现国家对农业、手工业和资本主义工商业的社会主义改造
   C. 鼓足干劲，力争上游，多快好省地建设社会主义
   D. 以经济建设为中心，坚持四项基本原则，坚持改革开放，自力更生，艰苦创业，为把我国建设成为富强、民主、文明的社会主义现代化国家而奋斗
6. 邓小平理论的精髓是（　　）。
   A. 解放与发展生产力　　　　　　　　B. 解放思想、实事求是
   C. 改革开放　　　　　　　　　　　　D. 一个中心、两个基本点

7. 邓小平在南方谈话中提出了一系列重要观点，下列各条中，哪一条是南方谈话中提出的（　　）。
   A. 社会主义本质论　　　　　　B. 社会主义初级阶段理论
   C. 三步走的发展战略　　　　　D. 党在社会主义初级阶段的基本路线
8. 党在社会主义初级阶段的奋斗目标是（　　）。
   A. 建设高度发达、民主的社会主义国家
   B. 建设和谐民主的社会主义国家
   C. 建设富强、民主、文明、和谐的社会主义国家
   D. 建设中国特色社会主义
9. 邓小平提出社会主义的两大原则是（　　）。
   A. 对内改革和对外开放　　　　B. 公有制为主体和共同富裕
   C. 发展生产与共同富裕　　　　D. 物质文明与精神文明
10. 我国的政体是（　　）。
    A. 人民代表大会制度　　　　　B. 民主协商制度
    C. 党政领导会议制度　　　　　D. 各种联席会议制度
11. 共产党领导的多党合作制和政治协商制度，是我国的一项（　　）。
    A. 临时政策　　　　　　　　　B. 基本政治制度
    C. 权宜之计　　　　　　　　　D. 重于一切的制度
12. "一国两制"战略构想最先被成功运用于解决（　　）问题。
    A. 新疆　　　　B. 台湾　　　　C. 香港　　　　D. 澳门
13. 我们主张在和平共处五项原则的基础上，建立和平稳定、公正合理的（　　）。
    A. 国际金融秩序　　　　　　　B. 国际文化秩序
    C. 国际军事秩序　　　　　　　D. 国际政治经济新秩序
14. 党的全部工作的根本目的是（　　）。
    A. 保持党的先进性
    B. 实现好、维护好、发展好最广大人民的根本利益
    C. 实现自己的最高纲领
    D. 巩固自己的地位
15. 中国共产党的根本宗旨是（　　）。
    A. 自力更生，艰苦奋斗　　　　B. 全心全意为人民服务
    C. 密切联系群众　　　　　　　D. 团结一切可以团结的力量
16. 知识分子是工人阶级的（　　）。
    A. 一部分　　　B. 主体　　　C. 异己力量　　　D. 领导者
17. 中国共产党是社会主义事业的领导核心。党的领导核心地位是由（　　）。
    A. 党的目标决定的　　　　　　B. 党的路线决定的
    C. 党的性质和宗旨决定的　　　D. 党纲党章决定的
18. 坚持中国共产党对军队的（　　）是中国人民解放军的根本建军原则。
    A. 绝对领导　　B. 根本领导　　C. 相对领导　　D. 思想领导
19. 邓小平认为，当今世界的两大时代主题是（　　）。
    A. 战争与革命　　　　　　　　B. 战争与和平
    C. 教育与科技　　　　　　　　D. 和平与发展

20. 我们应把对外开放的立足点和归宿点放在（　　　）上。
  A. 发展对外经济关系　　　　　　B. 发展睦邻友好关系
  C. 吸收、借鉴世界一切文明成果　　D. 增强我国自力更生的能力

得分	

二、判断题：每小题 2 分，共 20 分。判断下列观点是否正确，正确的打"√"，错误的打"×"。请在下面所给的答题卡上填写正确答案。

1	2	3	4	5	6	7	8	9	10

（　）1. 马克思主义中国化是马克思主义理论本身的内在要求。
（　）2. 1949 年之前的中国，最大的国情是中国是一个半殖民地半封建社会。
（　）3. 1956 年社会主义改造基本完成后，中国成为一个社会主义国家。
（　）4. 毛泽东思想是马克思列宁主义在中国的运用和发展，是被实践证明了的关于中国革命和建设的正确的理论原则和经验总结。
（　）5. 实现祖国的完全统一是中华儿女共同的愿望。
（　）6. 中国生产总值位居世界第二，所以我们已经进入发达国家行列。
（　）7. 全面深化改革的总目标是进一步完善和发展中国特色社会主义制度，推进国家治理体系和治理能力现代化。
（　）8. 霸权主义、强权政治和新干涉主义是威胁世界和平与稳定的主要障碍。
（　）9. "一国两制"构想最先为解决香港问题而制定，并在香港问题上首先得到成功运用。
（　）10. 新的社会阶层是中国特色社会主义事业的建设者。

得分	

三、简答题：每小题 10 分，共 20 分。要求将答案写在答题卡指定位置的边框区域内。

1. 如何理解社会主义初级阶段的科学内涵？
2. 怎样理解中国特色社会主义文化建设的根本任务和主要内容？

得分	

四、论述题：1 小题，共 20 分。
如何理解坚持党的领导必须改善党的领导？

《毛泽东思想和中国特色社会主义理论体系概论》测试题五

（考试形式：闭卷，考试时间：90分钟）

题 号	一	二	三	四	总分	复核人
得分						
评卷人						

得分	

一、单项选择题：每小题2分，共40分。请在下面所给的答题卡上填写正确答案的序号。

1	2	3	4	5	6	7	8	9	10
11	12	13	14	15	16	17	18	19	20

1. 邓小平理论的首要的基本的理论问题是（　　）。
   A. 解放和发展生产力
   B. 解放思想、实事求是
   C. 物质文明建设与精神文明建设
   D. 什么是社会主义，怎样建设社会主义
2. 毛泽东同志发表的（　　）的讲话，正式提出了探索中国社会主义建设道路的问题。
   A.《论人民民主专政》　　　　　　B.《不要四面出击》
   C.《论十大关系》　　　　　　　　D.《论新阶段》
3. 毛泽东指出，中国的新民主主义革命是一场（　　）。
   A. 资产阶级领导的资产阶级革命
   B. 资产阶级领导的无产阶级革命
   C. 无产阶级领导的无产阶级革命
   D. 无产阶级领导的资产阶级革命
4. 新中国成立初期，国营经济的主要部分的来源是（　　）。
   A. 没收官僚资本　　　　　　　　B. 赎买民族资本
   C. 没收外国资本　　　　　　　　D. 没收地主富农财产
5. 过渡时期总路线的主体是（　　）。
   A. 对资本主义工商业的社会主义改造　　B. 对农业的社会主义改造
   C. 对手工业的社会主义改造　　　　　　D. 实现国家的社会主义工业化
6. 目前我国最大的实际是（　　）。
   A. 生产力发展水平低下且不平衡
   B. 人口众多
   C. 贫富差距拉大并且开始出现两极分化
   D. 我国正处于社会主义初级阶段

7. 毛泽东在《〈共产党人〉发刊词》一文中提出的中国革命的三大法宝是（　　）。
   A. 统一战线、武装斗争、党的建设
   B. 实事求是、群众路线、独立自主
   C. 政治民主、经济民主、军事民主
   D. 理论联系实际、密切联系群众、批评与自我批评

8. 我国对资本主义工商业的社会主义改造所采取的基本政策是（　　）。
   A. 加工订货　　　B. 统购包销　　　C. 和平赎买　　　D. 公私合营

9. 中国工人阶级以独立的姿态登上政治舞台是在（　　）中。
   A. 辛亥革命　　　B. 新文化运动　　　C. 五四运动　　　D. 中共一大

10. 我国国家最高权力机关是（　　）。
    A. 全国人民代表大会　　B. 国务院　　C. 最高法院　　D. 政治协商会议

11. 台湾问题的本质是（　　）。
    A. 中国的内政问题　　　　　　B. 中国同美国的关系问题
    C. 中国同日本的关系问题　　　D. 共产党与国民党的关系问题

12. 邓小平说，坚持党的基本路线不动摇，关键是（　　）不动摇。
    A. 坚持以经济建设为中心　　　B. 坚持四项基本原则
    C. 坚持改革开放　　　　　　　D. 坚持两手抓两手都要硬

13. 我国社会主义初级阶段的主要矛盾是（　　）的矛盾。
    A. 生产力与生产关系　　B. 经济基础与上层建筑
    C. 人民内部　　　　　　D. 人民日益增长的物质文化需要同落后的社会生产

14. 我党在社会主义初级阶段的基本路线是在党的（　　）上制定的。
    A. 十一届三中全会　　B. 十二大　　C. 十三大　　D. 十五大

15. 毛泽东1941年在（　　）中第一次对实事求是做出了马克思主义的解释。
    A.《反对本本主义》　B.《实践论》　C.《整顿党的作风》　D.《改造我们的学习》

16. "三个有利于"的标准是衡量（　　）的标准。
    A. 是否符合社会主义本质　　　B. 是否坚持社会主义道路
    C. 姓"资"姓"社"　　　　　　　D. 改革开放中一切工作成败得失

17. 2013年9月7日，国家主席习近平在哈萨克斯坦纳扎尔巴耶夫大学发表演讲并回答学生提问时说："我们既要绿水青山，也要金山银山。宁要绿水青山，不要金山银山，而且绿水青山就是金山银山。"这段话生动地反映了生态文明建设与经济建设之间的关系，下列表述不正确的是（　　）。
    A. 生态环境是经济发展的重要基础　　B. 生态文明建设应与经济建设协同发展
    C. 生态文明建设可以取代经济建设　　D. 生态优势可以转化为经济优势

18. 当今世界是开放的世界，中国的发展离不开世界，实行对外开放是我国的一项基本国策，坚持这一国策的基本立足点是（　　）。
    A. 内外联动，互惠互利　　　B. 多放平衡，共同发展
    C. 相互借鉴，求同存异　　　D. 独立自主，自力更生

19. 经济新常态是经济到了新的发展阶段表现出来的一种新常态，关于我国经济新常态的主要特点，以下说法不正确的是（　　）。
    A. 经济结构不断优化升级
    B. 中国经济对世界市场的需求减弱

C. 经济发展动力为从要素驱动、投资驱动转向创新驱动
D. 经济增长速度从高速增长转为中高速增长

20. 中国共产党对中国社会主义事业的领导，主要是（　　）。
A. 经济上的领导　　B. 政治上的领导　　C. 文化上的领导　　D. 军事上的领导

二、判断题：每小题2分，共20分。判断下列观点是否正确，正确的打"√"，错误的打"×"。请在下面所给的答题卡上填写正确答案。

1	2	3	4	5	6	7	8	9	10

（　）1. 1938年，在党的六届六中全会上，毛泽东作的题为《论新阶段》的政治报告中最先提出了"马克思主义中国化"这个命题。

（　）2. 习近平总书记系列重要讲话，特别是"四个全面"战略布局，是中国特色社会主义理论体系的最新成果。

（　）3. 帝国主义是中国人民第一个和最凶恶的敌人，帝国主义侵略是近代中国贫困落后和一切灾祸的总根源。

（　）4. 新民主主义革命的前途是建立资产阶级共和国。

（　）5. 没收官僚资本，包含着新民主主义革命和社会主义革命的双重性质。

（　）6. 20世纪50年代中期，社会主义改造基本完成，标志着我国实现了新民主主义向社会主义过渡。

（　）7. 我国社会主义初级阶段的主要矛盾是人民日益增长的物质文化需要同落后的社会生产之间的矛盾。

（　）8. 社会主义改革是对社会主义改造的颠覆。

（　）9. 党的十七大通过的党章把"和谐"与"富强、民主、文明"一起作为社会主义现代化建设的目标写入社会主义初级阶段的基本路线。

（　）10. 全面深化改革的总目标是完善和发展中国特色社会主义制度，推进国家治理体系和治理能力现代化。

三、简答题：每小题10分，共20分。要求将答案写在答题卡指定位置的边框区域内。

1. 如何理解社会主义初级阶段基本路线的主要内容？
2. 为什么中国的发展离不开世界？

四、论述题：1小题，共20分。

如何理解"实事求是是马克思主义中国化理论成果的精髓"？

模拟测试题参考答案

《毛泽东思想和中国特色社会主义理论体系概论》测试题一参考答案

一、单项选择题（每小题 2 分，共 40 分）

1. C 2. C 3. C 4. C 5. A 6. B 7. B 8. C 9. C 10. C 11. C 12. C 13. B 14. A 15. A 16. D 17. D 18. B 19. A 20. D

二、判断题（每小题 2 分，共 20 分）

1. √ 2. × 3. × 4. √ 5. √ 6. √ 7. √ 8. √ 9. √ 10. √

三、简答题（每小题 10 分，共 20 分）

1. 马克思主义中国化，就是将马克思主义的基本原理同中国的具体实际相结合。具体地说，就是把马克思主义的基本原理更进一步地和中国实践、中国历史、中国文化结合起来，使马克思主义在其每一表现中都带有中国的特性，带有新鲜活泼的、为中国老百姓所喜闻乐见的中国作风和中国气派，使其在中国进一步民族化和具体化。马克思主义的基本原理同中国的具体实际相结合的过程，一方面是在实践中学习和运用理论，用理论指导实践的过程；另一方面又是在总结实践经验的基础上深化对理论的认识并丰富和发展理论的过程。概括地说，一是马克思主义中国化就是运用马克思主义解决中国革命、建设和改革的实际问题；二是马克思主义中国化就是把中国革命建设和改革的实践经验和历史经验提升为理论；三是马克思主义中国化就是把马克思主义植根于中国的优秀文化之中，使马克思主义"和民族的特点相结合，经过一定的民族形式"表现出来。

2. 社会主义制度的确立是中国历史上最深刻最伟大的社会变革，也是 20 世纪中国又一次划时代的历史巨变。中国从一个半殖民地半封建社会，越过漫长的资本主义发展的历史阶段，进入到社会主义新时代，为后来中国社会的发展和进步奠定了坚实的基础。

第一，社会主义制度的确立，为中国现代化的建设创造了制度条件。社会主义经济制度以其与社会化大生产一致性和能够在经济落后条件下尽可能地集中力量办大事的优势，为发展社会生产力开辟了广阔的道路。今天中国现代化建设取得的辉煌成就，都离不开选择并且走上了社会主义道路这个最基本的前提条件。

第二，社会主义制度的确立，使广大劳动人民真正成为国家的主人和社会生产资料的主人，这是中国几千年来阶级关系的最根本变革，因而极大地提高了工人阶级和广大劳动人民的积极性和创造性，巩固和扩大了工人阶级领导的、以工农联盟为基础的人民民主专政的国家政权的阶级基础和经济基础。

第三，中国社会主义制度的确立，进一步改变了世界政治经济格局，增强了社会主义的力量，对维护世界和平产生了积极影响。占世界人口 1/4 的东方大国进入了社会主义社会，这是世界社会主义运动历史上又一个历史性的伟大胜利，为其他相对落后的国家探索民族独立、人民解放和走符合本国国情的发展道路提供了重要经验，对这些国家的人民也是一个巨大的鼓舞。

第四，社会主义制度在中国的确立，不仅再次证明了马克思主义的真理性，而且以其独创性的理论原则和经验总结，丰富和发展了马克思主义的科学社会主义理论。

四、论述题（1小题，共20分）

新的历史条件下，广大人民的需要，从根本上说，就是要解放和发展生产力，实现国家的繁荣富强和人民的共同富裕，实现中华民族的伟大复兴。在中国，能够团结和带领全国各族人民实现这个宏伟目标的政治力量只有中国共产党。

第一，坚持中国现代化建设的正确方向，需要中国共产党的领导。近代中国历史反复证明，企图通过走资本主义道路使中国实现现代化，根本行不通。只有坚持中国共产党的领导，走中国特色社会主义道路，才能保证现代化建设事业的正确方向，才能制定和执行正确的路线、方针、政策，保证现代化建设事业不断取得进步，最终实现中华民族的伟大复兴。

第二，维护国家统一、社会和谐稳定，需要中国共产党的领导。维护国家统一和社会稳定，历来是中国各族人民最关切的头等重要的大事。中国共产党作为中国各族人民根本利益的忠实代表，以科学理论为指导，凭借其丰富的执政经验和驾驭全局的能力，统筹经济社会等各方面发展，努力构建社会主义和谐社会，能够维护国家统一和社会和谐稳定。

第三，正确处理各种复杂的社会矛盾，把亿万人民团结凝聚起来，共同建设美好未来，需要中国共产党的领导。中国幅员辽阔，人口众多，且城乡之间、地区之间发展不平衡，差异较大，面临着各种复杂的社会矛盾。在中国，只有共产党才能总揽全局，协调各方，正确处理人民内部矛盾，顺利解决前进中的各种困难和问题，才能凝聚人心、汇聚力量，推进现代化建设事业顺利前进。

第四，应对复杂的国际环境的挑战，需要中国共产党的领导。当前，经济全球化和世界多极化在曲折中发展，科学技术发展日新月异，综合国力的竞争日趋激烈，敌对势力对我国实施"西化"、分化战略。在复杂的国际局势下，只有中国共产党这样坚强的政治核心才能把全国各族人民团结起来，才能保证我国真正走独立自主的和平发展道路，而不受制于人。

《毛泽东思想和中国特色社会主义理论体系概论》测试题二参考答案

一、单项选择题（每小题2分，共40分）

1. A 2. B 3. A 4. D 5. C 6. B 7. B 8. B 9. C 10. C 11. B 12. A 13. A 14. B 15. C 16. B 17. B 18. D 19. A 20. A

二、判断题（每小题2分，共20分）

1. √ 2. √ 3. × 4. √ 5. × 6. × 7. √ 8. √ 9. √ 10. √

三、简答题（每小题10分，共20分）

1. 毛泽东1948年《在晋绥干部会议上的讲话》中完整地表述了新民主主义革命总路线的内容，这就是无产阶级领导的，人民大众的，反对帝国主义、封建主义和官僚资本主义的革命。

2. 20世纪中叶，在中国社会主义改造的伟大实践中，以毛泽东为代表的中国共产党人创造性地将马克思关于社会主义革命的原理运用于中国社会主义革命的实践，形成了一条具有鲜明中国特色的社会主义改造道路。他们在实践中探索和总结出来的关于社会主义改造的理论原则和主要经验，构成毛泽东思想科学体系的重要内容之一。第一，以和平的方法进行社会主义改造；第二，以积极引导、逐步过渡的方式推进社会主义改造；第三，社会主义改造与社会主义建设同时并举；第四，把对所有制的改造和对人的改造结合起来同时进行。

四、论述题（1 小题，共 20 分）

（1）改革开放以来，邓小平在总结历史经验的基础上一再强调了发展社会生产力的重要性。1992 年他提出了"发展才是硬道理"的著名论断。

第一，发展才是硬道理，把发展生产力作为社会主义的根本任务，符合马克思主义基本原理，是巩固和发展社会主义制度的必然要求。社会主义在同资本主义的较量中，能否不断地巩固和发展自己，能否体现出其优越性，最根本的是生产力能否比资本主义发展得更快更好。只有生产力发展了，才能从根本上巩固社会主义制度。

第二，发展才是硬道理，是对社会主义实践经验教训的深刻总结。中国在改革开放前的 20 多年的时间里，社会主义现代化建设发展得不尽如人意，一个重要的原因是在相当长的时间里没有能切实将发展生产力作为社会主义建设的根本任务。社会主义决不能长期建立在生产力水平低下和贫穷的基础上。中国解决所有问题的关键是要靠自己的发展。这是对国内外社会主义建设的经验教训进行科学分析得出的最重要的结论。

第三，发展才是硬道理，是适应时代主题变化的需要。和平与发展是当今世界的两大主题。作为一个社会主义国家，中国是维护和平和稳定的力量，是世界和平力量发展的重要因素。中国的发展正在成为世界经济发展新的推动力量。

（2）把发展作为执政兴国的第一要务是由中国共产党的执政地位所决定的，是对执政规律认识的深化，也是党实现对所承担的历史责任的需要。

中国共产党的执政地位是人民的选择，而人民之所以选择中国共产党，从根本上说是因为它能够领导中国实现民富国强、振兴中华。只有紧紧抓住发展这个执政兴国的第一要务，党才能实现自己在新世纪新阶段的历史使命，承担起自己的历史责任。

坚持以发展的办法解决前进中的问题，是实行改革开放以来我们党的一条主要经验。改革开放 30 多年来，我国综合国力大幅度跃升，是人民得到最多实惠的时期，是我国社会长期保持安定团结、政通人和的时期，是我国国际影响显著扩大、民族凝聚力极大增强的时期。这些历史性成就充分证明，坚持以发展为主题，用发展的眼光、发展的思路、发展的办法解决前进中的问题，就能把中国特色社会主义事业不断推向前进。

《毛泽东思想和中国特色社会主义理论体系概论》测试题三参考答案

一、单项选择题（每小题 2 分，共 40 分）

1. B　2. D　3. B　4. A　5. B　6. A　7. A　8. D　9. A　10. C　11. A　12. D　13. D　14. A　15. C　16. A　17. A　18. D　19. A　20. C

二、判断题（每小题 2 分，共 20 分）

1. √　2. √　3. ×　4. ×　5. √　6. √　7. √　8. √　9. √　10. √

三、简答题（每小题 10 分，共 20 分）

1. 新民主主义政治纲领的主要内容是：推翻帝国主义和封建主义的统治，建立一个无产阶级领导的，以工农联盟为基础的，各革命阶级联合专政的新民主主义的共和国。

新民主主义经济纲领的主要内容是：没收封建地主阶级的土地归农民所有，没收官僚资产阶级的垄断资本归新民主主义的国家所有，保护民族工商业。

新民主主义文化纲领的主要内容是：新民主主义文化就是无产阶级领导的人民大众的反帝反封建的文化，即民族的科学的大众的文化。

2. 发展是硬道理，中国解决所有问题的关键要靠自己的发展。改革是经济和社会发展的强大动力，是社会主义制度的自我完善和发展，它的决定性作用不仅在于解决当前经济和社会发展中的一些重大问题，推进社会生产力的解放和发展，还要为我国经济的持续发展和国家的长治久安打下坚实的基础。稳定是发展和改革的前提，发展和改革必须要有稳定的政治和社会环境。没有稳定的政治和社会环境，一切无从谈起。

中国目前正处于从总体小康向全面小康过渡的阶段，这是发展的关键时期，也是改革的攻坚阶段。在这一时期处理改革、发展、稳定关系构任务极其艰巨。因此，要以科学发展观为指导，遵循改革开放以来党在处理改革、发展、稳定关系方面积累起来的经验和主要原则。

第一，保持改革、发展和稳定在动态中的相互协调和相互促进。稳定是前提，做到在政治和社会稳定中推进改革和发展，在改革和发展的推进中实现政治和社会的长期稳定。

第二，把改革的力度、发展的速度和社会可以承受的程度统一起来。改革和发展要始终注意适应国情和社会的承受能力，要统筹安排改革和发展的举措，以保持稳定，促进改革和发展。

第三，把不断改善人民生活作为处理改革、发展、稳定关系的重要结合点。人民群众是改革发展的主体和动力，是稳定的力量源泉和深厚基础。改善人民生活，让人民共享改革和发展的成果，是我们致力于发展、积极推进改革、坚持维护稳定的共同目的。所以，要做到把不断改善人民生活，让人民共享改革和发展的成果，作为处理改革、发展、稳定关系的重要结合点。

四、论述题（1小题，共20分）

改革开放后，在研究和探索怎样才能使我国社会主义经济发展得快一些的时过程中，邓小平十分重视对外开放的问题，多次论述了对外开放的重要性。1984年党的十二届三中全会把实行对外开放定为基本国策。把对外开放作为基本国策，最重要的依据，就是邓小平关于"现在的世界是开放的世界"和"中国的发展离不开世界"两个重要观点。

当今的世界是开放的世界，这是对世界经济发展历史的深刻总结，是生产社会化和商品经济、市场经济发展的必然结果。在开放的世界中不实行开放政策，只能限制自己的发展，甚至会给国家和民族带来灾难。

中国的发展离不开世界。这是对中国发展历史的深刻总结。

实行对外开放也是充分发挥社会主义制度优越性的需要。社会主义要赢得与资本主义相比较的优势，就必须以积极的态度学习和吸收人类文明的一切优秀成果，吸收和借鉴当今世界各国包括资本主义发达国家的一切反映现代社会化生产规律的先进经营方式、管理方法。

实行对外开放要处理好对外开放和独立自主、自力更生的关系。我们要始终把独立自主、自力更生作为立足点，这是我国革命和建设的基本经验和重要原则。但独立自主、自力更生不是闭关自守、盲目排外。坚持独立自主、自力更生同对外开放是相辅相成的。独立自主、自力更生是实行对外开放的基础；对外开放是为了增强独立自主、自力更生的能力。坚持独立自主、自力更生，积极实行对外开放，都是为了更好更快地推进社会主义现代化建设。

《毛泽东思想和中国特色社会主义理论体系概论》测试题四参考答案

一、单项选择题（每小题2分，共40分）
1. B 2. D 3. C 4. C 5. B 6. B 7. A 8. C 9. C 10. A 11. B 12. C 13. D 14. B 15. B 16. A 17. C 18. A 19. D 20. D

二、判断题（每小题2分，共20分）
1. √ 2. √ 3. √ 4. √ 5. √ 6. × 7. √ 8. √ 9. × 10. √

三、简答题（每小题10分，共20分）

1. 社会主义初级阶段是一个具有特定内涵的新概念，它不是泛指任何国家进入社会主义都会经历的起始阶段，而是特指我国生产力发展水平不高、商品经济不发达条件下建设社会主义必然要经历的特定历史阶段。它包括两层既相对区别，又紧密联系的基本含义：第一，我国社会已经是社会主义社会。我们必须坚持而不能离开社会主义。第二，我国的社会主义社会还处在初级阶段。我们必须从这个实际出发，而不能超越这个阶段。前一层含义阐明的是初级阶段的社会性质，后一层含义则阐明了我国现实中社会主义社会的发展程度。

2. （1）中国特色社会主义文化建设的根本任务，就是以马克思列宁主义、毛泽东思想、邓小平理论和"三个代表"重要思想为指导，全面贯彻科学发展观，着力培育有理想、有道德、有文化、有纪律的公民，切实提高全民族的思想道德素质和科学文化素质。

（2）中国特色社会主义文化建设的主要内容包括思想道德建设和教育科学文化建设两方面。

（3）思想道德建设，解决的是整个中华民族的精神支柱和精神动力问题。加强思想道德建设，是建设社会主义核心价值体系的必然要求，是中国特色社会主义文化建设的重要内容和中心环节。加强思想道德建设，就是要加快建立和完善社会主义思想道德体系，着力培育文明道德风尚，把先进性要求同广泛性要求结合起来，进一步加强和改进思想政治工作。

（4）教育和科学是中国特色社会主义文化建设的重要内容，对于提高民族素质、提高社会文明程度、促进经济发展和社会全面进步具有重要作用。要坚持科学技术是第一生产力，加强科学普及，提高全社会的科学素质，尤其要繁荣哲学社会科学。要把教育摆在优先发展的位置，办好让人民群众满意的教育。同时，要深化文化体制改革，解放和发展文化生产力，大力发展文化事业和文化产业，坚持经济效益和社会效益的统一。

四、论述题（1小题，共20分）

在新的历史条件下，只有改善党的领导，才能坚持和加强党的领导，这是因为：

第一，从国际上看，当今世界正在发生广泛而深刻的变化，为适应国际环境的变化，必须改善党的领导。当今世界，形势复杂，竞争激烈，和平与发展面临诸多难题和挑战。只有改善党的领导，党才能够更好地应对日趋激烈的国际竞争带来的严峻挑战，团结和带领人民实现社会主义现代化的宏伟目标，使中华民族以崭新的姿态屹立于世界民族之林。

第二，从国内看，当代中国正在发生广泛而深刻的变革，新形势、新任务对我们党提出了新的要求。如果党的领导方式、工作方法和具体制度不加改进和完善，党就难以适应新的要求。党长期以来形成的一套好的领导制度、方法和优良工作作风，都是应该继承和继续发扬的，但有的要随着任务、环境、条件的变化而改进、补充和更新。如果墨守成规，不思进取，势必脱离实际、脱离群众，党的领导和战斗力必然会受到削弱，坚持党的领导也就成为空洞的、没有感召力的口号。

第三，从党的自身状况看，目前，我们党的实际状况同党肩负的领导社会主义现代化的光荣使命还有许多不相适应的地方。比如，党的执政能力同新形势新任务不完全适应；一些基层党组织软弱涣散；少数党员干部作风不正，形式主义、官僚主义问题比较突出，奢侈浪费、消极腐败现象仍然比较严重。所有这些都需要通过改善党的领导加以解决。

《毛泽东思想和中国特色社会主义理论体系概论》测试题五参考答案

一、单项选择题（每小题2分，共40分）

1. D 2. C 3. D 4. A 5. D 6. D 7. A 8. C 9. C 10. A 11. A 12. A
13. D 14. C 15. D 16. D 17. C 18. D 19. B 20. B

二、判断题（每小题2分，共20分）

1. √ 2. √ 3. √ 4. × 5. √ 6. √ 7. √ 8. × 9. √ 10. √

三、简答题（每小题10分，共20分）

1. 党在社会主义初级阶段的基本路线：领导和团结全国各族人民，以经济建设为中心，坚持四项基本原则，坚持改革开放，自力更生，艰苦创业，为把我国建设成为富强、民主、文明的社会主义现代化国家而奋斗。党的十七大通过的党章又把"和谐"与"富强、民主、文明"一起写入了基本路线。它包含了以下内容：

第一，建设"富强民主文明和谐的社会主义现代化国家"。这是基本路线规定的党在社会主义初级阶段的奋斗目标，体现了社会主义社会经济、政治、文化和社会全面发展的要求。

第二，"一个中心、两个基本点"。这是基本路线最主要的内容，是实现社会主义现代化奋斗目标的基本途径，集中体现了我国社会主义现代化建设的战略布局，揭示了中国特色社会主义的客观规律和发展道路。

第三，"领导和团结全国各族人民"。这是实现社会主义现代化奋斗目标的领导力量和依靠力量。

第四，"自力更生，艰苦创业"。这是我们党的优良传统，也是实现社会主义初级阶段奋斗目标的根本立足点。

2.（1）当今的世界是开放的世界，这是对世界经济发展历史的深刻总结，是生产社会化和商品经济、市场经济发展的必然结果。在开放的世界中不实行开放政策，只能限制自己的发展，甚至会给国家和民族带来灾难。

（2）中国的发展离不开世界。这是对中国发展历史的深刻总结。中国作为一个发展中的大国，在实现现代化的进程中存在着许多困难和问题，要解决这些问题，就必须实行对外开放。对外开放不仅是为了解决当前经济建设中的矛盾和困难，而且也是我国经济长期发展的客观要求。

（3）实行对外开放也是充分发挥社会主义制度优越性，吸收人类文明成果，建设优于资本主义的社会主义的需要。

（4）实行对外开放要处理好对外开放与独立自主、自力更生的关系。

四、论述题（1小题，共20分）

马克思主义中国化的各个理论成果，精髓都是实事求是。一方面，正是由于把握和运用了实事求是，才有毛泽东思想、邓小平理论、"三个代表"重要思想以及科学发展观的创立和发展；另一方面，实事求是又体现在马克思主义中国化各个理论成果基本内容的各个方面。

在领导中国革命和建设的过程中，以毛泽东为代表的中国共产党人所提出的创造性理论，都贯穿着实事求是的思想。在改革开放和现代化建设的过程中，邓小平提出"建设中国特色的社会主义"、江泽民的"三个代表"、胡锦涛的科学发展观，都坚持实事求是这个精髓。

坚持解放思想、实事求是，发扬求真务实精神，坚持理论创新，为建设提供了体现时代性、把握规律性、富于创造性的理论指导，形成中国特色社会主义理论体系。

总之，贯穿于马克思主义中国化理论成果始终的是实事求是。

后　记

本教材以党的十八大新精神、习近平总书记系列重要讲话为依据，以2015年修订版的高校思想政治理论课教材《毛泽东思想和中国特色社会主义理论体系概论》为基础进行编写。围绕的中心问题是"什么是马克思主义中国化，建设一个什么样的新中国，怎样建立和建设新中国，什么是社会主义、怎样建设社会主义，建设什么样的党、怎么建设党，实现什么样的发展、怎样发展，治理一个什么样的国家、怎样治理国家"。

本教材分为三个部分：第一部分是总论，即第一章的内容。第一章主要讲述马克思主义中国化的科学含义和马克思中国化的理论成果：毛泽东思想和中国特色社会主义理论体系的历史背景、主要内容、指导意义及两大理论成果的精髓——实事求是。第二部分是毛泽东思想的内容，包括第二章、第三章和第四章的内容，主要讲述毛泽东思想的两个重要理论：新民主主义革命理论和社会主义改造理论。第三部分是中国特色社会主义理论体系的内容，包括第五章到第十二章的内容。主要分为三个方面：第一方面包括第五章、第六章、第七章，主要阐述中国特色社会主义理论体系的三个基本理论，即社会主义本质理论、社会主义初级阶段理论和社会主义改革开放理论；第二方面包括第八章，讲述社会主义现代化建设的五个总体布局，即经济建设、政治建设、文化建设、社会建设和生态文明建设；第三方面包括第九章至第十二章，主要阐述社会主义现代化建设的内部实现条件、外部实现条件、依靠力量和领导核心。

高校思想政治理论课教材是确保马克思主义理论教育质量、实现培养目标的一个重要环节和基础性工作。在成人教育中，思想政治理论课的课时安排与专业课相比是十分少的。如何提高成人教育"毛泽东思想和中国特色社会主义理论体系概论"课程的教学效果？从成人教育学生的特点看，教师若泛泛而谈难以满足他们的要求，"毛泽东思想和中国特色社会主义理论体系概论"课程的特点与难度体现在时代性强、内容范围广和更新快。授课教师只有正确阐述党的方针政策，充分体现我国社会发展的新变化，引导学生掌握党的方针政策，并用正确的观点来观察分析各种社会现象，才能收到真正的教学效果。为此，本教材在各章节中穿插相关知识点的"知识拓展"，让学生及时了解最新社会动态。此外，本教材在各章节后附录"思考与练习"，帮助学生高效掌握各章节的重难点问题。最后，便于学生对课程总体知识点的掌握，在教材最后配套5套课程考试模拟题。

本教材由陈申宏担任主编，张文峰、刘加洪、曾繁花担任副主编。其中，陈申宏编写第一章、第二章、第三章，刘加洪编写第四章、第五章、第六章，张文峰编写第七章、第八章、第九章，曾繁花编写第十章、第十一章、第十二章。

在本教材编写过程中,我们认真研读了由中宣部、教育部组织教材课题组编的《毛泽东思想和中国特色社会主义理论体系概论》(2015年修订版),并汲取了有关教材和资料中的成果。由于编者水平有限,加之时间仓促,本教材还需不断加以完善,存在的疏漏与不足之处,恳切希望广大读者批评指正。